Manager und Controlling

CONTROLLING POCKETS 10

Neu geschriebene Auflage 2010

ISBN 978-3-7775-0035-5

© 2010 VCW Verlag für ControllingWissen AG
1. Auflage gedruckt 1976
Hindenburgstraße 64, 79102 Freiburg i. Br.
Münchner Straße 10, 82237 Wörthsee-Etterschlag

Gestaltung und Satz:
deyhledesign Werbeagentur GmbH, Gauting
Druck: freiburger graphische betriebe, Freiburg
Printed in Germany 2010

Dr. Dr. h.c. Albrecht Deyhle
Dr. Markus Kottbauer
Dipl.-Ing. Dietmar Pascher

Manager und Controlling

Herausgegeben von
CA Controller Akademie AG
Gauting/München

Neu geschriebene Auflage 2010

VERLAG FÜR CONTROLLINGWISSEN AG
Freiburg und Wörthsee

Inhaltsverzeichnis

Seite

Inhaltsverzeichnis	7
Vorwort	13

Kapitel 1 — 17
Manager und Controller im Team

I Controlling und Urlaub	17
I Manager-Funktion und Controller-Funktion	21
I Management – was ist das?	22
I Rollenbild für das, was die Manager-Funktion ausmacht	23
I Wenn jetzt Mitarbeiter hinzu kommen...	26
I Controlling – was ist das?	27
I Das Controlling machen, ist Sache der Manager	29
I Entwicklung von Manager und Controller	30
I Controller – was ist das?	32
I Controller-Leitbild	33
I Die Rolle der Controller und Manager im Team	33
I Die drei Dimensionen der Unternehmenssteuerung und des Controlling	36

Kapitel 2 — 45
Cockpit zur Ergebnis-Navigation

I Internes Rechnungswesen – Fallbeispiel zum Aufbau einer Ergebnisrechnung	45
I Die Ergebnisrechnung am Beispiel eines Spielzeug-Detailhandelsgeschäfts	46

| Ist das Rechnungswesen des Puppengeschäfts zielgeeignet? | 51
| Zielerarbeitung im Team | 52
| Aktionsprogramm der Spartenleitung bei den so genannten fixen Kosten/Strukturkosten | 54
| Ist das Rechnungswesen der Puppensparte entscheidungsgeeignet? | 55
| Wareneinsatz, nicht Wareneinkauf, sind die dazukommenden Kosten | 58
| Darreichungsformen für Deckungsbeiträge | 59
| Entscheidungsfälle, in denen die Zuordnung der »Vollkosten« auf den Artikel sinnvoll ist | 61
| »Sprechblasenschema« für die stufenweise Deckungsbeitragsrechnung | 62
| Entscheidungsfindung zwischen Manager und Controller zum Thema Preissenkung bei den Standardpuppen | 66
| Rollen-Definition der Controller | 69
| Break-even-Bild | 71

Kapitel 3 72
**Zum System des internen Rechnungswesens –
eine Darstellung für »Nicht-Controller«**

| Kostenarten | 72
| Kostenstellen- und Kostenträger-Rechnung | 73
| Der Betriebsabrechnungsbogen | 74
| Das Kostenstellenbudget in der flexiblen Grenzplankostenrechnung mit Maschinenstundensätzen | 76
| Soll-Ist-Vergleich auf der Kostenstelle nach flexibler Grenzplankostenrechnung | 79
| Auswirkung in einer Ergebnisrechnung mit Deckungsbeiträgen | 81
| Die Kalkulation der Produkte | 82
| Standard-Kalkulation und auftragsweise Vor- und Nachkalkulation | 84
| Wie man proportionale Kosten (Produktkosten) definiert | 86

- Variabel und fix — 87
- Strukturbild zur Grenzplankosten- und Fixkostendefinition — 88
- Tiefer verwurzelte Definition proportionaler Kosten — 88
- Funktionsbilder als Basis der Kostendefinition — 90
- Der Testfall mit den Kosten der Buchhaltung — 91
- Grenzkosten/Product Costs/Coût produit Fixkosten/Structure Costs/Frais de structure — 92
- Nicht verrechnen, sondern informieren — 93
- Drei Beispiele zur Anwendung des Kostenwürfels — 95
- Effizienzraten für Fixkosten/Kostentreiber — 97
- Produktkosten (Proko) — 97
- Strukturkosten (Struko) — 98

Kapitel 4 — 99
Fallstudie zum Soll-Ist-Vergleich mit Erwartungsrechnung (Forecast)

- Fallbeispiel Ski-Langlauf — 99
- Analyse der Abweichungen — 102
- Abweichungsanalyse und Rechtfertigungsbericht — 103
- Controlling-Berichts-Regel — 104
- Logische und psychologische Reihenfolge im Controlling-Gespräch — 105
- Das System der Erwartungsrechnung — 108
- Entscheidungen hinter den Zahlen der Erwartungsrechnung — 111
- Hochrechnung von Abweichungen statt Änderungen der Standards — 113
- Wer ist für die Erwartungs-Rechnung zuständig? — 113
- Wie oft soll eine Erwartungsrechnung durchgeführt werden? — 115
- Soll-Ist-Vergleich und Beurteilung der Zielerfüllung — 117
- Ist Psycho-Logik die weiche Welle, die das Controlling verniedlicht? — 118

Kapitel 5 — 119
Ganzheitliches Denken und Handeln im Unternehmen
- Leitbild, Ziele, Kennzahlen — 119
- Leitbild — 120
- Strategische Ziele — 123
- Anforderungen an Strategische Ziele — 128
- Die Begründung des Gewinnziels seiner Höhe nach — 133
- Die Bilanz — 134

Kapitel 6 — 148
Das System der Unternehmensplanung
- Ist Prognose und Planung das gleiche? — 148
- Langfristige und kurzfristige Planung — 149
- Strategische und operative Planung — 151
- Die Budgets als Bausteine in der operativen Planung — 153
- Inhalt und Formularbeispiel zur strategischen Planung — 154
- Gliederung von Analysen und Prognosen für die Planung — 158
- Der Zusammenbau der operativen Teilpläne und der Budgetablauf — 160
- Budget-Ablauf als rollender Prozess — 165
- Die Verknüpfung zum System des Planungswürfels — 168
- Produkt- und Markt-Matrix als Protokollrahmen für die strategische Planung — 170
- Dispositive Unternehmensplanung und Erwartungsrechnung — 173
- Checkliste zum Aufbau einer differenzierten Verkaufsplanung — 174
- Die Budgetkette vom Erfolgsbudget ins Finanzbudget — 175
- Woran man merkt, ob eine Planung – und damit auch ob Ziele – realistisch oder machbar sind — 179

Kapitel 7 — 182
Fallsstudie zum System der Management-Erfolgsrechnung als Controlling Workplace für den Manager

- Management-Erfolgsrechnung, Vertriebsorganisation und Vertriebsziele — 182
- Analyse der Abweichungskomponenten für den Vertrieb nach Absatzmengen, Verkaufspreisen und Sales Mix — 187
- Abweichungen und Abweichungsbericht — 189
- Zielsetzung und Erfolgsrechnung für die Unternehmung — 191
- Wer ist Profit Center im Vertrieb? — 192
- Wo hat die Produktion ihre Controlling-Informationen? — 194
- Günstige Abweichungen sind nicht immer ein gutes Zeichen — 197
- Dispositive, operative und strategische Planung im Soll-Ist-Vergleich — 198
- Materialmengenabweichungen — 199
- Materialpreisabweichungen — 200
- Nochmals die Deckungsbeiträge — 202

Kapitel 8 — 204
Finanzmanagement

- Fall zur integrierten Finanzplanung – die Coma GmbH — 205
- Die Aufgabenstellung — 206
- Überleitung von der internen auf die externe Sicht: MER → GuV — 217
- Die Erstellung der Planbilanz — 222
- Die Kapitalflussrechnung oder Cash Flow Rechnung — 229
- Liquidität — 233
- Stabilität — 235
- Rentabilität — 241
- Fazit zum Umgang mit Kennzahlen — 244
- Zusammengefasst gelten bei der Ermittlung von Kennzahlen drei Grundregeln: — 244

Kapitel 9 ——————————————— 247
Vom Cost-Controlling zum Value-Controlling
- Eine wahre Geschichte 247
- Kosten runter, Kosten runter – wie lange noch? 249
- Customer Value versus Shareholder Value? 250
- Controlling der Kernkompetenzen 252
- Strategische Preisfindung mit dem Potenzialprofil 254
- Kompetenzportfolio anhand von Produkteigenschaften 256
- Customer Process Mapping 258
- Sicherung der nachhaltigen Wettbewerbsfähigkeit 260

Abbildungsverzeichnis 263
Stichwortverzeichnis 269

Vorwort

Der Vorgänger des Werkes »Manager und Controlling« existierte im letzten Jahrhundert in sieben Auflagen von 1976 bis 1997 und hatte den Titel »Management- und Controlling-Brevier«.

Dieses Buch schrieb ich für die Manager und vor allem aus deren Sicht. Um eben für den Controllerservice ein kundigerer Auftraggeber zu sein in Angelegenheit von Planungserstellung, Projektverfolgung, Berichtswesenanwendung. »Brevier« hieß der alte Titel übrigens deshalb, weil Controlling viel auch verknüpft ist mit Verhaltensweisen und Spielregeln. Damals waren es zwei Bände – in jeder Hand einen Band um gewissermaßen »buchhaltend« tätig zu sein – jetzt ist das neue Buch »Kompaktes Controllingwissen für Führungskräfte« auf einen Band konzipiert.

Früher war Controllingwissen für Manager vielleicht eher »nice to have«. Das hat sich wohl im neuen Jahrhundert geändert. Controlling wird zunehmend als karriererelevantes Wissen in der Managerlaufbahn aufgefasst. Was man dazu braucht an Rechnungswesenkenntnis, Planungsmethodikeinsicht und Umgehen mit Planung und Steuerung von Zielen haben meine jungen Trainerkollegen Dr. Markus Kottbauer (von der Ausbildung her Physiker) und Diplom-Ingenieur Dietmar Pascher in eine gut lesbare und griffige Form gebracht.

Da es ein handlicher Band ist, kann man ihn gut mit sich führen. Auf dem Cover ist ein Mann zu sehen; es könnte genauso gut eine

Vorwort

Frau gewesen sein. Doch ist immer noch häufiger im Sprachgebrauch, dass man einen Begriff wie »den Manager« und »den Controller« erst mal männlich formuliert.

Das Autorentrio wünscht viel Glück und Erfolg den Lesern ... Wie auch dem Buch.

Wörthsee, Weihnachten 2009

Dr. Dr. h.c. Albrecht Deyhle

1.

Manager und Controller im Team

Controlling und Urlaub

Böse Zungen behaupten, dass Controlling wie Urlaub ist, hätten sie beim Blick in die Controlling-Abteilungen gedacht. Aber: Controlling ist ein Managementprozess. Controlling ist ein Prozess für Jedermann und Jedefrau!

Controlling ist omnipräsent, ist immer da. Controlling ist nichts Künstliches, außer dem Namen, der eher eine deutsche Erfindung als ein englisches Wort ist. Controlling ist etwas ganz Natürliches etwas, was wir alle tun, jeden Tag aufs Neue. Nur im Unternehmensalltag wollen dann manche von Controlling nichts wissen. »Wir haben ja die Controller, die werden das schon machen«, kann man da hören. Controlling ist Managementaufgabe, so wie Controlling at home.

Denken wir beim Controlling an Urlaub. Warum machen wir Urlaub: Um uns zu erholen, etwas zu erleben, Städte oder Landschaften zu besichtigen oder um einfach das Zuhause zu genießen? Die Verständigung über das Ziel ist schon der Anfang jedes guten Controlling Prozesses. Eine Familie ist gut beraten, wie ein Unternehmen auch, ein gemeinsames Ziel zu formulieren. Es ist oft schon eine Herausforderung, wenn »sie« sich am Strand erholen, »er« aber mit dem Cabrio über die Berge fahren möchte. Der zehnjährige Sohn möchte lieber zum Sportcamp, während die pubertierende Tochter alles viel zu langweilig findet. Wie im Unternehmen: Die

Kapitel 1

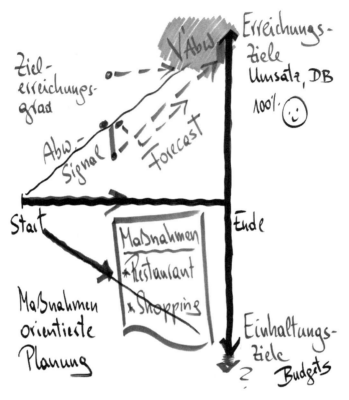

Abb. 1.1: Controlling ist wie Urlaub

Produktion möchte große Losgrößen fertigen, ohne von Kundenwünschen gestört zu werden. Der Vertrieb möchte die Kunden begeistern, egal ob die Entwicklung das leisten kann oder nicht. Das gemeinsame Ziel ist die Kraft jedes Controlling Prozesses.
Hier unterscheiden die Controller zwei Zieltypen: Erreichungs- und Einhaltungsziele (siehe Abb. 1.1).

Was wollen Urlauber erreichen? Gemeinsam Spaß erleben – 100 % Familienglück!

Manager und Controller im Team

Was gilt es einzuhalten? Das Urlaubsbudget.

Ist Einigkeit über die vereinbarten Ziele erreicht, folgt die Planung, was dem zweiten Schritt im Controlling Prozess entspricht. Was können wir tun, um unsere Ziele zu erreichen bzw. einzuhalten? Wie viele Urlaubstage werden für das Urlaubsprojekt benötigt?

Meine Familie fahren z. B. gerne nach Steinbach am Attersee. Der See liegt 45 Autominuten von Salzburg entfernt in Oberösterreich. Dort steht ein Haus unserer Urgroßeltern direkt am See, umgeben von Bergen. Während dies ein perfekter Ort für Vergnügen und Erholung ist, wird gleichzeitig das Urlaubsbudget geschont. Letzteres ist bei einem »Selbstversorgerurlaub« gut zu planen. Eine ordentliche Planung berücksichtigt auch das Umfeld. Dabei beziehen wir qualitative, wie auch quantitative Informationen in unsere Entscheidungen mit ein. Welche Familienmitglieder werden zur gleichen Zeit vor Ort sein (qualitativ), welche Wetterprognose liegt vor (quantitativ)? Planung heißt nicht, die Zukunft vorhersehen. Planung heißt die Zukunft gestalten. So denken wir auch in Alternativen. Bei Schlechtwetter planen wir einen Besuch im Thermalbad und ggf. ein Konzert in Mondsee. Die geplanten Aktivitäten müssen in der Familie gut abgestimmt sein und die »Werkzeuge« zur Verfügung stehen. D. h. Liegestühle sind zur Entspannung bereit, während der Sohn mit dem Surfbrett über die Wellen jagen kann. Der Vater bringt seine Tochter (natürlich im Cabrio) über die Berge zur nächsten Club-Party.

Im Unternehmen nennen wir das Integration von Teilplänen. In unserer Abbildung (Abb. 1.1) wollen wir zunächst keine saisonalen (im Urlaub vielleicht emotionalen) Schwankungen berücksichtigen. Deshalb ziehen wir zwei proportionale Planlinien vom Start zu den Zielen.

Jetzt kommt es auf den dritten und letzten Schritt an: das Steuern! Gutes Controlling steuert konsequent auf diese Ziele zu. Dazu gehört eine Standortbestimmung (Plan-Ist-Vergleich). Gibt es eine Abweichung vom Plan, dann müssen wir steuernd eingreifen. Im Urlaub betreibe ich noch keine doppelte Buchhaltung,

Kapitel 1

aber ich prüfe zur Halbzeit (der Pfeil auf der x-Achse markiert die abgelaufenen Urlaubstage) doch, wie viel Geld noch in der Urlaubskasse ist. Auf der Planlinie der Einhaltungsziele liegt der Ist-Pfeil genau im Plan. Alles, wie vorgesehen im Budget, das ist eine gute Nachricht. Aber wie sieht es mit den Erreichungszielen aus? Die Zielerreichungsgrade werden für jedes Familienmitglied (in der Abbildung mit je einem Punkt) festgehalten. Mein Punkt ist der ganz oben. Ich bin glücklich! Beruflich immer in Hotels unterwegs, genieße ich quasi daheim zu sein. So gesehen müsste man mir empfehlen, sofort an die Arbeit zurückzukehren, nach dem Motto: »Ziel erreicht, Geld gespart«. In der Regel kann mich meine Frau überreden zu bleiben und das ist gut so. Denn es reicht ja nicht, dass ich mein Ziel erreicht habe.

Wie im Unternehmen auch, müssen alle Familienmitglieder (alle Abteilungen) gemeinsam das Ziel erreichen. Es hilft wenig, wenn sich eine Abteilung mit ihren Ergebnissen im Zielkorridor befindet, alle anderen aber nicht.

Also zurück zum Erreichungsziel: Nehmen wir an, der Wind zum Surfen lag im Plan (mal besser mal schlechter) und die Party war cool, dann gibt es hier keine Abweichungen zu verzeichnen. (Die erreichten Punkte liegen an der Planlinie). Anders vielleicht bei meiner Frau (der Punkt ganz unten). Ich hatte von »Selbstversorgerurlaub« geschrieben, d. h. Haushalt wie zu Hause aber unter erschwerten Bedingungen und mit weniger Komfort. So ein Abweichungssignal kündigt sich an; am Abend im Bett sagt dann meine Frau: »Schatz, könnten wir nicht einmal ins Restaurant gehen?«. Oder: »Schatz, könnten wir nicht einmal durch Salzburg spazieren?«. Interessant ist, – und da können wir für den Firmenalltag lernen – dass das Abweichungssignal schon zukunfts- und maßnahmenorientiert formuliert wird. In der Firma fragen wir häufig vergangenheitsorientiert, »warum war denn…?«, so verbringen wir häufig viel Zeit um Schuldige zu suchen und vergessen in der rückwärtsgerichteten Diskussion häufig die konkreten Steuerungsmaßnahmen.

Meine Frau fragt mich auch nicht, warum wir denn gerade am Attersee Urlaub machen. Sie war ja am Planungsprozess beteiligt.

Jetzt kommt es viel mehr darauf an, operativ das Beste aus der Situation zu machen. Natürlich können wir aus der Vergangenheit lernen und uns bei der nächsten Urlaubsplanung die Frage stellen, ob wir nicht alternativ einmal einen Hotelurlaub »einschieben«.

Zunächst gilt es aber die möglichen Steuerungsmaßnahmen (Restaurant und Shopping) zu protokollieren und sie auf ihre Wirkung in Bezug auf die Ziele zu prüfen. Wo werden wir mit diesen Maßnahmen voraussichtlich landen? Dieses voraussichtliche IST (Forecast) vergleichen wir mit unseren Zielen und halten ggf. eine voraussichtliche Abweichung (V'Abw) fest. Im Controlling ist es die Abweichung, um die es uns eigentlich geht. Die dokumentierte Abweichung zur »Halbzeit« habe ich deshalb als Signal bezeichnet. Ein Signal, hier brennt es, wir müssen etwas tun. Beeinflussen können wir diese Abweichung nicht mehr. Die zu erwartende Abweichung aber liegt in der Zukunft und ist daher noch beeinflussbar. Das ist die Abweichung, über die wir besprechen wollen. Hier beantworten wir die Frage: Was tun wir in der verbleibenden Zeit? Das schafft nicht nur konkrete Maßnahmen zur Zielerreichung, sondern auch deutlich positivere Atmosphäre als die Frage, »warum denn«?

Manager-Funktion und Controller-Funktion

Nehmen wir einmal an, Sie hätten gestern beschlossen, als freiberuflich tätiger Experte ein Ingenieur-Büro zu eröffnen. Was wären Sie heute?
Darauf gibt es drei Arten von Antworten.
1. Experte für Leitungsbau, Klimatechnik, Nukleartechnik oder ein sonstiges Fachgebiet: Diese Äußerung würde charakterisieren, was Sie gelernt haben (wofür Sie vielleicht ein Abschlusszeugnis besitzen) und Branchenerfahrung mitbringen.

2. Inhaber eines Ingenieurbüros: Das wäre eine juristische Antwort, die Ihre Stellung oder Ihren Rang ausdrückt.

Kapitel 1

3. Manager in Sachen Engineering: Dies wäre eine Funktion, die Schilderung der Unternehmeraufgabe.
   Was ist aber nun typisch für das, was man als Manager macht – unabhängig von dem, was man fachlich gelernt hat? Was erfordert die Manager-Rolle?

Management – was ist das?

Manager ist eine Rolle. Manager ist man nicht schon als Kaufmann, Techniker oder Chemiker. Die Managerrolle ist auch unabhängig von der Hierarchie. Manager ist nicht nur, wer Sitz und Stimme im Vorstand hat. Management ist überall zu leisten – im Verkauf, in der Produktion, im Einkauf, in der Entwicklung und Administration.

»Bei uns müssen Sie das alles medizinisch sehen.« Diese Bemerkung des Vertriebsvorstandes eines pharmazeutischen Unternehmens ist nicht die eines Managers, sondern sie illustriert das fachliche Metier: im Bereich verschreibungspflichtige Präparate oder der Leitung des medizinischwissenschaftlichen Außendienstes.

»Hauptsache das Problem wird endlich gelöst und die Maschine läuft« – Entwicklungs-Ingenieure, die so denken, wandeln sinngemäß auf den Pfaden der technischen Experten. Was braucht man aber zusätzlich, um als Manager zu fungieren? In sachlicher Hinsicht: es dürfen keine Verluste entstehen! Das medizinische Tun darf nicht damit enden, dass die Kosten größer sind als der Umsatz. Folge ist, dass sich auch ein Mediziner in der Manager-Rolle um die Zahlen des Rechnungswesens kümmern müsste; wie um Deckungsbeiträge. Alternativ muss der technische Könner für sein Projekt einen Kunden finden, der den Preis bezahlt. Demnach müsste sich der Ingenieur aus der Abteilung Entwicklung oder Produktion auch für Kostenrechnung und Preiskalkulation interessieren.

Ein Manager hat außerdem – in personeller Hinsicht – Mitarbeiter zu führen, die seine Rolle nicht gelernt haben, sondern Experten auf einem anderen Gebiet sind. Es kann also nicht derjenige Chef sein, der nur sein eigenes Fachgebiet am besten beherrscht. Die Führungsrolle ist eine Funktion eigener Art, die mit Kommando allein nicht zu realisieren ist.

Nimmt man das deutschsprachige Wort Geschäftsführung nicht juristisch, sondern funktional oder rollenorientiert, so drückt sich darin aus: Die Geschäfte sind das Sachgebiet; dabei müssen die Zahlen stimmen, zu Führen sind die Mitarbeiter. In der englischen Version: Managen als »getting things done by people«. Das »getting done by people« ist der spezifische Führungsauftrag im Management.

Rollenbild für das, was die Manager-Funktion ausmacht

Bleiben wir beim Beispiel des Ingenieur-Büros. In der folgenden Abb. 1.2 läuft der Prozess Manager zu sein, wie folgt ab. Es handelt

Abb. 1.2: Rolle der Manager

Kapitel 1

sich um ein Bild, das widerspiegelt, was wir als Manager täglich unbewusst tun.

Links oben beginnend haben wir uns zunächst eine Aufgabe gestellt. Handelt es sich um ein Ein-Personen-Unternehmen so ist die Aufgabe der Person und die des Unternehmens identisch. Klärung von Kompetenzen wäre nicht erforderlich. Die einzelne Person kann alles entscheiden und darf auch selbst alles tun (Aufgabe oder Auftrag mit einzelnen Tätigkeiten). Sie darf auch selber alle Fehler machen.

In diesem Fall müssten wir uns in der Rolle des Chefs eines Ingenieurbüros selbst einschätzen – am besten natürlich vor der Firmengründung.

Es geht um die Beurteilung der Eignung. Stellt sich die Frage, ob das Anforderungsprofil der Aufgabe (Funktion) und das vorhandene Eignungs-Profil übereinstimmen. Beherrschen wir das Gebiet, können wir diese Aufgabe überstehen, haben wir genug Erfahrung, bringen wir die für diese Aufgabe die nötige Mentalität mit, sind wir voraussichtlich »happy« dabei? Haben wir das Potenzial?

Nehmen wir an, das Ingenieurbüro sei beschlossene Sache, dann geht es jetzt um die Zielvereinbarungen für dieses Unternehmen. Wenn wir gestern entschieden hätten, eine solche Firma zu betreiben, müsste ein Einkommensziel formuliert worden sein. Sie könnten sich sagen, dass in der freiberuflichen Tätigkeit (Aufgabe) zumindest das bisherige Gehalt verdient werden sollte (Ziel). Vielleicht haben Sie sogar schon Vorstellungen über die Zahl der Kunden, die Sie gewinnen wollen oder über die Größe des Marktanteils, den Sie auf Ihrem Engineering-Fachgebiet erringen können. Bei aller Unlust für die Zahlen und das Zahlenhandwerk – mit Lohn oder Gehalt fangen die Zahlen an, für jeden von uns wichtig zu werden.

Nach dem Rollenbild für die Manager-Funktion ist zu planen, wie das Einkommens- und Marktanteils-Ziel erreicht werden kann. Welche Maßnahmen sind zu treffen; welches Büro ist zu mieten; welche Geräte sind zu beschaffen?

Manager und Controller im Team

Welche Kontakte müssen aufgenommen werden? Soll das persönlich oder schriftlich geschehen? Ein Budget für die Kosten ist aufzustellen? Welche Anlage-Gegenstände sind ferner zu finanzieren?

Zielsetzung und Planung der Ausführung müssen aufeinander abgestimmt werden. Vom Ziel her ergibt sich, ob eine Planung als zielführend verabschiedet werden kann. Dabei sind die Maßnahmen auch in Zahlen zu übersetzen; es ist zu klären, was sie kosten und wie sie finanziert werden sollen.

Niemand kann indessen bei der Planung ein Prophet sein. Vieles weiß man eben nicht – trotz der besten Analysen und Prognosen. Es kommt im Ist meistens anders, als man es sich bei der Planung gedacht hat. Deshalb hat die Steuerung einzusetzen. Signal dafür ist der Soll-Ist-Vergleich und die Ortsbestimmung. Dabei ist hervorzuheben, dass ein Vergleich von geplanten und angefallenen Kosten zunächst nur ein Zahlenvergleich ist. Dahinter steckt das Soll der Maßnahmen und das Ist dessen, was bei der Realisierung passiert ist. Der Manager muss jetzt mit »Korrekturzündungen« reagieren, um trotz möglicher Abweichungen gemäß Plankurs ins Ziel zu finden.

Ferner müssten Sie sich bei der Planung Ihrer Maßnahmen fragen, ob Sie sich nicht selber überfordern; vielleicht auch unterfordern. Nicht nur bei den Aufgaben, auch bei den Maßnahmen ist eine Beurteilung nötig. Zur Aufgabe hin ist die Beurteilung mehr eignungsorientiert, zur Planung hin gerichtet (Verbindung zwischen Beurteilung und Planung) wird die Beurteilung leistungsorientiert. Verlangt das Ziel, das Sie sich gesteckt haben, eine zu große Leistung?

Die Planung ist ein doppelter Lernprozess. Das Ist hat vom Plan zu lernen; der Plan aber auch vom Ist. Abweichungen sind auch Anlass, die Planung zu verbessern und die Ziele für eine nächste Periode neu zu formulieren.

Wenn Sie aber zu der Schlussfolgerung kommen, dass Sie der Sache noch nicht ganz gewachsen sind, dann wandert der Pfeil in Abb. 1.2 hinüber zur Mitarbeiter-Förderung. Im Ein-Personen-

Kapitel 1

Unternehmen wäre das die Selbst-Analyse und das Selbst-Lern-Programm. Vielleicht gelangen Sie zu dem Schluss, dass Sie sich zu optimistisch beurteilt haben und sich besser eine andere Aufgabe suchen sollten.
Damit ist der Kreislauf im Rollen-Bild für das, was die Manager-Funktion ausmacht, geschlossen.

Er gilt universell – für jede Funktion (Verkauf, Produktion, Einkauf und Entwicklung), für jede Branche (Industrie wie Handel, Dienstleistung oder Verwaltung) und in jeder hierarchischen Stufe. Der Management-Kreislauf lässt sich auch im Sport zeigen. In dem Fall wäre Ski-Abfahrtslauf eine Aufgabe, das Ziel wäre die Zeit, in der eine bestimmte Strecke bewältigt wird und evtl. auch eine Medaille. Das Controlling läuft auf einer Doppelspur, nämlich sachbezogen in den Maßnahmen beim Lauf und personenbezogen im eigenen Fahrkönnen. Der Vergleich verdeutlicht: Controlling-Programme sind gleichzeitig Trainings-Programme.

Wenn jetzt Mitarbeiter hinzu kommen…

Unterstellen wir, dass unser Ingenieurbetrieb gedeiht. Die Aufgaben werden für Sie allein zu groß. Jetzt müssten Sie Mitarbeiter suchen. Was sollen sie an Aufgaben von Ihnen als bisherigem Solisten übernehmen? Wie wollen Sie die Aufgabenverteilung »im Chor« organisieren?
Natürlich können Sie das nach dem Prinzip der »Sattelbefehle« machen. Sie galoppieren als Chef herum und kommandieren aus dem Sattel, was jeweils zu tun ist. Sie könnten das aber auch schriftlich ausarbeiten und im Sinne einer Funktionsbeschreibung für Ihre Mitarbeiter dauerhaft definieren, so dass nicht ständig daran herum überlegt werden muss, was wohl Ihr Wunsch und Wille ist und wer welche Entscheidungen trifft.

Sobald Mitarbeiter ins Spiel kommen, geht es nicht nur um die Klärung der Aufgaben, sondern auch um die Abgrenzung der Kompetenzen, was ja bisher für Sie kein Problem gewesen ist. Sie hatten in der Solistenrolle nur sich selbst zu führen und konnten sich allein über sich selbst ärgern.

Sodann ist zu fragen, welcher Zielmaßstab zum Aufgabenbereich Ihrer Mitarbeiter passt. So wie Ihre Mitarbeiter Teilaufgaben aus Ihrer Gesamtaufgabe übernehmen, müssen für sie auch Zielmaßstäbe gefunden werden, die einen (Teil-)Beitrag zum Gesamtziel ausdrücken. Wichtig ist dabei schon jetzt die These, dass Mitarbeiter (einzelne Teilbereiche) nicht einen Anteil am Unternehmensgewinn, sondern einen Beitrag zum Ergebnis beisteuern sollen. In diesem (Brutto-)Beitrag drückt sich aus, wofür sie zuständig sind und was sie demzufolge beeinflussen können.

Controlling – was ist das?

Controlling ist der Prozess der Zielsetzung, Planung und Steuerung. Dieser Zusammenhang aus Abbildung 1.2 sei noch an einem weiteren Beispiel aus dem Alltag erläutert. Wenn Sie sich vornehmen würden, »Ich möchte einmal gerne nach Zürich fahren«, so wäre das kein Ziel, sondern ein Wunsch. Wenn daraus ein Ziel werden soll, müsste ein Tag und eine Uhrzeit für die Ankunft bestimmt sein.
Ziele müssen konkret definiert sein in quantitativen Größen, also in Zahlen. Sodann wäre zu planen, wie das Ziel erreicht werden soll. Mit welchem Verkehrsmittel soll die Reise nach Zürich unternommen werden? Welcher Zeitbedarf ist nötig, welche Kosten sind erforderlich, welche Maßnahmen müssen vorbereitet werden? Angenommen, Sie entscheiden sich dafür, mit dem Auto nach Zürich zu fahren, muss die Abfahrtszeit festgelegt werden. Sie stellen für die Fahrt ein Budget in Stunden auf.

Niemand kann aber so planen, dass alles bereits berücksichtigt worden ist, was passieren könnte. Natürlich wird man auch bei der Reiseplanung wie bei einer Marktplanung Analysen machen über die voraussichtliche Verkehrssituation. Man wird sich Informationen beschaffen und bisherige Erfahrungen berücksichtigen. Aber man kann beim Zeitbudget einer Reise nicht schon planen,

Kapitel 1

wo man bremsen muss oder wo man einen anderen Verkehrsteilnehmer überholen kann.

Die Situation jeweils vor Ort zu meistern, ist die Steuerung oder das Controlling im engeren Sinne. Konsequenz der Steuerung ist eine Hochrechnung: Wie viele Kilometer sind noch zu fahren, wie viel Zeit ist noch verfügbar, ist die Fahrweise zu ändern; ist das Ziel zu erreichen, gibt es eine Verspätung, wer muss am Zielort davon rechtzeitig verständigt werden?

Auch die Steuerung ist eine Planung. Es wird über Korrektur-Zündungen entschieden. Der Maßnahmenkatalog ist den geänderten Verhältnissen anzupassen. Diese Art der Steuerung nennen wir auch dispositive Planung.

Auch das lässt sich mit einem Beispiel aus dem Verkehrsalltag illustrieren. Für die Bahn ist der Fahrplan die Ausführungsplanung. Hat ein Zug Verspätung, so können natürlich die Weichen und Signale nicht nach dem ursprünglichen Fahrplan gestellt werden. Der Zug ist nach seiner Istzeit – also gemäß seiner Verspätung – über die Strecke zu bringen. Die Maßnahmen in den Stellwerken und Bahnhöfen sind auf die Echtzeit dieses verspäteten Zuges einzustellen. Trotzdem wird man deswegen den (operativen) Fahrplan nicht ändern. Aber es ist auf den Folge-Stationen zu avisieren, dass der Zug Verspätung hat. Zudem sind Fahrpläne schriftlich.

Ferner ist Controlling etwas Ähnliches wie Marketing. Eine Funktion, die jeden im Management betrifft und auch eine Einstellung – Controlling als Philosophie bedeutet:

- locker-straffe Führung (»tight-loose«) über Ziele. Tight ist der Plan – und loose ist das Packen der Gelegenheiten. Schon die alten Römer wussten das. Das Wort »planus« heißt zum einen deutlich, klar, eben, glatt, zum anderen bedeutet es Landstreicher – das heißt spontan zu verstehen im Tagesgeschäft zu reagieren.
- Selbstkontrolle realisieren (also im Rahmen von Budgets Kompetenzen delegieren)

- rechtzeitig merken, dass Verluste entstehen können (also planen!)
- vorne rühren, damit es hinten nicht anbrennt
- Maßnahmen vorher im Kopf haben, damit man sie nicht nachher in den Beinen haben muss (Schuhsohlenplanung)
- Verluste verhindern (also rechnen und steuern!)
- und nicht zuletzt Mitarbeiter überzeugen, dass sie dabei mitmachen.

Das Controlling machen, ist Sache der Manager

Es ist wie beim Marketing. Auch Marketing zu realisieren, ist nicht Aufgabe von Marketing-Stäben, sondern Angelegenheit der Linie. Zudem geht Marketing nicht nur den Verkauf an, sondern auch Produktion, Entwicklung, Einkauf und Administration. Aufgabe ist es bedarfs- und preisgerecht zu produzieren. Auch Marketing ist eine Philosophie, eine Einstellung. Man soll sich auf den Stuhl der Kunden setzen – und empfängerorientiert (statt absenderorientiert) denken. Customer focus.

Den Controlling-Prozess zu machen, ist Manager-Sache. Gerade dadurch wird man zum Manager, dass man nicht bloß reagiert auf das, was sich ereignet. Also: »werden Sie gearbeitet« (durch die Verhältnisse im Sinne von Management by happening) oder arbeiten Sie selber nach einer eigenen Konzeption? Wer, wenn nicht Sie selbst, formuliert die Ziele, die von Ihren Mitarbeitern erreicht werden sollen? Bei der Planung werden Entscheidungen getroffen über das, was man will und wie es realisiert werden soll. Wer trifft aber die Entscheidungen? Wohl die Experten der Linie! Es sind nicht die Controller, die entscheiden, wie verkauft oder wie produziert werden soll, sondern hier benötigt man beim Steuern intelligente und abgestimmte Maßnahmen unserer Manager aus den Fachbereichen.

Kapitel 1

Entwicklung von Manager und Controller

Wenn Controlling Managementaufgabe ist, was machen dann Controller? Natürlich – um in der Pionierphase einer Unternehmensentwicklung das Controlling zu realisieren, bedarf es nicht eines besonderen Controllers. Solange das Management – wie jene im Bild unseres Ingenieurbüros – noch alles selber überblicken kann, alle Mitarbeiter kennt, umfassend das Metier beherrscht und die Konsequenzen der eigenen Entscheidungen auch in Zahlen abschätzen kann, braucht es keinen spezifischen betriebswirtschaftlichen Lotsendienst.

Die Zahlen, die das Management am Anfang meist nur überfliegt, betreffen den Finanzbereich. Die Unternehmung kommt nicht weiter, wenn sie nicht mehr zahlungsfähig ist. Meist ist aber mangelnde Liquidität nicht der Grund, sondern die Folge vor allem des Umstands, dass es in den Relationen von Umsatz, Kosten und Gewinn nicht stimmt. Deshalb kann ein Unternehmen oft sehr schnell gerade dann kein Geld mehr haben, wenn man nichts anderes anschaut als das Bankkonto und man alle Dispositionen nur aus der unmittelbaren Finanzfolge heraus trifft, in Verbindung mit den Steuerzahlungen. Aber immerhin: in der Pionierphase hat man die Ertragsrelation eher im Griff; vor allem wenn die Aufgaben des Unternehmens wachsen und der Umsatz noch zunimmt.

Mit dem Wachstum des Unternehmens differenziert es sich auch. Zusätzliche Navigations-Instrumente sind erforderlich. Einen Jumbo-Jet kann man auch nicht so fliegen wie ein kleines Sportflugzeug. Es entsteht das betriebliche Rechnungswesen mit Kostenarten-, Kostenstellen- und Kostenträger-Rechnungen. Die »Betriebsabrechnung« übernimmt die Finanzzahlen der Buchhaltung (vor allem die Kosten) und forscht nach, wo (Stelle) und für was (Träger) sie entstanden sind.

In dieser Differenzierungsphase eines sich entwickelnden Unternehmens ist typisch, dass nach Taylor'schen Grundsätzen, wonach man Unterscheidbares auch scheiden und spezialisieren sollte. Die einen rechnen und die anderen entscheiden.

Manager und Controller im Team

Oftmals hat das Rechnungswesen ein isoliertes Dasein geführt. Hauptsache, es ist jemand da, der das macht, und den man auch gelegentlich zu Rate ziehen kann, wenn man etwas Besonderes wissen muss.

Die eigentliche Geburtsstunde des Controllers liegt in der sogenannten Integrations-Phase (nach Lievegoed). So wie die Differenzierungsphase dann beginnt, wenn der Ärger über den »Saustall« die Lust am qualligen Pionierzustand überwiegt, liegt die Integrationsphase an der Schwelle, an der die vorher hilfreiche Organisation als hemmend, starr und tötend für Initiative empfunden wird. Aus dem Lernprozess der Differenzierungsphase heraus, führt der Entwicklungsweg dann zur Integration. Die Verkaufsleitung soll Profit Center werden (Sub-Unternehmertum), die Kostenstellenleitung wieder die Einsichten der alten Werkstattleitung erhalten. Man führt Sparten ein oder erkennt die Matrixprinzipien der Zusammenarbeit. Also braucht jeder für das, was er als Aufgabe hat, auch seine Zahlen. Einmal um Entscheidungen, die delegiert sind, auch selbst besser durchzurechnen und in ihrer Konsequenz auf Gewinn und Finanzen beurteilen zu können, zum anderen, um seine Zielmaßstäbe zu erhalten – also jene Zahlen separat sehen zu können, auf die dezentral Einfluss besteht.

Zahlen, betriebswirtschaftliche Zusammenhänge und die ökonomische Logik sind jedoch immer noch ein Metier für sich. Das hat sich in der Phase der Spezialisierung ja verdeutlicht. Wie soll jetzt der »Non-Accountant« als Manager damit umgehen können? Antwort: »Zusammen mit seinem Controller«. Jemand, den man Controller nennt oder ersatzweise mit einem passenden, zur Haussprache des Unternehmens gehörenden Ausdruck bezeichnet, hat die Aufgabe des betriebswirtschaftlichen Begleiters, Ratgebers, Lotsens und eines ökonomischen Gewissens.

Ein Manager benötigt eine ziemliche Portion Euphorie und um diesen Schwung nicht zu verlieren sollte er manches gar nicht so exakt analysieren. Das wäre dem Controller anzuvertrauen. Damit dieses Zusammenspiel auch klappt, müssten Sie als Manager bereit sein, Ihren Controller zu akzeptieren und sich von ihm

Kapitel 1

auch manchmal ein paar unangenehme Wahrheiten sagen zu lassen. An alten Fürstenhöfen durfte nur der Hofnarr die Wahrheit sagen – nötig ist dies auch in ganz modernen Zeiten. Für die Sache wäre es dienlich und für die Zusammenarbeit und Atmosphäre nützlich, wenn Leute mit Controller-Funktion sich nicht mit Narrenkappe betätigen müssten.

Controller – was ist das?

Controller ist eine Bezeichnung, die sich heute weit über den deutsprachigen Raum hinaus herumgesprochen hat. Im anglo-amerikanischen Raum finden wir immer noch die »englischen« Begriffe wie »managerial« bzw. »business accountant«. Es gibt heute für Controller Stellenbeschreibungen mit spezifischem Anforderungsprofil in Bezug auf methodische und soziale Kompetenz. Controller sind betriebswirtschaftliche Berater des Managements. Es handelt sich bei der Controller-Funktion um einen Lotsen- oder Navigationsservice zur Zielfindung, Planung und Steuerung. Die Aufgabe besteht im Schaffen von Transparenz betriebswirtschaftlicher Zusammenhänge, damit auch in der fachlichen Interpretation der Zahlen sowie in Schaffen von Überzeugung und Motivation für die in den Zahlen liegenden Konsequenzen.

Als 1976 die Erstauflage dieses Buches von Dr. Dr. h.c. Deyhle erschien, waren die Begriffe Controller und Controlling in der Praxis noch nicht verbreitet. Abteilungen, die Controller-ähnliche Funktionen ausübten, nannte man »Betriebswirtschaftliche Abteilungen« oder »Zentralbereich Betriebswirtschaft« oder einfach Betriebsbuchhaltung oder Betriebsabrechnung (von betreiben) – also das operative Rechnungswesen. Andere Bezeichnungen waren »Planung und Ergebnisrechnung«, »Planung und Information« oder auch »kommerzieller Dienst«.

Heute sind die Ausdrücke Controller und Controlling aufgenommen in den »Duden« – Buch der Rechtschreibung der deutschen Sprache. Mit ein wenig Stolz können wir festhalten, dass Controlling, der Prozess der Steuerung durch das Management und die Controllerfunktion als die servicegebende Stelle inzwischen zu Wörtern der deutschen Sprache geworden sind.

Damit für das Management dauerhaft geklärt sein mag, worin Aufgabe und Rolle der Controller bestehen, hat die IGC (International Group of Controlling), deren geschäftsführendem Ausschuss die Controller Akademie in Gauting/München angehört – folgendes Controller-Leitbild erarbeitet, das pragmatisch in der täglichen Anwendung passend auszulegen ist. Dieses Controller-Leitbild gibt dem Management eine bessere Chance, gezielt die Kundenrolle für die Controllerkollegen und deren Service auszuüben.

Controller-Leitbild

Controller gestalten und begleiten den Management-Prozess der Zielfindung, Planung und Steuerung und tragen damit Mitverantwortung für die Zielerreichung.

Das heißt:

- Controller sorgen für Strategie-, Ergebnis-, Finanz-, Prozesstransparenz und tragen somit zu höherer Wirtschaftlichkeit bei
- Controller koordinieren Teilziele und Teilpläne ganzheitlich und organisieren unternehmensübergreifend das zukunftsorientierte Berichtswesen
- Controller moderieren und gestalten den Management-Prozess der Zielfindung, der Planung und der Steuerung so, dass jeder Entscheidungsträger zielorientiert handeln kann
- Controller leisten den dazu erforderlichen Service der betriebswirtschaftlichen Daten- und Informationsversorgung
- Controller gestalten und pflegen die Controllingsysteme.

Die Rolle der Controller und Manager im Team

Sie lässt sich in Form von zwei Wirkungskreisen veranschaulichen.

Auf der einen Seite die Manager, die das Geschäft betreiben und auf der anderen Seite die Controller, die die betriebswirtschaftliche Wirkung des »Betreibens« transparent machen.
In diesem Wörtchen »transparent« liegt häufig die Ursache von schlechter Zusammenarbeit zwischen Managern und Controllern. Controller, die Transparenz über das Management herstellen, werden gerne als Kontrolleure bezeichnet. Der Laie sieht darin ohnedies eine Ähnlichkeit mit dem Wort Controller. Der Profi weiß, dass Controller vom englischen Wort »to control« kommt, das mit »steuern« übersetzt wird. Zum Überprüfen würde der Engländer das Wort »to check« verwenden. Beim Kontrollieren bzw. auditieren bedienen wir uns dann auch der Checklisten. Guter Controller Service erzeugt Transparenz für das Management, er unterstützt die Manager mit Transparenz in betriebswirtschaftlichen Zusammenhängen und Wirkungen ihrer Entscheidungen. Transparenz »für« heißt individuelle Beratung und kundenorientierten Service anzubieten. Dazu müssen einerseits die Controller das Geschäft, das was die Manager betreiben, verstehen, andererseits müssen die Manager auch betriebswirtschaftliche Zusammenhänge begreifen. Das ist in Abb. 1.3 durch die Schnittmenge, dort wo beide Kreise übereinander liegen, symbolisiert. Diese Schnittmenge erhielt den Namen Controlling, da gutes Controlling erst durch die eingespielte Zusammenarbeit entsteht. Zunächst braucht es gemeinsames Verständnis für das Geschäft bzw. die betriebswirtschaftlichen Zusammenhänge als Basis für gegenseitiges Vertrauen, das mit dieser Zusammenarbeit wächst. So gilt es kontinuierlich die Schnittmenge zu vergrößern: Ermuntern Sie z.B. Ihre Controller zu mehr »Hausbesuchen«. Holen Sie sie weg von ihren PCs hin zu Ihren Kunden, dorthin wo Sie Ihr Geschäft betreiben. Nur Controller, die verstehen, welche Entscheidungen jeden Tag anstehen, werden in der Lage sein, die Ergebniswirkung möglicher, zukünftiger Entscheidungen transparent zu machen. Dann werden Sie die wesentlichen Informationen in Ihren Berichten bzw. dem Zahlencockpit finden können, die Sie für Ihre Entscheidungen brauchen. Auf der anderen Seite, werden Sie diesen Zahlen nur dann Vertrauen

Manager und Controller im Team

Abb. 1.3: Schnittmengenbild

schenken, wenn Sie Ihnen nicht gar so fremd sind, wenn Sie sich mit dieser, für Sie vielleicht neuen Materie der betriebswirtschaftlichen Sprache und Zusammenhänge im wahrsten Sinne des Wortes vertraut gemacht haben. Nicht zuletzt soll dieses Buch dazu beitragen. Mit mehr Verständnis für Ihre Controller können Sie aktiv die Schnittmenge vergrößern und damit gutes Controlling weiter entwickeln.

Kapitel 1

Die drei Dimensionen der Unternehmenssteuerung und des Controlling

Die drei Dimensionen im Controlling oder auch die drei Dimensionen der Unternehmenssteuerung beschreiben die drei Felder, in welchen wir denken und handeln. Dabei finden wir den Controlling Prozess der Zielvereinbarung, Planung und Steuerung parallel in allen drei Dimensionen. Die Controller liefern die dazu gehörigen Werkzeuge. So bezeichnen wir die drei Felder auch als Controller's Triptychon. Ein Triptychon ist ein Altarbild mit drei Bildtafeln. Das Triptychon der Unternehmenssteuerung besteht aus dem Strategischen-, dem Ergebnis- und dem Finanzfenster.

Jedes Fenster ist in sich abgeschlossen und doch stark mit den anderen vernetzt.

Gutes Controlling behält die 3 Dimensionen immer ganzheitlich im Auge. So kann eine Dimension nicht gegen eine andere ver-

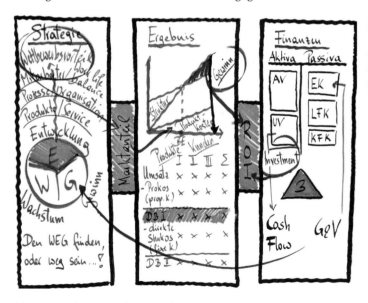

Abb. 1.4: Drei Dimensionen der Unternehmenssteuerung

wendet, wohl aber müssen sie immer gegeneinander abgewogen werden. Das heißt ein strategisches Argument kann (soll) nicht mit einem operativen Instrument »erschlagen« werden. Wir müssen das eine, gegen das andere Argument abwägen und dann einen Entscheid wagen.
Zum Beispiel kann ein Produkt operativ wenig rentabel sein, aber als Türöffner eine hohe strategische Bedeutung besitzen. Auf der anderen Seite kann ein rentables Produkt eine hohe Kapitalbindung und damit ein Risiko mit sich bringen. Ein Controlling-anwendender Manager hat daher diese drei Dimensionen quasi wie eine innere Checkliste für seine Entscheidungen im Kopf: »Was bedeutet meine Entscheidung strategisch, in Bezug auf das Ergebnis und die Finanzen?«

Sehen wir uns nun zunächst das strategische Feld genauer an. Auf der strategischen Seite gilt es zunächst den richtigen WEG zum Ziel zu wählen. Den WEG finden oder weg sein vom Fenster ist der dazugehörige Merksatz. Dabei geht es insbesondere darum, den eigenen Wettbewerbsvorteil zu erkennen, zu verteidigen, auszubauen oder neu zu schaffen. Das WEG Symbol erinnert uns dabei daran ausgewogen zu denken.

So steht das W für Wachstum. Wo wollen wir wachsen? Bei welchen Produkten, auf welchen Märkten und mit welchen Kunden? Wo wollen wir vielleicht nicht mehr wachsen oder uns ganz zurückziehen?
Das E steht für Entwicklung. Hier ist nicht nur die klassische Produktentwicklung oder Dienstleistung gemeint. Nein, gerade die Serviceentwicklung um das Produkt herum macht vielleicht unseren Wettbewerbsvorteil aus. Hier geht es neben der Produktentwicklung um Prozessentwicklung, Organisationsentwicklung, Mitarbeiter- und Führungskräfteentwicklung.
Die Entwicklungsperspektive ist maßgeblich für die Entwicklung ihres Wettbewerbsvorteils verantwortlich. Wann sprechen wir von einem Controlling-relevanten Wettbewerbsvorteil? Ein Produkt bzw. eine Dienstleistung hat einen Wettbewerbsvorteil, wenn dieser Vorteil zunächst vom Kunden wahrgenommen wird

und für den Kunden auch wichtig ist. Wichtig ist ein Wettbewerbsvorteil nur dann, wenn der Kunde auch bereit ist dafür zu bezahlen. Im strategischen Tun gilt es vor allem einen nachhaltigen und verteidigungswerten Wettbewerbsvorteil zu »erarbeiten«. In der Praxis zeigt sich, dass – mit wenigen Ausnahmen – Wettbewerbsvorteile auf Mitarbeiter- Prozess- und Organisationsebene nachhaltiger zu verteidigen sind, als Vorteile auf Produkt- und Serviceebene. Produkte sind in der Regel schnell kopiert und Patente bieten oft nur unzureichenden Schutz. Ein Vorsprung im Produktionsprozess oder in der Logistikkette ist schon schwieriger aufzuholen. Ein Unternehmen, das über Jahre durch konsequente Anwendung und Umsetzung von KVP (Kontinuierlicher Verbesserungsprozess) hohe Standards erzielt hat, wird schwer vom Thron zu stoßen sein. Nur weil der Wettbewerber nun auch einen Postkasten für Verbesserungsvorschläge aufhängt, ist er noch lange nicht besser (nicht einmal gleich gut). Jeder, der KVP eingeführt hat, weiß wie lange es dauert bis die Früchte geerntet werden können. Ein Wettbewerbsvorteil auf der Mitarbeiterebene ist meines Erachtens am schwierigsten wett zu machen. Know How, das in den Köpfen unserer Mitarbeiter steckt, ist schwer kopierbar. Eine heute verkündete 24h-Hotline (vom Kunden wahrgenommen und für ihn auch wichtig) findet morgen schon ihre Nachahmer. Aber die Kompetenz der Mitarbeiter am anderen Ende der Leitung macht letztlich den Unterschied aus. Engagement, Flexibilität und Motivation sind nicht zu verordnen. Stellen wir uns ein Unternehmen vor, dessen Wettbewerbsvorteil in der Kompetenz und den ausgezeichneten Kundenbemühungen liegt, die wiederum darin begründet sind, dass die Kunden die ausgesprochen engagierten, immer gut gelaunten und höchst kompetenten Mitarbeiter schätzen. So ein Wettbewerbsvorteil ist auf lange Sicht zu verteidigen. Der Wettbewerber kann nicht alle seine Mitarbeiter zusammentrommeln und die Parole ausgeben: »Ab morgen mögen bitte alle Mitarbeiter kompetent und motiviert freundlich sein!« Er kann schon, aber es wird keine (oder nur schwache) Wirkung zeigen. Das einzige was theoretisch bleibt, ist neue Mitarbeiter anzuwerben oder gar von anderen abzuwerben.

Manager und Controller im Team

Hat unser Unternehmen mit dem Wettbewerbsvorteil auch die »work life balance« seiner Mitarbeiter entwickelt, dann wird das Abwerben nicht gelingen. »Work life balance« heißt: Wie gut kann der Mitarbeiter Berufs- und Privatleben unter einen Hut bekommen? Gibt es z. B. Gleitzeitmöglichkeiten, flexible Urlaubsgestaltung, Kinderbetreuungsplätze u. ä.? Mitarbeiter mit hoher Zufriedenheit sind in der Regel leistungsfähiger und loyaler, vor allem aber weniger »preissensibel«, d. h. sie wechseln nicht gleich wegen eines höheren Gehalts die Firma.

Das Wachstum unserer Produkte, Märkte, Kunden und Entwicklung unserer Wettbewerbsvorteile kosten Geld. Da braucht es G wie Gewinn um das Rad am Laufen zu halten. Damit ist auch die Vernetzung zu den anderen Dimensionen, operativer Gewinn und Finanzen dokumentiert. Gerade dabei ist auf die Ausgewogenheit der strategischen Ziele zu achten. Das »Rad« kann am WEG nur rund laufen, wenn die Ziele aus Wachstum, Entwicklung und Gewinn im Gleichgewicht sind. Der geschlossene Kreis symbolisiert den Zusammenhang zwischen den Investitionen in das Markt und Kundenwachstum, die Weiterentwicklung Ihrer Produkte, Prozesse und Mitarbeiter sowie Ihrer Gewinnziele.

Das WEG Symbol mit seiner ausgewogenen Betrachtung von Wachstumszielen bezüglich Produkten, Märkten und Kunden, von Entwicklungszielen in den Bereichen Produkt-, Prozess-, Organisations- und Mitarbeiterentwicklung sowie von Gewinn- und Finanzzielen, wurde von Dr. Dr. h.c. Deyhle schon 1971 in seinem Buch »Controller-Praxis« veröffentlicht und wird seitdem in den Seminaren der Controller Akademie im deutschsprachigem Raum vermittelt. Dank Norton und Kaplan ist diese Philosophie – »in mehreren Perspektiven ausgewogen zu denken« – Ende der 90er Jahre durch ihre Veröffentlichung 1996, »Balanced Scorecard – Put Strategy into Action«, in ganz Europa (und nicht nur dort) populär geworden.

Der Marktanteil bildet im Triptychon das Scharnier, die Verbindung zwischen dem Strategie- und Ergebnisfenster. Der Markt funktioniert zunächst recht einfach. Wenn ein Controlling-relevanter Wettbewerbsvorteil besteht, also vom Kunden wahrgenommen wird und für ihn wichtig ist, dann gibt es zwei Möglichkeiten. Haben Sie den gleichen Preis (oder einen kleineren) als Ihr Wettbewerber, dann wird Ihr Marktanteil steigen. Wenn der Marktanteil gleich bleiben darf, dann kann ein höherer Preis erzielt werden. Das können wir schnell an uns selbst prüfen. Sie stehen vor einem Regal und finden zwei Produkte unterschiedlicher Firmen zum gleichen Preis. Für welches werden Sie sich entscheiden? Wohl für das Produkt, das Sie für besser halten (ein subjektiv wahrgenommener und für Sie wichtiger Vorteil). Sie werden sogar bereit sein (je nach Wichtigkeit) einen höheren Preis zu zahlen. Wie viel höher, ist abhängig von der wahrgenommenen Differenzierung (Abstand des Wettbewerbsvorteils) und davon wie wichtig uns dieser Vorteil ist.

So gesehen funktioniert der Markt recht einfach. Die Schwierigkeit liegt vielmehr in der Entwicklung eines eigenen Wettbewerbsvorteils für eine bestimmte Zielgruppe und in der klaren Differenzierung zum Wettbewerber. Dazu kommt, dass dies auch dem Kunden transparent zu machen, so dass der Wettbewerbsvorteil vom Kunden auch wahrgenommen wird. Letzteres liegt dann oft an den Marketing- und Kommunikationsfähigkeiten des Unternehmens. Letztlich resultiert Ihre Wettbewerbsfähigkeit aus dem Abstand Ihres Wettbewerbsvorteils und dem Preisabstand zu Ihren Mitbewerbern, also dem Preis- Leistungsverhältnis. Haben Sie einen Wettbewerbsvorteil, aber einen vom Kunden wahrgenommenen »unverschämt« hohen Preis, so wird Ihre Wettbewerbsfähigkeit darunter leiden und Ihr Marktanteil zurückgehen. Auf der anderen Seite können Sie bei großem Preisabstand zum Mitbewerber mit kleinem Wettbewerbsnachteil, wettbewerbsfähig sein und Marktanteil gewinnen.

Schließlich ist der Marktanteil die Vorsteuergröße des operativen Fensters. Der Marktanteil bestimmt das Volumen und der dazugehörige Preis multipliziert sich zum Umsatz. Umsatz allein ist jedoch nicht gut genug. Im operativen Feld geht es darum den WEG auch richtig zu gehen, d.h. effizient zu gehen, so dass ein Gewinn erzielt werden kann.

Für Non-Profit Organisationen sei hier angemerkt, dass Sie zumindest G wie Geld erzielen müssen, um Investitionen in Ihre Produkte und Dienstleistungen finanzieren zu können. Unser Geschäft soll sinnvoll sein aber es muss sich auch lohnen. Die Gewinne von heute sind die Investitionen für morgen. Umsatz minus nötigen Gewinn ist gleich erlaubte Kosten! Der nötige Gewinn (G) ist, was wir für Wachstum (W) und Entwicklung (E) sowie zur Befriedigung der Kapitalgeber (Eigentümer und Banken) brauchen. In der operativen Dimension wollen wir auch wissen, welche Produkte, Märkte und Kunden rentabel sind. Ein gutes Verkaufsinformationssystem erlaubt Profitabilitätsauswertungen nach diesen Gesichtspunkten und noch anderen wie Vertriebskanälen oder Einsatzgebieten.

Die Ergebnisrechnung unterstützt die operative Betrachtung. Dabei muss die Ergebnisrechnung als operative Entscheidungsgrundlage (decision accouting) dienen und auch dem Verantwortungsprinzip (responsibility accounting) gerecht werden, d.h. Zwischensummen als Performance Measurement für verantwortliche Manager bereitstellen.

Ein zentrales Controllinginstrument in dieser Dimension ist die Deckungsbeitragsrechnung, deren Aufbau und Anwendung wir in späteren Kapiteln erläutern. Inzwischen haben viele Unternehmen die Bedeutung der Deckungsbeitragsrechnung und hier im speziellen der ersten Zwischensumme: Deckungsbeitrag I (DB I) für Produktmixentscheide erkannt. Dennoch wird diese Zwischensumme immer wieder mit der aus der im anglo-amerikanischen Umsatzkostenverfahren üblichen Zwischensumme »gross profit« oder »gross margin« verwechselt. Während wir für den DB I nur die Kosten vom Erlös abziehen, die zur Herstellung einer Einheit mehr Ihres Produktes bzw. zur Erbringung einer Einheit mehr Ihrer Dienstleistung nötig sind, werden für den gross profit auch noch sämtliche Gemein- bzw. Fixkosten der Fertigung, Materialwirtschaft etc. ... (alle Fixkosten außer Vertrieb, Verwaltung und Forschung) abgezogen. Damit lassen sich Ihre besten Deckungsbeitragsbringer zur Abdeckung Ihrer Fixkosten nicht mehr

Kapitel 1

exakt ermitteln. In der Deckungsbeitragsrechnung ziehen wir diese Posten erst nach dem Deckungsbeitrag ggf. in Stufen ab. Am Ende der Deckungsbeitragsrechnung steht ein Ergebnis vor Zinsen und Steuern (EBIT Earnings Before Interest and Tax).

Der nächste konsequente Schritt besteht darin, die Deckungsbeitragsrechnung nach Kunden zu sortieren. Nicht das Produkt, sondern der Kunde bringt Umsatz. Nicht das Produkt, sondern der Kunde kauft unsere Produkte bzw. Leistungen, verhandelt Preise und Rabatte, belegt unsere Hotline, löst Kommissionier- und ggf. Retourenprozesse aus und bezahlt (hoffentlich) die Rechnung.

Ist ihr Kunde auch profitabel? Zur Beantwortung dieser Frage legt die Deckungsbeitragsrechung sortiert nach Kunden die Basis.

Im Sinne einer Verzinsung des eingesetzten Kapitals bildet der Return on Investment (ROI), die Kapitalrendite, die Verbindung zwischen Ergebnis- und Finanzfenster. Das Ergebnis (EBIT) wird ins Verhältnis zum Investment (Bilanzsumme) gesetzt.

Das Investment einer Firma finden wir im Finanzfenster auf der linken Seite (Aktiva) der Bilanz. Die Finanzierung wird auf der rechten Seite (Passiva) der Bilanz dokumentiert. In diesem Zusammenhang sprechen wir auch von Mittelherkunft (Finanzierung) und Mittelverwendung (Investment) deren Summe auf beiden Seiten immer gleich sein muss. Für Nicht-Controller sind diese beiden Bezeichnungen allerdings bei manchen Bilanzpositionen nicht selbstsprechend. Fragen wie: »Warum stehen die flüssigen Mittel auf der Aktivseite, wir haben das Geld ja noch nicht verwendet« machen das deutlich. Da haben sich für die linke (Aktivseite) die Frage: «Was haben wir?« und für die rechte (Passivseite) die Frage: »Wem gehört es?« bewährt. Was haben wir?
Im Anlagevermögen haben wir z. B. Grund und Boden, Gebäude, Ausstattung. Im Umlaufvermögen haben wir Vorräte und Kunden, die uns Geld schulden (Forderungen) sowie (hoffentlich) Geld in der Kasse. Auf der rechten (Passivseite) finden wir das »Schuldnerverzeichnis«. Da haben wir nichts! Da steht nur, wem das gehört, was wir haben. Zunächst finden wir die Eigentümer.

Im Eigenkapital steht vermerkt wie hoch die Einlagen der Eigentümer waren (Stammkapital oder gezeichnetes Kapital). Dort finden wir auch eine »Merkposition« über die Summe nicht ausgeschütteter Gewinne der Vergangenheit (Gewinnrücklage). Machen wir im aktuellen Jahr einen Gewinn, dann erhöhen wir das Eigenkapital, anderenfalls verkleinern wir das Eigenkapital. Im langfristigen Fremdkapital werden unsere langfristigen Verpflichtungen z. B. gegenüber Banken gelistet. Im kurzfristigen Fremdkapital finden wir neben den kurzfristigen Krediten auch unsere Verpflichtungen (Verbindlichkeiten) gegenüber Lieferanten.

Neben der Gewinn- und Verlustrechnung (G&V), die ein Unterkonto des Eigenkapitals ist (wem gehört der Gewinn, aber auch der Verlust?) hat die Cash Flow (Kapitalfluss)Rechnung im Finanzfenster große Bedeutung. Mit Cash Flow wird die Veränderung der Kasse (der flüssigen Mittel) vom 1.1. bis zum 31.12. (sofern Kalenderjahr gleich Geschäftsjahr) bezeichnet. »Profit is an Opinion, Cash is fact«! Letztlich kommt es darauf an, ob wir unsere Rechnungen bezahlen können. Hier schließt sich der Kreislauf der drei Dimensionen zur Unternehmenssteuerung. Wir brauchen genug Cash Flow zum Betreiben des operativen Geschäfts und schließlich für Investitionen in unsere Zukunft (WEG).

Je nach Geschäftsmodell und Produktlebenszyklus können viele Jahre von der Investition in einen Wettbewerbsvorteil (z. B. neues Produkt) über den Marktanteil zum positiven Ergebnis und damit zum Return on Investment und folgendem »Geldsegen« führen. Umso wichtiger ist es für gutes Controlling Ziele, Kennzahlen und Steuerungssysteme nicht nur in der Finanz- und Ergebnisperspektive, sondern gerade auch in der strategischen Perspektive einzusetzen.

2.

Cockpit zur Ergebnis-Navigation

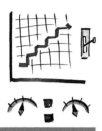

Internes Rechnungswesen – Fallbeispiel zum Aufbau einer Ergebnisrechnung

Innerhalb der drei Controlling Dimensionen ist das operative Ergebnis-Controlling die zentrale Verbindung zwischen strategischem Controlling und dem Finanzcontrolling.
Eine gute Ergebnisrechnung dient als Performance Measurement System im Sinne »Führung durch Ziele« und bietet Entscheidungshilfe für das Management zur Ergebnisverbesserung. Die Engländer nennen den einen Teil des Rechnungswesens: responsibility accounting. Man könnte wörtlich übersetzen: »Verantwortungsrechnung« – verantwortlich für eine Leistung, die Performance. Ist das Rechnungswesen zielgerecht? Sieht jeder Inhaber einer Funktion separat die Zahlen, bis zu denen er Einfluss hat? Wer kann einen Sachverhalt, an dem Umsätze und Kosten hängen, beeinflussen? Den anderen Teil bezeichnen sie als »decision accounting« – Entscheidungsrechnung. Ist das Rechnungswesen entscheidungsgerecht? Sind die Zahlen isoliert sichtbar, die sich mit einer Entscheidung jeweils ändern? Was ändert sich, wenn so oder anders herum entschieden wird?

Der Unterschied zwischen den Worten »beeinflussen« und »ändert sich« liegt darin, dass mit Entscheidungen z. B. des Verkaufs, bestimmte Erzeugnisse im Markt zu forcieren, zwangsläufig Änderungen im Kostengefüge der Produktion (Mengen- und Zeiteinsätze) bedingt sind, ohne dass der Verkauf direkten Einfluss auf die Produktionsabläufe hätte oder den Einkauf der Rohstoffe realisieren würde.

Wird durch Entscheidungen im Marketingbereich über Promotion-Maßnahmen erreicht, dass in einer Brauerei der Flaschenverkauf gegenüber dem Fassverkauf zunimmt, so hat der Einkauf gar keine Wahl, als mehr Flaschen einzukaufen. Gleichzeitig ändern sich für die Produktion unvermeidlich die Auslastungen in der Abfüllerei. Sie müssen für den Leistungsprozess des Abfüllens der Flaschen, der von der Kundenseite her zusätzlich gefragt ist, mehr Zeiten von Maschinen und Mitarbeitern einsetzen. Die Zusammensetzungen im Kostengefüge ändern sich. Diese Änderungen muss der Marketingbereich bei den Informationen für seine Entscheidungen (»decision accounting«) einbeziehen. Aber beeinflussen (»responsibility accounting«) kann der Verkauf selbst nur die Promotion-Maßnahmen, den Einsatz des Außendienstes und die Verkaufspreise. Im Einflussbereich von Einkauf und Produktion liegt es hingegen, die Produktion von den Istkosten her konform zu den Standards (Plan) zu halten, auf deren Basis die Planentscheidungen des Marketings aufgebaut worden sind.

Die Ergebnisrechnung am Beispiel eines Spielzeug-Detailhandelsgeschäfts

Unterstellen wir als Modellbeispiel, wir seien Verkäufer in einem Spielwarengeschäft. Unsere Aufgabe wäre das Verkaufen. Dabei müsste man abgrenzen, ob wir als Verkäufer für alle Artikel in unserem Laden zuständig sind, oder ob unsere Kompetenz ein bestimmtes Waren-Ressort betrifft. Unterstellt sei, unser Aufgabengebiet ist der Verkauf von Puppen zum Spielen für Kinder. Die Zuständigkeit betrifft eine bestimmte Warengruppe. Etwas anspruchsvoller ausgedrückt, könnten wir uns als Spartenleiter oder Profit Center Chef bezeichnen.

Fragen aus der Stellenbeschreibung wären nun, ob uns auch der Einkauf, sprich Auswahl der Puppen untersteht. Wenn das nicht

Cockpit zur Ergebnis-Navigation

der Fall ist, könnten wir uns immer heraus reden, wenn es um die Ziele geht. »Leider konnte nicht genug Umsatz (als Ziel) erreicht werden, weil der Einkauf die falschen Puppen eingekauft hat, die kein Mensch haben will.
Sollten wir der Spartenleiter sein, dem sowohl Verkauf als auch Einkauf unterstellt sind. Ginge das, falls wir ein Platzgeschäft betreiben? Handelte es sich dagegen um den Puppen-Verkauf in der Filiale eines verzweigten Spielwarenunternehmens, so wäre sicher ein zentraler Einkauf nötig, der die Firma insgesamt gegenüber der Herstellerseite bzw. in der Einkaufsorganisation vertritt. Die Planung wird dann ein Prozess der Koordination im Team.

Ferner müsste in der Aufgabenbeschreibung geregelt sein müssen, ob wir selber über etwaige Rabatte entscheiden können, welche Werbedispositionen uns übertragen sind, ob wir auch zuständig dafür sind, den Arbeitseinsatz unserer Mitarbeiter zu planen und zu steuern, ob wir selbst auch über die Art der Ausstattung im Laden bestimmen können.
Immer dort, wo ein Entscheidungsvorbehalt anzubringen ist, wäre das in der Funktionsbeschreibung zu notieren. Nicht, dass der Chef dann nachher meint: »Da hätten Sie mich aber vorher fragen müssen«. Eine solche Spielregel, »Checkpoints« für Ausnahmen zu setzen, nennt man auch »management by exception«. Voraussetzung dafür ist, dass es Ziele gibt (management by objectives) und dass Kompetenz übertragen ist (management by delegation). Man kann nicht einfach sagen, »sorg' für den Deckungsbeitrag und an Weihnachten sehen wir uns wieder«.

Ausgehend von vorher beschriebenen Kompetenzen und Verantwortung hat unser Controller eine Ergebnisrechnung (Abb. 2.1, Seite 49) für unsere Sparte Puppe »gebaut«. Dabei ist der Erfolg von zwei Artikelgruppen innerhalb der Sparte getrennt ausgewiesen.
Die Zeilen der Erfolgsrechnung informieren zunächst über Kennzahlen je Stück. Die Verkaufspreise sind als Netto-Preise gedacht. Die Einstandspreise enthalten den jeweiligen Einkaufspreis sowie

die Bezugskosten (z. B. Bezugsfracht). Die Spanne zwischen Verkaufspreis und Einstandspreis – im Handel oft »Rohertrag« genannt – ist mit Deckungsbeitrag I bezeichnet.

Der Deckungsbeitrag I wird zunächst je Einheit ausgewiesen, sodann aber in Prozent auf den Umsatz als Deckungsgrad bzw. Marge in % umgerechnet. Ferner ist in Zeile 5 eine Kennzahl angegeben über die Schwierigkeit im Verkaufsgespräch. So hat unser Verkaufschef für die Puppen gemeint, dass auf Grund seiner bisherigen Erfahrung, es gerade doppelt so zeitaufwendig ist, eine Superpuppe zu verkaufen als eine Standardpuppe. Das mag daran liegen, dass das Super-Produkt einen höheren Preis hat und der Kunde sich länger überlegt, ob er soviel Geld für eine Puppe ausgeben will. Dementsprechend intensiv muss das Verkaufsgespräch ausfallen. Schließlich müssen die Vorteile der Superpuppe erklärt und die zusätzlichen Funktionen vorgeführt werden.

Der Zeitbedarf in der Zeile 5 je Puppe ist hier geschätzt und drückt aus, dass der Verkauf einer Superpuppe doppelt so aufwendig ist. Eine durch Controller durchgeführte Prozessanalyse würde hier zu belastbareren Zahlen führen. In der Produktion sind wir so etwas gewöhnt. Da wäre es sicher möglich, eine analytisch fundierte Prozesszeit in Minuten je Stück anzugeben. Durch Division des Deckungsbeitrags durch den Verkaufsschwierigkeitsfaktor erhalten wir in Zeile 6 nun den gewichteten Deckungsbeitrag I, analog zur Ermittlung eines Deckungsbeitrags je Minute oder je Stunde Maschinen- oder Fertigungszeit in der Produktion.

Ab Zeile 7 folgen die Absatzzahlen der abgelaufenen Monatsperiode. Verkauft worden sind 500 Stück. Der Umsatz betrug 23.000,–. Davon abgesetzt sind die Wareneinsatz-Kosten – errechnet über die verkauften Mengen, multipliziert mit dem Einstandspreis je Mengeneinheit. Daraus ergibt sich in Zeile 10 der verdiente Deckungsbeitrag oder Rohertrag des abgelaufenen Monats.

Abgesetzt hiervon sind Kosten für die verkaufsfördernden Maßnahmen zur Unterstützung der beiden Artikelgruppen. Mit »Promotion« sind Kosten für Prospekte, Anzeigen, Schaufensterdeko-

Cockpit zur Ergebnis-Navigation

ration, spezielle Aufsteller, Verlosung von Gratispuppen etc.... gemeint. Dass der Löwenanteil bei den Superpuppen zu finden ist, muss auf eine gezielte Maßnahmenplanung zurückzuführen sein. Es handelt sich um keine prozentuale Schlüsselung, sondern um eine direkte Abrechnung der Kosten der einzelnen Werbemaßnahmen für die beiden Produkte.

Nach der Zwischensumme »Deckungsbeitrag II« folgen die Kosten, die speziell zur Sparte gehören. Das müssen Gehälter für die dort

Zeile Nr.	Text	Artikelgruppen		Summe
		Super-Puppen	Standard-Puppen	
1	Verkaufspreis je Stück (netto)	70,–	40,–	
2	Einstandspreis je Stück	40,–	20,–	
3	Rohertrag je Stück = Deckungsbeitrag I	30,–	20,–	
4	Deckungsgrad	43 %	50 %	
5	Faktor für Verkaufsschwierigkeiten	2	1	
6	Gewichteter Deckungsbeitrag	15,–	20,–	
7	Verkaufte Stückzahl (Monat)	100	400	500
8	Umsatz (netto)	7.000,–	16.000,–	23.000,–
9	– Wareneinsatz/Proko (proportionale Kosten)	4.000,–	8.000,–	12.000,–
10	Deckungsbeitrag I (Monat)	3.000,–	8.000,–	11.000,–
11	– Artikeldirekte (fixe) Kosten für »Promotion« Struko	1.500,–	500,–	2.000,–
12	Deckungsbeitrag II	1.500,–	7.500,–	9.000,–
13	Spartendirekte (fixe) Kosten	Strukturkosten		5.000,–
14	Deckungsbeitrag III			4.000,–
15	– Zentrale Dienste			3.500,–
16	Spartenergebnis			500,–
17	Kostenzuordnung auf Produkte nach Schlüssel Umsatz	2.600,–	5.900,–	8.500,–
18	Kostenträger-Zeit-Ergebnis	–1.100,–	+ 1.600,–	500,–
19	Kostenträger-Stück-Ergebnis	–11,–	+ 4,–	

Abb. 2.1: Deckungsbeitragsrechnung für die Sparte Puppenverkauf

tätigen Mitarbeiter sein (inklusive des Gehalts der Spartenleitung). Dazu gehören z. B. die Mietkosten für die spezielle Puppenverkaufsfläche, also die von den Puppen belegten Lager-Quadratmeter. In den 5.000,– der Zeile 13 könnten unter anderem auch die Zinsen auf den Puppenlagerbestand und sogar die Abschreibungen auf direkt für das Puppensortiment eingesetzte Vorrichtungen wie etwa Regale stecken.

Auf die Zwischensumme des Deckungsbeitrags III folgt in der Zeile 15 eine Zuordnung der Kosten zentraler Dienste. Heute würde man wohl »management fee« dazu sagen. Darin stecken anteilige Kosten der Buchhaltung, des Personalbüros, des zentralen Einkaufs, der Geschäftsleitung. Solche Umlagen der Verwaltung werden gelegentlich auch anteilige Verwaltungsgemeinkosten genannt. Beides drückt aus, was viele Manager heute bewegt und die Autoren zu einem Wortspiel anregt. »Wird da jemand umgelegt, ein Produkt eine Sparte zur Strecke gebracht? Offenbar sind es »gemeine« Kosten, die in der Regel vom Empfänger nicht beeinflusst werden können!« Jedenfalls sinkt damit das Spartenergebnis in Zeile 16 auf 500,–.

Nach den Regeln einer vollständigen Produkt-Ergebnisrechnung (Kostenträger-Erfolgsrechnung) müssten sodann sämtliche Kosten, die noch nicht auf den Produkten gelandet sind, vollends auf diese umgelegt werden. Dies ist geschehen in der Zeile 17. Zu verteilen sind die Spartenkosten und die Umlage aus den Zentralbereichen in Höhe von zusammen 8.500,–. Als Umlageschlüssel zur Zuordnung auf die Super- und Standardpuppen dient der Umsatz. Diese 8.500 sind von 23.000 Umsatz 37 %.

Also kommt ein Kostenanteil von 37 % des Super-Puppen-Umsatzes von 7.000,– = rund 2.600,– Kostenumlage auf die Super-Artikel. Für die Standardpuppen bleiben 5.900,– zur Kostendeckung übrig.

In Zeile 18 ergibt sich das Kostenträger-Ergebnis des Monats, wenn man von Zeile 12 (Deckungsbeitrag II) die Umlage der Zeile 17 absetzt. Es scheint, dass an den Superpuppen leider nichts verdient wird, wohingegen die Standardpuppen Gewinn bringen.

Aufs Stück gerechnet macht jede Superpuppe einen Verlust von 11,–, während an jeder Standardpuppe 4,– verdient wird.

Ist das Rechnungswesen des Puppengeschäfts zielgeeignet?

Die erste Controlling-Frage an die Erfolgsrechnung der Puppensparte lautet: Findet hier die Spartenleitung Puppen einen für sie passenden Zielmaßstab? Es handelt sich um ein Beispiel, in dem die Zielmaßstäbe Zeilen in der Erfolgsrechnung bilden.

Wenn man schon eine Erfolgsrechnung aufstellt, so wäre es doch jetzt auch angemessen, für unser Profit Center ein gewinnorientiertes Zielmaß zu finden. Was nutzt schon der Umsatz, wenn die Kosten nachher höher sind. Also an welcher Zeile ist jetzt der Erfolg der Spartenleitung, der Profit Center Leitung fest zu machen? Profit Center heißt Gewinnzentrum oder Ertragszentrum. Also müsste doch das anteilige Betriebsergebnis (operative Resultat) in Höhe von 500,– der passende Zielmaßstab sein.

Würden unsere Vorgesetzten – vielleicht die Spielzeug-Konzernzentrale – uns als Spartenleitung für die Puppen den Vorwurf machen, dass wir kümmerliche Resultate brächten, so wären wir sicherlich fürs erste einmal frustriert (was das Gegenteil darstellt zu motiviert). Aber dann hätten wir auch gleich eine glänzende Ausrede: »Das schlechte Resultat kommt nur daher, dass die Umlagen viel zu hoch sind!«

Jetzt müssen Buchhalter bzw. Controller bemüht und gefragt werden, wie sie die Umlage für das Puppenressort errechnet haben, Irgendwann müssen diese wahrscheinlich mit dem Notbehelf antworten: »jetzt glauben Sie's halt« oder »es geschieht nur wegen des Finanzamtes«. Wer kennt das nicht. Schnell wird kostbare Zeit dafür verwendet über die Angemessenheit und Höhe der Umlagen zu debattieren. Das bringt aber der Unternehmung keinen Cent, weil die zentralen Kosten nicht niedriger werden, wenn man sie anders verteilt.

Kapitel 2

Die motivierende Frage in der Puppensparte muss lauten: »Wie können Sie das Resultat verbessern – oder verhindern, dass es schlechter wird?«

Jetzt muss aber einleuchten, dass mit der Spartenleitung der Puppen nur über solche Maßnahmen gesprochen werden kann, auf die er oder sie – gemäß der Funktionsbeschreibung – Einfluss hat. Anderenfalls könnten wir sagen: »Die Zentrale müsste ein siebentel ihrer Umlage (also 500,– von 3.500,–) einsparen, dann hätten wir unser Ergebnis verdoppelt. Es gehört aber nicht zu den Aufgaben und Kompetenzen des Puppenverkaufs, die Buchhaltung zu reorganisieren oder dem Personalbüro einen anderen Arbeitsablauf einzurichten. Schuster bleib' bei deinem Leisten! Wofür ist der Puppen-Bereich verantwortlich? Puppen verkaufen und dabei mit bestimmten Kosten auskommen!

Die Frage, ob die gezeigte Ergebnisrechnung zielgerecht ist, lässt sich mit »ja« beantworten. Die erforderliche Zwischensumme, die zeigt, wie weit der Einfluss der Spartenleitung reicht, ist zu sehen. Überhaupt kann man sagen, dass die Kunst der Managementerfolgsrechnung darin besteht, geeignete Zwischensummen zu bilden und Verantwortlichkeiten abzubilden.
Bis zum Deckungsbeitrag III bewegt sich der Aufgaben- und Kompetenzbereich der Spartenleitung. Diese Zielgröße als Beitrag zum Gewinn – statt Profit Center müsste es besser »Contribution Center« heißen – lässt sich verbessern durch bessere Absatzmengen, günstigere Verkaufspreise (könnten höher oder auch niedrigere sein), reduzierte Einstandspreise, Verschiebungen in der Sortiments-Struktur, bessere Nutzung der eigenen (fixen) Kosten.

Zielerarbeitung im Team

Einflussbereiche einzelner Abteilungen im Unternehmen können jedoch nie isoliert gesehen werden. Was wir als Spartenleitung von all den genannten Punkten nun unternehmen können, ist auch mit anderen Bereichen zu verzahnen oder kann überhaupt erst durch

Cockpit zur Ergebnis-Navigation

	Profit Center Puppen	Andere Center
Einkaufs-Chef	z. B. Senkung Einstandspreise	
Personal-Chef	z. B. Motivation der Mitarbeiter	

Abb. 2.2: Matrix bei der Kostenbeeinflussung im Team

Mithilfe anderer Ressorts realisiert werden. Die Frage, was man beeinflussen kann, müsste deshalb immer im Sinne von primär oder direkt beeinflussbar oder einzuhalten ausgelegt werden.

So lässt sich das Beeinflussen des Deckungsbeitrags III als Teamprozess in Form einer Matrix darstellen, in der die Spalten durch die einzelnen Profit Center und die Zeilen durch Zentral- oder Service-Bereiche repräsentiert sind.

Die Matrix deutet an, wie die gegenseitige Hilfe gemeint ist. Der Puppenchef und seine anderen Warengruppen-Kollegen sind diejenigen, die direkt – verglichen mit dem Fußball – das Tor schießen. Damit es Tore gibt, muss die Chance aber durch die Mannschaft – das Team – aufgebaut werden. Torschütze kann aber auch der Service-Bereich sein.

So lassen sich niedrigere Einstandspreise ggf. nur dann erzielen, wenn der Vertrieb für größere Absatzmengen sorgt und dann der Einkauf den Ball aufnimmt und beim Lieferanten das Tor der Preisreduktion schießt. Oder der Einkauf selbst bringt die Chance auf den günstigeren Einstandpreis, weil er zum Beispiel einen neuen Lieferanten gefunden hat, und daraufhin münzt der Vertrieb dies um in größere Absatzmengen, in dem er bei bestimmten Artikeln, die preisempfindlich sind, den Verkaufspreis heruntersetzt.

Oder: Führung und Motivation der Mitarbeitenden im Puppenressort sind abhängig davon, wie es um das Personalwesen bestellt ist. Gibt es eine systematische Gehaltsentwicklung, die auf die Schwierigkeit der Aufgabe (Arbeitsbewertung) sowie auf die erreichte Leistung (Leistungsbeurteilung) ausgelegt ist? Haben diejenige die besseren Verdienstmöglichkeiten, die mehr jammern oder lauter schreien können (»der böse Hund kriegt zwei

Stück Brot«) oder die, die als letzte gekommen sind? Dann wären die die Dummen, die ihre Arbeit tun und sich darauf verlassen, dass alles geregelt ist.

Wie hilft der Personalbereich den einzelnen Ressorts bei der Auswahl der für die jeweiligen Aufgaben geeigneten Personen? Die Spartenleitung kann nur dann etwas erreichen, wenn sie auch einen zu diesen Aufgaben passenden Mitarbeiterstab hat.

Aktionsprogramm der Spartenleitung bei den so genannten fixen Kosten/Strukturkosten

Die proportionalen Kosten sind diejenigen, die zur Ware gehören – damit das Ressort über die Existenz der Ware verfügen kann. Dazu muss eine Puppe beschafft sein (im Industriebetrieb für Spielwaren aus Mengen- und Zeitgerüsten hergestellt werden). Die fixen Kosten drücken die Struktur der Organisation (Kapazität, Regie) aus. Auch fixe Kosten kann man beeinflussen durch Schnitzen am organisatorischen »Gehäuse«.

Kann man hier etwas sparen? Lässt sich der Ablauf besser organisieren? Braucht man so viele Mitarbeiter? Sind die Puppen, die bevorzugt verkauft werden sollen, auch im Regal? Muss die Verkaufsfläche so groß sein, oder lässt sie sich nicht besser ausnutzen? Platzmangel ist oft kein Raum-, sondern ein Ordnungsproblem. Bei den so genannten fixen Kosten ist es in der Regel bedeutsamer, sie besser zu nutzen als kurzfristig zu sparen. Bessere Nutzung der in der Struktur steckenden Kosten bedeutet aber gleichzeitig bessere Führung. Wie steht es um die Fehlzeiten, die Fluktuation, die Motivation der hier eingesetzten Leute?

Unter den Struktur-Kosten für Promotion sind Kosten der Verkaufsunterstützung zu verstehen: Schaufensterfläche, Aufsteller, Anzeigen, Wettbewerbe. Werden diese Kosten gezielt dort angesetzt, wo es sich besser rentiert? Oder gibt man Werbung nach dem Gießkannenprinzip aus? Verstehen es die einzelnen Verkäufer, auch selektiv zu verkaufen? Dieser Gesichtspunkt wird immer

Cockpit zur Ergebnis-Navigation

wichtiger, je weniger groß die reinen Wachstumschancen im Sinne insgesamt größeren Absatzvolumens sind.

Werbekosten, die man relativ schnell variieren oder beeinflussen kann, gehören trotzdem zu den fixen Kosten. Sie dienen dazu, einem Artikel Kapazität im Markt zu bauen, eine bessere Marktgeltung zu verschaffen. Werbemaßnahmen stellen Investitionsprojekte im Markt dar – in einer unsichtbaren, aber im Umsatz sehr wohl spürbaren Kapazität: die Kapazität der Marke. Deshalb passt das Wort Fixkosten nicht wirklich gut und sie werden daher auch oft Strukturkosten (Struko) genannt.

Ist das Rechnungswesen der Puppensparte entscheidungsgeeignet?

Bisher wurde das Modellbeispiel der Puppen dazu verwendet, nach dem Zielmaßstab zu suchen. Diese Überlegungen folgten dem Rollenbild der Managerfunktion aus dem Kapitel 1. Was ist die Aufgabe der Führungskraft (was tut sie?); worin besteht ihr Zielmaßstab (die Messgröße für das, was sie in ihrem Tun erreicht)?

Jetzt geht es um den Test, ob die Zahlen in der Ergebnisrechnung auch entscheidungsgerecht sind. Welche Maßnahmen sind besonders gewinnzielführend? Welche der beiden Puppensorten ist der bessere Verdiener im Sortiment? In der Folge muss entschieden werden, diesen Puppentyp im Markt zu forcieren.

Dazu nochmals ein Auszug aus der Deckungsbeitragsrechnung:

	Super-Puppen	Standard-Puppen
Deckungsbeitrag I je Monat	3.000,–	8.000,–
Deckungsbeitrag I je Stück	30,–	20,–
Deckungsbeitrag I in Prozent	43 %	50 %
Gewichteter Deckungsbeitrag	15,–	20,–
Stückergebnis	–11,–	+4,–

Abb. 2.3: Auszug aus der DB-Rechnung (Abb. 2.1)

Diese Zahlen vermitteln Erfolgsinformationen über die beiden Artikelgruppen. Welche Zahl soll für die Entscheidung hergenommen werden, um eine der beiden Produktlinien im Verkauf zu fördern. Wohlgemerkt, die Entscheidung lautet nicht, dass eine der beiden Produktlinien vollständig aufgegeben werden soll. Zu entscheiden ist vielmehr, welche der beiden Puppen im gegebenen Sortiment einem Kunden bevorzugt anzubieten sind. Ist es die eine oder die andere? Die Entscheidungsfindung ist also ein klarer Entweder-oder-Entschluss.

Würde man sich nach dem Netto-Ergebnis je Stück orientieren, wäre zu sagen, dass der Verkauf einer zusätzlichen Superpuppe einen zusätzlichen Verlust von 11,– ins Haus bringt und folglich möglichst zu unterlassen ist. Demnach wären Superpuppen nur dann aus dem Regal zu holen, falls ein Kunde beharrlich gerade ein solches Spielzeug des gehobenen Genres will. Man sollte es ihm aber tunlichst ausreden und ihn auf die guten und spieltüchtigen Standardpuppen verweisen.

Wäre das vom Gewinnziel her richtig? Machen wir doch einen Test. Bisher wurden im Monat 100 Super- und 400 Standardpuppen verkauft.

Lassen wir das Verkaufsvolumen von 500 gleich und unterstellen wir, unsere selektive Verkaufsarbeit für die Standardpuppen brächte ein Verhältnis von 450 Standard zu 50 Super zustande. Wie groß wäre dann das Ergebnis?

Obwohl wir also das gewinnbringende Produkt gefördert und den Verlustartikel im Verkauf gedrosselt haben, fällt das Ergebnis von bisher 500,– auf jetzt 0,–! Management by surprise für diejenigen, die sich bei ihren Entscheidungen nach dem Vollkosten-Stückergebnis gerichtet haben.

Warum konnte das passieren? Das entscheidende Wort ist das Wörtchen »zusätzlich«. Da kommt ein neuer Kunde in den Laden. Wir stehen da und sollen ihn bedienen. Er will eine Puppe und wartet auf eine Empfehlung. Was legen wir als Verkäufer zuerst hin? Nimmt der Kunde die Superpuppe, so haben wir – gemäß der Kontrollfrage »Was ändert sich mit der Entscheidung?« – einen

Cockpit zur Ergebnis-Navigation

	Super	Standard	Puppen
Stück Absatz	50	450	500
Umsatz (bei alten Preisen)	3.500,-	18.000,-	21.500,-
− Wareneinsatz (bei alten Einstandspreisen)	2.000,-	9.000,-	11.000,-
Deckungsbeitrag I	1.500,-	9.000,-	10.500,-
− Promotion-Budget			2.000,-
Deckungsbeitrag II			8.500,-
− Spartenkosten			5.000,-
Deckungsbeitrag III			3.500,-
− Umlage zentrale Dienste			3.500,-
Ergebnis der Sparte			0,-

Abb. 2.4: Test selektive Verkaufsarbeit Standard- und Superpuppen

zusätzlichen Umsatz von 70,- je Stück; von den Kosten her einen zusätzlichen Wareneinsatz von 40,- je Stück und als Erfolgsdifferenz dieser Entscheidung eine zusätzliche Spanne oder Deckungsbeitrag von 30,- je Stück. Hätte der Kunde eine Standardpuppe gekauft, betrüge die Differenz aus dazukommendem Umsatz und dazukommenden Kosten 20,-.

Für die Entscheidung, die wir treffen, sind nur die Zahlen herzunehmen, die sich mit der Entscheidung ändern! Was kommt dazu, was fällt weg? Durch die Sortiments-Beeinflussung im Verkaufsgespräch ändert sich (als »marginale« Größe) nur der Umsatz (Nettoerlös 70,-) und der Wareneinsatz (proportionale Kosten 40,-). Alles andere – die Gehälter, der Verkaufsraum, die Dekoration des Schaufensters usw. – sind sowieso da. Diese Kosten ändern sich mit dieser Entscheidung nicht.

Natürlich müssen Sie auch streng bei der Entscheidung bleiben, die wir hier zu treffen haben. Wenn Sie beschließen wollen, die ganzen Superpuppen herauszunehmen (»aufzulassen«), dann fallen natürlich auch Strukturkosten als Kosten der speziellen Organisation und Kapazitätsbindung weg. Das wären zum Beispiel die Werbekosten oder die Zinskosten auf den Lagerbestand. Vielleicht lässt sich mit der Vereinfachung des Sortiments auch die ganze Infrastruktur der Unternehmung straffen. Aber das ist eine andere Entscheidung. Hier ging es ausschließlich um die Frage, was einem Kunden, der einen Laden mit vorhandener Kapazität und mit gegebenem Sortiment betritt, bevorzugt angeboten werden soll. Die Bestimmung einer solchen Priorität im Sortiment hat sich nicht nach dem Kostenträger-Stückergebnis, sondern am Deckungsbeitrag I zu orientieren, als der Differenz aus dazukommenden Erlösen und Kosten.

Wareneinsatz, nicht Wareneinkauf, sind die dazukommenden Kosten

Was sind aber diese dazukommenden Kosten, die man auch als Grenzkosten, proportionale Kosten, variable Kosten, Leistungskosten oder jetzt als Produktkosten bezeichnet?

Nehmen wir an, unser Puppenchef kauft 300 Superpuppen zum Preis von 40,- je Stück ein. Er erhält vom Lieferanten dafür eine Rechnung in Höhe von 12.000,-. Sind das Kosten?
Nein! Kosten sind der »Verzehr« von Gütern und Diensten für die Erstellung einer Leistung. Im Handel wäre die Leistung der Verkauf der richtigen, vom Kunden gewünschten Ware, die auch da ist. Verzehrt wird dafür die Ware selbst; also in Geld ausgedrückt ihr Einkaufspreis und die Bezugskosten, aber bezogen auf den Einsatz für Leistung als Produkt am Kunden.

Man muss sich das so vorstellen: Wir als Verkäufer erhalten vom Kunden 70,- je Superpuppe. Dafür gibt es einen Kassenzettel. Angenommen, jede einzelne Puppe müsste aus dem Lager geholt werden. Dort wird ein Artikel nur herausgegeben gegen Entnahmeschein, auf dem der Einstandspreis belastet wird. Also haben wir als Verkäufer nach erfolgreichem Verkauf zwei zusätzliche Belege: Den Kassenbon mit 70,- Erlös und den Entnahmezettel mit 40,- Wareneinsatz auf dieses einzelne Geschäft. Die Differenz dieser beiden Zettel ist 30,- und um 10,- höher, als die Differenz beim Verkauf der Standardpuppe gewesen wäre.

Die (fixen) Kosten der Struktur sind also umso schneller abgedeckt, je häufiger es gelingt eine Superpuppe zu verkaufen.

Darreichungsformen für Deckungsbeiträge

Die rechnerischen Unterlagen für die Entscheidung über eine Hitparade im Sortiment sind aber damit noch nicht erschöpfend geklärt. Zwar sollte jetzt einleuchten, dass nicht das Kostenträger-Ergebnis auf Vollkostenbasis (mit Zuordnung sämtlicher Kosten auf das Produkt) herzunehmen ist, sondern der Deckungsbeitrag. Aber in welcher Darreichungsform?

Das ist so ähnlich wie bei pharmazeutischen Produkten. Der Deckungsbeitrag I ist das Präparat zur Gewinntherapie im Sortiment. Wie ein Pharmapräparat hat auch der Deckungsbeitrag I eine bestimmte »chemische« Zusammensetzung – nämlich aus Erlös und Produktkosten. Aber in welcher Form soll man ihn zur Begründung der Entscheidung einnehmen? Als Tröpfchen, Tabletten oder durch Injektion?

Maßgeblich bei der Entscheidung, einem Kunden, der für seine Tochter zu Hause eine Puppe kaufen will, einen bestimmten Typ zu empfehlen, ist der Deckungsbeitrag je Stück. Warum? Weil über ein Stück verhandelt wird! Gegenstand des Verkaufsgesprächs ist der Bedarfsfall Stück. Es wäre falsch zu sagen, dass an der Superpuppe nur 43 % verdient werden, an einer Standardpuppe dagegen 50 %. Gegenstand des Verkaufsgesprächs ist das Stück. Das ist auch der Engpass. Der Bedarf des Marktes ist limitiert. Warum hat dieser Kunde nur eine Tochter und nicht zwei?

Käme hingegen eine Kindergärtnerin in den Laden und könnte sie – gemäß ihrem Einkaufsetat – für 280,– Puppen kaufen, so wäre die Hitparade im Sortiment bei diesem Auftrag nach dem Deckungsbeitrag in Prozent vom Erlös auszurichten. Die absolute Spanne dieses Abschlusses mit der Kindergärtnerin ist größer, wenn sie nur Standardpuppen mitnimmt. Es gehen von der Standardpuppe 7 Stück auf ihr Einkaufsbudget. Das macht 7 mal 20,– Spanne also 140,– je Abschluss. Die Superpuppen haben in 280,– nur mit 4 Stück Platz, was auf diesen Auftrag ein Deckungsbeitragsvolumen von 4 mal 30,- = 120,- ergeben würde. Engpass im Beispiel der Kindergärtnerin ist nicht der Bedarf in Stück, sondern das Einkaufsvolumen in Geld. Der Deckungsbeitrag in Prozent vom Erlös richtet sich auf den Engpass Umsatz. Das kommt in der Praxis dann vor, wenn es – besonders bei Wiederverkäufern oder öffentlichen Auftraggebern – Einkaufsetats in Euro gibt, nach deren Plafonds man sich richten muss; oder aber auch wenn der Anbieter aus Gründen der Begrenzung der Kundenaußenstände nur einen bestimmten Betrag einem Kunden gegenüber kreditieren will.

Der einzelne Kunde, der als Endverbraucher den Laden betritt, hat das Stück im Sinn, das er braucht. Vielleicht hat er auch eine Preisidee, was das kosten darf. Das wäre in dem Sinne aber kein Einkaufsbudget, in das ein Sortiment verschiedener Artikel hinein könnte. Es wäre denkbar, ihn aus seiner Wertvorstellung für den Einkauf auch herauszudrängen, wenn er etwas Schönes gezeigt bekommt. Aber den Preis zu verkaufen bei der Superpuppe, braucht mehr Zeit. Das spielt keine Rolle, wenn der Kunde allein da ist. Dann hätten wir als Verkäufer soviel Zeit, wie der Kunde Zeit hat.

Würde aber eine Warteschlange von Kunden auftreten, spielt die Zeit die Engpassrolle. Die limitierende Kapazität wäre dann die Service-Zeit der Verkäufer. Er müsste sich dann bevorzugt um die Artikel in seiner Schlagerparade (Best-Earner-Liste neben einer Best-Seller-Liste) kümmern, die sich problemlos abverkaufen, auch wenn sie je Stück einen kleineren Deckungsbeitrag erbringen. In unserem Beispiel wäre das die Standardpuppe mit einem gewichteten Deckungsbeitrag oder besser Deckungsbeitrag pro Zeiteinheit von 20,- besser als 15,- für die Superpuppe.

Also ist je nach der Situation eine individuelle Darreichungsform des Deckungsbeitrags zu wählen. Generell gilt der Deckungsbeitrag je Engpasseinheit. Gibt es keinen dominanten Engpass, dann muss der Deckungsbeitrag je Einheit absolut (jetzt ist das Volumen, der Markt Engpass) zur Entscheidung heran gezogen werden. Das knüpft auch wieder bei der Zusammenarbeit zwischen

Manager und Controller an. Der Manager ist der Kenner der Situation. Er muss formulieren, welche Entscheidung zu treffen ist. Der Controller hätte dann für die Zahlenwerkzeuge eine Art Einrichter-Funktion zu leisten. Welche Zahl passt für diesen Typ von Entscheidung? Der Einsatz des Rechnungswesens ist fallweise zu interpretieren (interpret = übersetzen, d.h. Maßnahmen sind in Zahlen zu übersetzen und aus Zahlen sind Maßnahmen abzuleiten).

Entscheidungsfälle, in denen die Zuordnung der »Vollkosten« auf den Artikel sinnvoll ist

Die Kostenzuordnung auf den Kostenträger zu Vollkosten ist jedoch nicht immer ohne Aussagewert. Sie hilft nicht bei Entscheidungen, welcher Artikel bevorzugt zu verkaufen ist. Aber die Zuordnung ist sinnvoll als Einstieg bei Entscheidungen zur Verkaufspreisplanung und zur Wertanalyse.
Klar ist, dass die Superpuppe mit 30,- einen höheren Deckungsbeitrag hat als die Standardpuppe mit 20,-. Die dazukommende Spanne bei der Superpuppe liefert demnach eine schnellere Deckung für die Kosten der Struktur, als wenn auf die Zahl der hereinkommenden Kunden immer Standardpuppen verkauft würden.

Wer sagt aber, ob das Verhältnis im Deckungsbeitrag bei Super- und Standardpuppe mit 30,- zu 20,- angemessen ist? Wäre es nicht angemessener, wenn die Superpuppe 35,- je Stück Deckungsbeitrag hätte, wenn man bedenkt, dass sie erklärungsbedürftiger ist, mehr Geld in der Werbung bindet, einen höheren Lagerwert hat und damit mehr Zinsen beansprucht, sorgfältiger manipuliert werden muss im Hinblick auf Beschädigungen? Also mehr Prozesse dem Superprodukt gewidmet sind?
Ein höherer Deckungsbeitrag ist entweder zu holen durch eine Preiserhöhung um 5,- je Superpuppe oder es müsste der Einstandspreis um 5,- gesenkt werden können. Vielleicht wäre auch neu zu definieren, was unter Super zu verstehen ist. Eventuell bieten wir eine zu hohe Qualität, die der Markt – die Zielgruppe unseres Spielwarengeschäfts – gar nicht haben und deshalb auch

nicht bezahlen will. Soll etwa in dem Genre Siebzig-Euro-Puppe ein anderer Artikel von einem anderen Lieferanten zu einem günstigeren Einkaufspreis hereinschlüpfen? Das wäre Wertanalyse – eine Untersuchung des Wertes oder Nutzens, den der Kunde sucht und der Produktfunktionen, die diesen Nutzen erbringen. Sind sie alle nötig, was könnte an Funktion weggelassen werden und damit auch an dazugehörigen Kosten? Hat das Produkt dann noch den Wert, den es planmäßig dem Markt bringen soll?

Für diesen Entscheidungsprozess kann die Kostenzuordnung auf das Erzeugnis im Sinne einer Preiskalkulation zu Vollkosten Auslöserfunktion ausüben. Allerdings wäre dann nicht – wie in unserem Beispiel – der Umsatz die dazu passende Schlüssel-Größe. Die fixen Kosten müssten der Produktlinie möglichst so zugeordnet werden, wie direkte Bindungen von Kapazität durch ein Produkt bestehen – also bemühungskonform im Sinne der Inanspruchnahme.

Fazit: Die Frage, wie man Kosten verrechnen soll, ist für sich allein nicht sinnvoll. Es kommt immer die Frage hinzu, was man wissen (entscheiden) will. Erst dann kann gesagt werden, welche Art der Kostenverrechnung als Entscheidungsbegründung oder Einstieg in den Entscheidungsprozess sinnvoll ist.

»Sprechblasenschema« für die stufenweise Deckungsbeitragsrechnung

In unserem Beispiel haben wir 3 Stufen von Deckungsbeiträgen. Vorbehaltlich der jeweiligen Besonderheiten im Unternehmen könnten diese 3 Deckungsbeitrags-Typen als eine Standardempfehlung angesehen werden.

Nicht allerdings deshalb als Standardempfehlung, weil es die Rechnung und ihre Begriffe für die Kosten so wollen. Standard deswegen, weil die Interpretation eine generell gültige Kurzformel für die Verkaufsplanung darstellt. Die Deckungsbeitragsrechnung bildet eine Ergebnisrechnung für den Verkaufs- und Unternehmenserfolg und sie ist gleichzeitig auch ein Planungssystem. Sie wirkt als eine Art »Trojanisches Pferd« in der »Festung« der differenzierten Verkaufsplanung. Die Deckungsbeitragsrechnung ist eine Veranlassungsrechnung. Die einzelnen Stufen der Deckungsbeiträge bilden den Einstieg in Entscheidungen sachbezogen und Zielmaßstäbe personenbezogen.

So ist der Deckungsbeitrag I der Einstieg in die Produktbeurteilung nach Sortimentspriorität, Verkaufspreisplanung und Wertanalyse. Deshalb kann dafür auch nicht das Deckungsbeitragsvolumen je Periode hergenommen werden. Dort steht nur, wie viel Deckungsbeiträge ein Produkt gebracht hat. Maßgeblich bei der Planung aber ist jedoch, wie viel Deckungsbeiträge zusätzliche Verkäufe zusätzlich erbringen – oder wie viel Deckungsbeiträge bei schrumpfenden Verkäufen verloren gehen können. Also sind in den verschiedenen Darreichungsformen Kennzahlen je Einheit nötig – wie schon beschrieben.

Außerdem ist das Wort Sortiments-Priorität in manchen Branchen nicht so einfach anzuwenden wie bei den Puppen. In unserem Beispiel könnte man sagen, dass entweder das eine oder das andere Produkt das Bedürfnis des Spielens mit Puppen erfüllt. Aber wie ist es zum Beispiel in einem chemischen Unternehmen? Könnte man sagen, dass, wenn der Deckungsbeitrag je Tonne Pflanzenschutzmittel besser ist als jener der Tonne Kunstfasern, man dann jeweils agrar-chemische Produkte anbietet, obwohl einer Textilprodukte herstellen will? Wenn ein Kunde eine Bohrmaschine sucht, kann ich ihm als Verkäufer schlecht sagen, er soll dafür eine Schweißmaschine nehmen (weil hier mein Deckungsbeitrag größer ist).

Statt Sortimentspriorität müsste man deshalb denken »Verwendungspriorität«. Also welche Applikation, welches Einsatzgebiet ist das profitabelste? Eine Unternehmung arbeitet für eine ganze Reihe von Verwendungen. Sie bringt zum Beispiel in der Pharmazie Präparate für Herz-Kreislauf- oder für Grippe-Erkrankungen. Nun kann man nicht sagen, dass für Kreislauf-Fälle ein Grippemittel verordnet wird, weil vielleicht hier je Wirkeinheit (Tagesdosis) der Deckungsbeitrag größer ist. Falls das so wäre, müsste man sich bei der Verkaufsplanung sagen: Das Indikationsgebiet Grippe ist im Deckungsbeitrag gut. Also hätte ich gerne, dass im Bedarfs- oder Anwendungsfall vom Arzt mein Präparat verschrieben wird und nicht dasjenige eines Mitbewerbers. Also sind gezielte Maßnahmen erforderlich, den Arzt davon zu überzeugen. Zu den Promotionskosten zwischen Deckungsbeitrag I und II würden dann die Kosten gezielter Arztbesuche auf dieses bestimmte Präparat hin gehören sowie die Ärztemuster; vielleicht auch Kosten bestimmter, anwendungsorientierter Weiterentwicklung (z. B. galenische Forschung).

Von einem Unternehmen das Farben herstellt kann für den Einsatz im Textilbereich sowie in der Papierindustrie nicht einfach gesagt werden, dass die eine Farbrezeptur einfach austauschbar eingesetzt werden kann. Hier müsste man bei der Verkaufsplanung fragen: Ist eine der Farbanwendungen im Deckungsbeitrag ergiebiger? Ist also diese Farbenverwendung förderungswürdig? Ist sie im Markt auch förderungsfähig? Wo sind Kunden, die dieses Einsatzgebiet haben? Wie kann ich hier besser Fuß fassen? Welche gezielten Maßnahmen sind nötig, um den Umsatz speziell dort zu erweitern.

Sofort wird auch verständlich, dass zur Promotion dann nicht nur die Werbung gehört, sondern auch der Kundendienst, die anwendungstechnische Beratung, was die Problemlöser-Rolle an Kosten verursacht, vielleicht auch die Kosten der Entwicklung produkt- und kundentypischer Werkzeuge, die Erstellung von Versuchsanlagen. Mit dem Austausch des Wortes »Sortiments«- durch Verwendungs-Priorität ist eingeschaltet, was der Kunde mit dem Produkt macht. Dann passt das Schema für jeden Anwendungsfall.

Die Deckungsbeitragsrechnung mit ihrem Deckungsbeitrag I soll eine Katalysator-Funktion haben, diese Fragestellungen im Verkauf aufzurollen und in Zahlen messbar zu gestalten, um zielführend auf Kostendeckung und Gewinn hinwirken zu können. Wenn in diesem Sinne der Deckungsbeitrag I den Einstieg bereithalten soll zur Planung von Produkt-, Verwendungs- und Kundenprioritäten – auch in Verbindung mit der Frage, ob Verkaufspreis

Cockpit zur Ergebnis-Navigation

und proportionale Kosten in angemessenem Verhältnis zueinander stehen –, so folgt daraus zwingend die Art des Arrangements des Deckungsbeitrags II.

Die Realisierung von Prioritäten fällt ja nicht vom Himmel, sondern sie muss mit Maßnahmen erarbeitet werden. Für diese Aktionen verwenden wir das Sammelwort Promotion. Es handelt sich um Munition, die zum Zweck des Ausbaus der Markstellungen gezielt dort eingesetzt wird, wo es sich – gemäß Deckungsbeitrag I – besonders lohnt.

Daraus folgt ferner die Frage, wer das Aktionsbündel und den Ausbau der Marktstellung mit welchen Mitarbeitern übernimmt. Das führt zum Deckungsbeitrag III. Das Verkaufs-Pro-fit-Center kann nun gebietsmäßig (regional) oder, produktorientiert (divisional) oder verwendungsorientiert (nach Kundengruppen) organisiert sein. Je nach seiner Aufgaben- und Kompetenz-Abgrenzung hat es bestimmte Kosten für die direkt dazu gehörigen Mitarbeiter, der

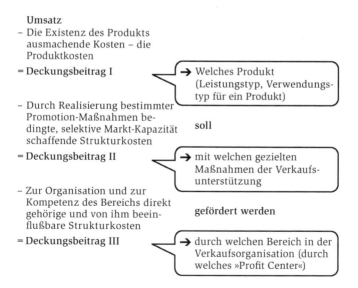

Abb. 2.5: Sprechblasenschema (vgl. Checkliste auf Seite 174 f.)

Kapitel 2

von diesem Bereich unternommenen Reisen, des dafür speziell eingesetzten Büros samt Kosten.

Der Deckungsbeitrag III bildet den Einstieg in die Definition des Ziels (Planung) und die Beurteilung der Leistung oder Zielerfüllung (Plan-Ist-Vergleich) der jeweiligen Profit-Center-Leitung. Sie bündelt die Komponenten zusammen, bis zu denen die zuständige Spartenleitung Einfluss hat.

Entscheidungsfindung zwischen Manager und Controller zum Thema Preissenkung bei den Standardpuppen

Nehmen wir an, der Verkauf sei der Meinung, er könne das Absatzvolumen bei den Standardpuppen, die sich gerade auch über den Preis verkaufen, dadurch erhöhen, dass er den Verkaufspreis um 10 % heruntersetzt. Nach der schon dargestellten Aufgabenabgrenzung zwischen Manager und Controller im 1. Kapitel ist der Verkauf zuständig für das, was geplant wird. Also trifft er diese Entscheidung. Was tun die Controller?

Typisch für Controller ist zunächst, dass sie erst einmal rechnen. Zunächst wird der neue Deckungsbeitrag (DB) je Stück errechnet. Eine 10 % Preissenkung von 40,- entspricht einer Senkung des Deckungsbeitrags um 4,-, auf dann 16,-. Der Mindestanspruch wäre wohl, nach der Preissenkung in Summe wieder die bisherigen 8.000,- an Deckungsbeitrag I zu erzielen. Damit lautet die Rechnung:

$$\text{Neuer Mindestabsatz} = \frac{\text{Bisheriger DB 8.000,-}}{\text{Neuer DB/Stück 16,-}} = 500 \text{ Stück}$$

Um die Preissenkung in Höhe von 10 % zu kompensieren, ist also eine Absatzsteigerung um 25 %, von 400 auf 500 Einheiten erforderlich. Die vom Markt her erzielbare Absatzsteigerung mit der Maßnahme der Preissenkung müsste also höher sein als 25 %, damit es sich lohnt. Anderenfalls hätten wir nur Geld getauscht. Controller machen aber nicht nur diese Rechnung auf (sonst wären sie falsch verstandene »Rechenknechte«), sondern verhandeln auch darüber. Controller sollen Planverkäufer sein. Controller müssen Verkäufer davon überzeugen, dass diese sich nicht nur am Umsatz, sondern auch an der Kostendeckung orientieren. Das kann er auch graphisch tun. Oft überzeugt ein Schaubild besser als die nüchterne Zahlenrechnung. Zu visualisieren wäre die Rechnung des Controllers mit dem Bild der Iso-Deckungsbeitragskurve.

In der Abbildung 2.7 stehen auf der senkrechten Achse der Verkaufspreis bzw. Deckungsbeitrag, auf der waagrechten Achse die Menge. Die ISO-DB Funktion ist aus folgenden Rechenpunkten gezeichnet:

	Aktuell	−10 %	+10 %
Verkaufspreis	40,−	36,−	44,−
−Einstandspreis	20,−	20,−	20,−
= Deckungsbeitrag	20,−	16,−	24,−
»Erforderliche Menge um insgesamt 8.000,− Deckungsbeitrag zu erzielen«	400	500	333
Veränderung in %		+ 25	− 16,75

Abb. 2.6: ISO-DB Funktion als Tabelle

Isos heißt gleich. Jede Verkaufspreis-Mengen-Kombinanation, die auf dieser ISO-Kurve liegt, bringt das gleiche Deckungsbeitragsvolumen von 8.000,− je Monat. Es handelt sich um eine Art Verteidigungslinie für die Deckungsbeiträge als Ertragsziel neben dem Marktziel. Gleichzeitig liefern die Controller mit diesem Werkzeug einen Beitrag zur dynamischen Verkaufspreiskalkulation. Der Verkaufs-Chef für die Puppen wird nicht einfach auf ein bestimmtes Kalkulationsergebnis festgelegt, sondern aufgefordert, eine Preis-Absatz-Planung vom Markt her zu entwickeln, die entweder auf dieser Linie liegt oder möglichst rechts davon. Je weiter draußen der Preis-Mengen-Punkt des Verkaufs-Budgets sich befindet, desto größer wird das Deckungsbeitragsvolumen. Die Experten aus Marketing, Produktmanagement bzw. Verkauf müssten nun noch ihre Einschätzung des Marktes bzw. des Kauf-

Kapitel 2

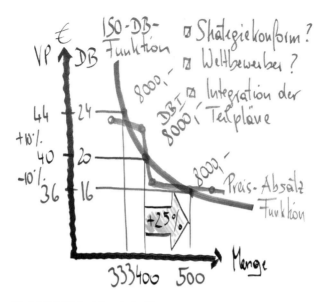

Abb. 2.7: ISO-DB Funktion als Grafik

verhaltens der Kunden dazufügen. Gegebenenfalls besorgen Controller darüber hinaus Marktstudien zum Thema der Preiselastizität.

Nehmen wir an, wir würden in unserem Beispiel die Reaktion des Marktes so einschätzen, wie es das Band der Preis-Absatzfunktion in der Grafik illustriert. Demnach wäre eine leichte Preiserhöhung oder aber eine starke Preissenkung möglich. Bei einer starken Preiserhöhung schätzt der Verkauf, dass die Kunden schneller abspringen, als dies von der ISO-Kurve her zulässig wäre. Bei einer zarten Preissenkung würde das noch keinen wesentlichen Volumenanstieg bewirken, weil sie noch nicht als Schnäppchen wahrgenommen wird. Erst eine deutlichere Preissenkung lässt die Kunden das Geschäft stürmen. Somit wären diese zwei Kombinationen aus Preis und Menge (nämlich die Punkte rechts neben der ISO-DB-Funktion) eine denkbare Verbesserung.

Bevor wir jedoch endgültig entscheiden können, sind noch weitere Controllerfragen zu klären. In wie weit ist die Entscheidung strategiekonform? Wie schätzen wir das Verhalten unserer Wettbewerber ein? Haben wir an alle anderen Abteilungen auch gedacht (Integration der Teilpläne)? Wollen wir unsere Produkte mit Hochpreisimage verkaufen, wäre die starke Preissenkung wohl nicht strategiekonform. Haben wir ehrgeizige Marktanteils- und Volumenziele, dann ist ein Mengenrückgang aufgrund der Preissteigerung nicht zielführend. Wie wahrscheinlich ist es, dass ein Wettbewerber nach uns auch seine Preise senkt? Dann stimmt die Preis-Absatz-Funktion nicht mehr und der zuvor eingeschätzte Mengenanstieg ist nicht zu erwarten. Zuletzt gilt es zu prüfen, ob z. B. bei der Preissenkungsvariante das nötige Volumen auch produziert und rechtzeitig verteilt (Logistik) werden kann. Ich habe in meiner Praxis schon gute Marketingaktionen gesehen, die unbelohnt blieben, da zu wenig Ware im Lager war und die plötzlich anspringende Nachfrage nicht schnell genug befriedigt werden konnte (außer Spesen nichts gewesen).

Rollen-Definition der Controller

Könnten in diesem Falle die Controller verbieten, dass der Verkaufspreis heruntergesetzt wird? Es wäre von Seiten des Verkaufs zu erwidern: »dann verkaufen's doch selbst«. Auf der anderen Seite sollen Controller ihre Rolle als Navigatoren (Lotsenfunktion) zur (Gewinn-)Zielerreichung ausfüllen. Sie sind zuständig dafür, dass geplant wird. Dabei ließe sich – bevor die Entscheidung durch den Verkauf endgültig fällt – noch Aufschub erwirken in fünffacher Hinsicht:

1. Controller könnten noch zusätzliche Varianten zwischen Verkaufspreis und Menge aufzeigen.

2. Controller könnten darauf hinwirken, dass die Absatzplanung besser untermauert wird. Woher stammt der angenommene Verlauf der Preis-Absatz-Funktion in der Grafik? War das nur eine Meinung oder ist das durch Erfahrungs-

werte, Preistests, stichprobenweise Verbraucherbefragung oder Konkurrenzbeobachtung abgesichert?

3. Es sollten Alternativen im Maßnahmenpaket geprüft werden. Ließen sich die Standardpuppen vielleicht besser durch eine Werbeaktion oder durch Verlosen von Gratispuppen im Absatz fördern, anstelle der Maßnahme einer Preissenkung?

4. Der Controller müsste dazu auffordern, dass eine längerfristige Verkaufsplanung aufgestellt wird. So kann es vorteilhaft sein, vorübergehend im Ertragsziel etwas zu opfern, um Marktanteil zu gewinnen. Das hat aber nur Sinn, wenn die Sparte dadurch dann auch wieder auf das Ertragsziel zurückfindet.

5. Es wären andere Funktionen hinzuzuziehen, vor allem der Einkauf. Wenn es bei einer Preissenkung um 10 % möglich ist, deutlich mehr Absatzmenge zu erreichen, so erhöht diese Maßnahme auch das Bestellvolumen im Einkauf. Besteht die Chance, unter dieser Voraussetzung auch eine Reduktion im Einstandspreis zu bekommen? Der Controller hätte im Sinne von »Moment mal, da müssen wir erst noch...« zu wirken: als ein Team-Moderator, der mehrere Funktionen – Verkauf, Produktion, Konstruktion, Einkauf u. a. verbindet und als Lotse zur Zielerreichung fungiert.

Break-even-Bild

Die folgende Abbildung visualisiert den Break-Even-Punkt unserer Ergebnisrechnung. Wie viele Puppen müssen wir verkaufen, um die Kosten der Sparte zu decken. Rechnerisch liegt der Break-even bei 319 Stück.

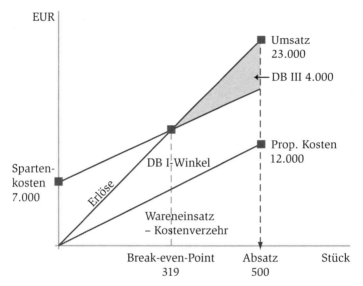

Abb. 2.8: Break-even Grafik

3.

Zum System des internen Rechnungswesens – eine Darstellung für »Nicht-Controller«

Das interne Rechnungswesen bildet die Zahlenwerkstatt des Controller-Bereichs. Es handelt sich um das operative Rechnungswesen als Zahlen-Informations-Service für die Manager.

Kostenarten

Die meisten Informationen des internen Rechnungswesens betreffen Kosten. Schon deshalb also ein meist unlustbetontes Thema, mit dem man sich als Manager vielleicht lieber nicht befasst. Kosten jedoch sind Spiegelbild für Aufgaben, Tätigkeiten, Kompetenzen, Maßnahmen und Projekte, die das Management im Griff haben – also auch im Kosten-Griff haben muss. Man könnte sagen: Betreib's wirtschaftlich, auch daher abgeleitet der Begriff Betriebswirtschaft.

Die Kostenarten sind die verschiedenen Sorten von Kosten: Bei den Personalkostenarten sind es die Gehälter und Löhne sowie die einzelnen Sozialkostenarten, wie Urlaubslöhne, bezahlte Fehlzeiten oder die Arbeitgeberanteile zur Sozialversicherung. Bei den Sachkostenarten handelt es sich um Energiekosten, Materialkosten, Schmiermittel, Gebühren, Reisespesen, Fremdleistungen für Reparaturen, Anzeigenkosten, etc. ...
Kostenarten geben an, welche Kosten im Einzelnen entstanden sind. Damit ein Überblick entsteht und damit die Kosten in ihrem

Verlauf verfolgt werden können, müssen Kostenarten detailliert geliefert werden.

Für alle Kosten gibt es Belege. Es handelt sich um Belege, die von außen kommen. Das betrifft die Rechnungen für Fremdleistungen, für Anzeigen, Bewirtungsbelege, Prämienrechnungen von Versicherungsgesellschaften, Stromrechnungen der Energieversorgungsunternehmen. Andere Belege für intern entstandene Kosten sind vor allem die Lohnscheine und die Materialbezugscheine.

Kostenstellen- und Kostenträger-Rechnung

Die nächste Planungs- und Analysefrage des internen Rechnungswesens lautet: Wo sind die Kosten entstanden und wer hat sie veranlasst? Die Antwort findet sich auf den Kostenstellen. Jeder Beleg muss deshalb nicht nur eine Kostenartennummer tragen, sondern auch eine Kostenstellennummer erhalten. Dabei kommt es nicht selten vor, dass nur die Manager selbst die richtige Antwort geben können, auf welche Stelle ein Kostenbetrag kontiert werden muss.

Grundsätzlich gilt: Das nach Kostenarten und Kostenstellen gegliederte Budget ist auch eine Kontierungsanleitung. Abweichungen im Soll-Ist-Vergleich würden sonst nur Anlass sein, nach den Belegen zu suchen und nicht den Einstieg in materiell fundierte Reaktionen ergeben.

Sodann folgt die Frage: Wofür sind Kosten eingesetzt worden? Das führt zum sogenannten »Kostenträger«. Die Kostenträger sind Auftragsnummern. Dabei sind einerseits die Kundenauftragsnummern als auch die Auftragsnummern zur Ergänzung von Fertiglagerbeständen an zu verkaufenden Produkten bzw. Halbfabrikaten grundsätzlich auseinander zu halten. Andererseits sind innerbetriebliche Auftragsnummern zu beachten. Innerbetriebliche Nummern haben nichts mit den Kunden (bei Einzelfertigung) oder mit den an den Markt ab Lager zu verkaufenden Artikeln (Serienfertigung) zu tun, sondern sie betreffen interne Angelegenheiten. Typische innerbetriebliche Auftragsnummern

Kapitel 3

sind solche für Großreparaturen, für Werbeprojekte, für Entwicklungsvorhaben oder für selbst erstellte Anlagen (Investitionsauftragsnummern).

Die externen, auf den Markt zu verkaufenden Kostenträger sind gleichzeitig auch Erlösträger. Dadurch ergibt sich die Erfolgsrechnung, die häufig auch Kostenträger-Rechnung genannt wird. Das herkömmliche interne Rechnungswesen sah seine Aufgabe darin, sämtliche vorkommenden Kosten auf die Kostenträger der Artikel und Kundenaufträge umzulegen, um auf diese Weise das Betriebsergebnis festzustellen. Diese Darstellung war auch in der Ergebnisrechnung unseres Puppenbeispiels (Kap. 2) zu sehen. Kostenträger (-gruppen) bildeten dort die Super- und die Standardpuppen. Am Ende ergab sich das periodische Kostenträger-Ergebnis je Artikelgruppe.

Anhand des Puppenbeispiels haben wir gezeigt, dass ein Blick nur auf das Vollkostenergebnis weder zu entscheidungs- noch zu zielgerichteten Aussagen führt. Für die Antwort auf solche Fragen ist ein Informations- und Rechnungswesen zu gestalten, das zum Beispiel über die verschiedenen Deckungsbeiträge von Stufe I nach Stufe III orientiert. Doch handelt es sich hier methodisch hauptsächlich um Zwischensummen. Das grundsätzliche Rechenschema zwischen Kostenarten, Kostenstellen und Kostenträgern ist durch die Information über die Deckungsbeiträge nicht außer Kraft gesetzt. Im engeren Sinne ist die Deckungsbeitragsrechnung dabei die Kostenträger-Rechnung; nämlich eine Artikelerfolgsrechnung, die nach Gebieten und Kundengruppen umsortiert werden kann.

Der Betriebsabrechnungsbogen

Früher einmal hat man den Zusammenhang zwischen Kostenart, Kostenstelle und Kostenträger mit Hilfe des Betriebsabrechnungsbogens hergestellt; des sogenannten »BAB«. Er war dazu da, sämtliche Kostenarten mit Ausnahme des Fertigungsmaterials, das direkt auf die Kostenträger geht, erst auf die Kostenstellen umzusortieren.

Zum System des internen Rechnungswesens

Kostenart	Ist-Zahlen aus der Buchhaltung	Hilfskosten-stellen z. B. Gebäude	Fertigungs-kostenstellen z. B. Dreherei
z. B. Stromkosten	10.000,-	3.000,-	1.000,-
Summe	10.000,-	3.000,-	1.000,-
Umlage der Hilfsstelle		– 3.000,-	200,- usw.
Gemeinkostensumme			1.200,-
Fertigungslöhne			12.000,-
Zuschlagsatz für Stromkosten			10 %

Abb. 3.1: Modellbeispiel für einen Betriebsabrechnungsbogen (BAB)

Die Abbildung zeigt dieses Prinzip am Beispiel einer Kostenart. So hat z. B. der Stromversorger eine monatliche Strom-Rechnung geschickt in Höhe von 10.000,-. Die Rechnung wurde in der Buchhaltung erfasst unter der Kostenart Energie.

Nächste Frage: Wo ist der Strom gebraucht worden. Der BAB zeigt, dass davon 3.000,- auf das Gebäude gehören für Beleuchtung oder auch für Heizung. 1.000,- betreffen z. B. die Kostenstelle Dreherei (in einer Maschinenfabrik). Der Schlüssel, nach dem die Stromkosten auf diese beiden – und natürlich auf alle anderen Kostenstellen – aufgeteilt worden sind, besteht aus den installierten kW-Leistungen. Dafür hat die Energie-Abteilung ein entsprechendes Schema aufgestellt, das der Betriebsabrechnung als Aufteilungs-Vorlage gedient hat.

Unsere Produkte und Leistungen, die Kostenträger, die nachher auch Erlösträger werden, laufen nur durch die sogenannten Fertigungskostenstellen oder die Kostenstellen, die die Dienstleitung erbringen, die wir verkaufen. Die Gebäudekostenstelle ist eine Hilfskostenstelle in der Maschinenfabrik, nicht in einer Immobilienverwaltung, die Flächen vermietet. Das wären dann auch Leistungkostenstellen, da die Fläche am Markt verkauft (vermietet) wird.

In unserem Beispiel handelt es sich um eine Infrastruktur, also ist diese Hilfsstelle auf die Fertigungsstellen umzulegen. Schlussendlich müssen alle Kosten auf einem Kostenträger versammelt sein. Die Umlage wird nach dem Quadratmeterschlüssel ermittelt. Danach treffen von den Stromkosten für Beleuchtung und Heizung 200,– auf die Dreherei.

Wie sollen aber die Stromkosten auf den Kostenträger kommen? Der Strom wird ja nicht direkt für ein Drehteil gebraucht, sondern für die Drehbank. Schließlich kann man nicht für jeden Arbeitsgang Strommessungen durchführen. Also behilft man sich durch ein »Huckepacksystem« im Sinne der Inanspruchnahme. Einzeln für ein Drehteil erfassbar ist nämlich – als Kostenträger-Einzelkosten – der Fertigungslohn. Dafür besteht ein von der Arbeitsvorbereitung ausgestellter Lohnschein, in dem für den Arbeitsgang des Drehens eine Zeitvorgabe angegeben ist, damit natürlich auch ein Geld-Wert für den auf diese Zeit entfallenden Lohn.

Angenommen, es würden auf diese Weise 12.000,– an Lohn durch die Fertigungsstelle Dreherei wandern, ergibt sich ein Zuschlagssatz für die Strom-Fertigungsgemeinkosten in Höhe von 10 %. Jetzt kann auch der Strom auf den Kostenträger fließen. Jedem auf die Produkte zuteilbaren Lohn werden 0,1 Geldeinheiten für Strom hinzugefügt.

Das Kostenstellenbudget in der flexiblen Grenzplankostenrechnung mit Maschinenstundensätzen

Aus diesen BAB-Prinzipien entstand als technische Kalkulation die Rechnung mit den Maschinenstundensätzen. Die Kosten werden nicht mehr mit Zuschlägen verrechnet auf Größen, die, wie der Lohn, auch wieder Kosten darstellen, sondern es werden Kostensätze je Stunde gebildet (oder auch bezogen auf andere Leistungseinheiten, wie zum Beispiel Stück oder Kilogramm). Für Dienstleistungen sind es meist Stunden oder auch Tagessätze. Die folgende Abbildung 3.2 zeigt ein Beispiel für das Budget auf einer Fertigungskostenstelle. Es handelt sich um eine Dreherei.

Bezugsgröße (Leistungsart): Stunde
Ermittlung der monatlichen Planauslastung: 1.000 Stunden/Monat

Kostenart	Gesamt	Produktkosten/ Prop. Kosten	Strukturkosten/ Fixe Kosten
Fertigungslöhne 1.000 Std. zu 12,-	12.000	12.000	
Hilfslöhne f. Warten, Reinigen, Rep.- u. Nacharbeit in eig. Stelle 65 Std. für Reinigung zu 12,-/Std.	780		780
Kalk. Sozialkosten 40 % auf Lohnsumme	5.112	4.800	312
Werkzeugkosten (Drehstähle)	2.000	2.000	–
Instandhaltung	3.000	2.500	500
Hilfs- u. Betriebsstoffe	300	300	–
Abschreibungen	5.000	–	5.000
Raumkosten	1.250	–	1.250
Stromkosten	1.000	1.000	–
Zinsen	750	–	750
Deckungsziel für Betriebsleitung sowie Fixkosten indirekter Stellen	2.500	–	2.500
Monatliche Kostensumme	33.692	22.600	11.092
KOSTENSÄTZE	33,68	22,60	11,09

Abb. 3.2: Beispiel für das Kostenstellenbudget in einer Fertigungsstelle

So sind auch die im BAB erwähnten 12.000,- für den Fertigungslohn zu sehen. Ferner stehen unter den Kostenarten Stromkosten, die bekannten 1.000. Die vom Gebäude her umgelegten 200,- für Stromkosten sind in den 1.250,- für Raumkosten neben anderen Kostenarten dieser Hilfskostenstelle enthalten.

Zur Realisierung der flexiblen Grenzplankostenrechnung müssen wir in den Kostenstellen, die die zu verkaufende Dienstleistung oder das zu verkaufende Produkt erzeugen, zwischen Produktkosten (proportionale oder variable Kosten) und den Strukturkosten (fixen Kosten) unterscheiden. Auf der Basis der Planauslastung müssen die Kostenarten nach proportional und fix angesetzt werden. Die Produktkosten (prop. Kosten) sind dabei jene Kosten, die das Produkt verzehrt, die in das Produkt hinein-

Kapitel 3

schlüpfen, Zeit und Materialeinsatz, der nötig ist um eine Einheit mehr zu erzeugen.

So muss die Maschine, wenn sie am Stück produziert, von einer Person bedient werden, sonst kommt kein Ausstoß zustande. An deren Lohn hängen auch die Sozialkosten. Ferner braucht die Drehbank Werkzeuge. Je mehr sie Prozessstunden mit Arbeit am Stück leistet, desto größer ist auch ihr Bedarf an Werkzeugen. Verschleißteile sind auszuwechseln, dadurch sind – also durch die Produktion – auch Reparaturstunden bedingt. D. h. Material verschleißt sich in das Produkt. Die Energie (ausgenommen Beleuchtung und Klima) ist proportional zur Leistung. Ohne dass produziert wird, wäre auch kein Verbrauch von Energie nötig. Alle diese Kosten sind Bestandteile des Produktes, der verkauften Leistung, wir setzen sie daher als Produktkosten (Prokos) an.

Dagegen sind die Raumkosten unabhängig von der Produktion, desgleichen auch die mit dem investierten Kapital gekoppelten Kosten, wie Abschreibungen und Zinsen, oder die aus der Betriebsleitung und anderen zentralen Stellen stammenden Kostenumlagen. Man nennt sie auch fixe Kosten oder Strukturkosten (Strukos).

In unserer Beispielkostenstelle Dreherei werden nun alle Kostenarten nach den vorherigen Kriterien geprüft und abhängig von der Aktivität (zusätzliche Aktivität für eine Einheit mehr oder auch nicht) in Prokos und Strukos sortiert.

Die Abrechnung der Kostenstelle auf den Kostenträger geht nun so vor sich, dass die Kostensummen durch die Planauslastung dividiert werden. Damit erhalten wir die drei in der letzten Tabellenzeile (Abbildung 3.2) ausgewiesenen Kostensätze, den Vollkostensatz, den Prokosatz (proportionale Kosten, Grenzkosten) und den Strukosatz (anteilige Fixkosten). In der Vollkostenrechnung gehen 33,69 je Stunde auf den Kostenträger. Bei der Deckungsbeitragsrechnung zunächst nur der Prokosatz 22,60. Die fixen Kosten wandern im Falle der DB-Rechnung entweder als Block oder nach dem DB I als direkt zuordenbare Strukos der Fertigung in die Erfolgsrechnung.

Soll-Ist-Vergleich auf der Kostenstelle nach flexibler Grenzplankostenrechnung

Ein Monat ist vorbei und die Controller bereiten einen Soll-Ist-Vergleich für die Leitung der Dreherei vor. Dazu wurden sämtliche Kosten im Ist nach Kostenarten erfasst und – soweit direkt möglich – auf die Kostenstelle Drehbänke kontiert. Daraus ergibt sich in der nächsten Abbildung 3.3 zum Soll-Ist-Vergleich die Spalte Istkosten.

Diesen Istkosten stehen nun die Sollkosten gegenüber. Zu beachten ist, das in der flexiblen Grenzplankostenrechnung das Ist nicht mit dem Plan, sondern mit dem Soll verglichen wird. Sonst müsste es ja Plan-Ist-Vergleich heißen.

Die Sollkosten berücksichtigen die Ist-Auslastung des vergangenen Monats. Nehmen wir an, die Dreherei hat effektiv im Abrechnungsmonat 1.200 Stunden geleistet: Da nun mehr Stunden geleistet wurden als vorgesehen (dementsprechend auch ein höherer Output erzielt wurde), war auch mehr Material und Zeiteinsatz nötig. D. h. die Produktkosten müssten sich per Definition proportional zur Ist-Auslastung verhalten. Für die 1.200 Ist-Stunden ist auch eine Person an den Maschinen zur Produktion von Kundenaufträgen tätig gewesen. So können als Vergleichsgröße für die Istzahlen nicht einfach die Budgetwerte aus dem ursprünglichen Kostenstellenbudget hergenommen werden. Das hieße Birnen mit Äpfeln vergleichen. Der Planwert ist in einen Sollwert abhängig von der tatsächlichen Auslastung für jede einzelne Kostenart und für die Kostensumme nach folgender Rechnung umzuformen:

Sollkosten = Beschäftigungsgrad × Planprokos + Planstrukos

$$\text{Beschäftigungsgrad} = \frac{\text{Ist-Auslastung}}{\text{Plan-Auslastung}} = \frac{1200}{1000} = 120\,\%$$

Das heißt z. B. für die Instandhaltungskosten:

Sollkosten = 120 % × 2500 + 500 = 3500.

Kapitel 3

Es heißt Sollkosten, weil nicht mehr Kosten verbraucht werden sollen. Der Begriff des Soll-Ist-Vergleichs kommt aus den leistungsbringenden Kostenstellen, der Fertigung. Heute hat sich der Begriff auch in den administrativen Bereichen durchgesetzt, obwohl es dort richtigerweise Plan-Ist-Vergleich heißen müsste, da ein Umformen des Budgets aufgrund der Auslastung ausbleibt. Prinzipiell wäre es aber gerade auch im administrativen Bereich wünschenswert, Leistungsgrößen und Outputs zu definieren, um die Angemessenheit von Kostenbudgets besser beurteilen und steuern zu können (Prozesskostenrechnung).

Es entstehen in Spalte 4 Abweichungen, die man auch Verbrauchsabweichungen nennt. Die Abweichung beim Fertigungslohn könnte daher rühren, dass die 200 Stunden über der Planauslastung von 1.000 als Überstunden geleistet worden sind und deshalb Lohnzuschläge auftreten, die vorher nicht budgetiert worden sind. Dafür gab es aber eine günstige Abweichung bei den

Kostenarten 1	Sollkosten 2	Istkosten 3	Abweichung 4
Fertigungslohn	14.400	15.000	600 –
Hilfslohn	780	400	380 +
Kalk. Sozialk.	6.072	6.160	88 –
Werkzeug kosten	2.400	2.100	300 +
Instandhaltung	3.500	2.900	600 +
Hilfsstoffe	360	420	60 –
BEEINFLUSSBARE KOSTEN	27.512	26.980	532 +
Abschreibungen	5.600	5.600	–
Raumkosten	1.250	1.250	–
Stromkosten	1.200	1.200	–
Zinsen	750	750	–
Deckungsziel	2.500	2.500	–
KALK. KOSTEN	11.300	11.300	–
GESAMTKOSTEN	**38.812**	**38.280**	**532 +**

Abb. 3.3: Soll-Ist-Vergleich der Dreherei

Reparaturen. Ist auch klar, wenn viel zu tun ist, bleibt wenig Zeit für Reparaturtätigkeit.

Auswirkung in einer Ergebnisrechnung mit Deckungsbeiträgen

Nehmen wir doch einmal an, die Dreherei würde Arbeiten im Lohndienst anbieten, wie manche Dienstleistung auch, dann wäre die Stunde nicht nur eine Verrechnungsbasis für Kosten, sondern auch ein Bezugsobjekt für Umsatz. Nach dem Sprachgebrauch des Rechnungswesens würden die Stunden der Drehbänke dann zum extern anzubietenden Kostenträger.

Im Falle der Grenzplankostenrechnung als Deckungsbeitragsrechnung geht dies nach folgendem Prinzip vor sich: Die Istverkaufsmengen werden mit Standardkosten (Plan) bewertet. Den Verkauf treffen Abweichungen der Produktion und Beschaffung nicht. Abweichungen werden in der Deckungsbeitragsrechnung so behandelt, dass sie die Fixkosten (das Deckungsziel) korrigieren. Sie stehen weiter unten in der Rechnung. Das folgt dem Verantwortungsprinzip. Zunächst sehen wir den Deckungsbeitrag ohne Verbrauchsabweichung, für den der Verkauf zuständig ist

Erfolgsrechnung für Kostenträger »Drehbankleistungen im Lohndienst«	
Verkaufte Stunden	1.200
Erlös je Einheit	40,–
Umsatz (netto)	48.000,–
– Standard-Produktkosten je Stunde 22,60 × 1.200 h	27.120,–
Deckungsbeitrag	20.880,–
– Strukturkosten als Budget der Stelle	11.092,–
+ günstige Verbrauchsabweichung aus Soll-Ist-Vergleich	532,–
Kostenträger-Ergebnis	10.320,–

Abb. 3.4: Schema der Erfolgsrechnung mit Deckungsbeiträgen und Plan-Produktkosten.

(was wäre vom Markt her drin gewesen?). Erst danach ziehen wir die Verbrauchsabweichung ab.

Die Kalkulation der Produkte

Wird, wie vorhin angenommen, keine direkte Lohnfertigung nach außen verkauft, fließen die Informationen der Kostenstelle über die Kalkulation in die Ergebnisrechnung. Gegenstand des Angebotes sind dann in der Regel nicht einzelne Stunden, sondern ein fertiges Produkt. Zum Beispiel bestellt und bezahlt (hoffentlich) der Kunde eine fertige Kunststoffmaschine. Die Kunststoffmaschine selbst ist der Kostenträger.

Die gezeigte Kalkulation des Produkts besteht aus 3 Abschnitten. Zuerst wird das Material gemäß Stückliste kalkuliert. Allerdings stecken da auch wieder selbst hergestellte Vorprodukte drin, die ihrerseits auch erst kalkuliert werden müssen. Die Kalkulation von Endprodukten ist meist ein Gebäude mit mehreren Stockwerken.

Dann folgen die Kalkulationen der Arbeitsgänge. Separat gezeigt ist die Dreherei. Der Plangrenzkostensatz je Stunde (22,60) fließt in die Kalkulation der Plangrenzherstellkosten des Endprodukts Kunststoffmaschine ein.

Kalkulation Kunststoffmaschine	
Fertigungsmaterial, Zukaufteile und Eigenbauteile nach Stückliste; bewertet mit Plan-Einstandspreisen oder Plan-Grenzherstellkosten	100.000,–
Arbeitsplan für die einzelnen Operationen	
Dreharbeiten 50 h × 22,60/h	1.130,–
andere Operationen zusammen	48.870,–
Grenzherstellkosten/Produktkosten (Proko)	150.000,–
Ziel-Deckungsbeitrag 45 %	120.000,–
Nettoverkaufspreisziel	270.000,–

Abb. 3.5: Schema der Produkt-Kalkulation mit Produktkosten.

Als dritter Abschnitt im Kalkulationsaufbau folgt der Ansatz eines Ziel-Deckungsbeitrags; anteilige (fixe) Strukturkosten der Fertigung und Verwaltung. Schließlich kann nicht zu Produktkostenkonditionen (prop. Kosten) verkauft werden. Jeder Auftrag muss auch sein Ziel an Beitrag für die Struktur-Kosten (fixen Kosten) erfüllen. Dabei wird der Ziel-Deckungsbeitrag Rücksicht nehmen können auf die unterschiedliche Inanspruchnahme von Strukturkosten durch verschiedene Produktlinien. Erzeugnisse mit einem langen Weg durch die Produktion, die teuere Maschinen beanspruchen, die Entwicklungs- und Kundenservice-intensiv sind, sollten ein höheres Deckungs-Ziel vorgegeben erhalten als einfache serielle Maschinen. Natürlich kann die Kalkulation nur ein Ziel formulieren. Ob es durchsetzbar ist, muss der Markt ergeben. Aber falls jedes kalkulierte Ziel unterlaufen würde durch die Verkaufsabschlüsse, würde auch die Unternehmung als Ganzes ihre Kosten nicht decken können.

Die Errechnung des Preisziels von 270.000,- hat spezifisch Bedeutung zur Ermittlung und Sicherung der Verkaufspreise. In der Erfolgsrechnung mit Deckungsbeiträgen spielt diese Zahl keine Rolle mehr. Die Kunststoffmaschine wird wie folgt als Kostenträger abgerechnet:

Verkaufte Maschinen	5 Stück
Durchschnittlich erzielter Erlös je Einheit	250.000,-
Umsatz netto	1.250.000,-
– 5 Stück mal Standard(Plan)-Produktkosten je Stück von 150.000,-	750.000,-
Deckungsbeitrag	500.000,-

Abb. 3.6: Kostenträger Kunststoffmaschinen

Die Struktur-Kosten folgen in der Erfolgsrechnung als Blöcke, nicht als Raten je Stück. Tut man das letztere, so entsteht die Kostenträger-Rechnung nach dem Vollkostenprinzip, die aber nicht ausreichend ziel- und entscheidungsgerecht ist. In diesem Zusammenhang möchten wir noch einmal darauf hinweisen, dass mit den verrechneten Standardvollkosten in der Erfolgsrechnung nicht viel anzufangen ist. Aber der Vollkostensatz ist ziel- und entscheidungsgerecht bei der Beurteilung der Angemessenheit von Verkaufspreisen, zur erforderlichen Wertanalyse und als Zielwert für den Verkauf in der Frage der Preiseinhaltung!

Standard-Kalkulation und auftragsweise Vor- und Nachkalkulation

Werden die Kunststoffmaschinen in Serie gleichbleibend hergestellt, so braucht eine auftragsweise Nachkalkulation nicht durchgeführt zu werden. Die Arbeitsvorbereitung erteilt dem Betrieb einen Auftrag zur Ergänzung des Fertiglagers. Gemäß Standard-Stückliste wird ein Satz vorgegebener Materialentnahmescheine mitgeliefert. Desgleichen besteht ein vorgegebener Arbeitsplan mit Standard- oder Vorgabezeiten für Rüsten und für Produzieren. Danach sind die Fertigungslohnscheine ausgestellt, die als Arbeitsauftrag sowie als Träger der Richtwerte und – beim Akkordlohn – auch als Basis der Bezahlung dienen.

Die Abweichungen entstünden auf Kostenstellen sowie im Materialsektor im Sinne von Nachfassscheinen, falls der Betrieb mit seinen vorgegebenen Materialstandards nicht auskommt. In der Erfolgsrechnung würden die Abweichungen in einem zweiten Teil nach den Strukturkosten erscheinen. So käme in unserer Ergebnisrechnung zur Verbrauchsabweichung (siehe Soll-Ist-Vergleich zur Grenzplankostenrechnung) ggf. noch die Materialmengenabweichung hinzu. Dabei ist es empfehlenswert, solche Abweichungen nicht für die Kostenträgergruppen (Produkte) auszuweisen, sondern für einzelne Ressorts wie Verkauf, Produktion und Einkauf oder für einzelne Produkt-Sparten, wie Kunststoffmaschinen, Trenntechnik usw., und natürlich auch für die Zentralbereiche. Das folgt wieder dem Verantwortungsprinzip. Wichtig ist, dass jemand reagiert bei einer Abweichung. Das tun aber Manager, nicht Kostenträger.

Würden die Kunststoffmaschinen hingegen nach Kundenwunsch hergestellt, so müsste man gemäß der vom Kunden jeweils anders gewünschten Spezifikation individuell vorkalkulieren. Dann wäre es zweckmäßig, den einzelnen Auftrag auch nachzukalkulieren. Dadurch würden in der Erfolgsrechnung bei den proportionalen Kosten des Absatzes nicht verkaufte Mengen mal Standardgrenzkostensatz je Einheit erscheinen, sondern folgende Positionen gelistet sein:

- Ist-Materialeinsätze mal Plan-Einstandspreise;
- Ist-Stunden mal Plangrenzkostensätze aus den betreffenden Kostenstellen;
- Ist-Sondereinzelkosten der Produktion, wie spezielle Vorrichtungen und Werkzeuge;
- Ist-Sondereinzelkosten des Vertriebs, wie Fracht, Verpackung und Versicherung.

Das Mengengerüst für Material und Zeit wäre also nicht standardisiert, sondern im Ist je Auftrag erfasst. Infolgedessen würden in der Abweichungsanalyse die Materialmengenabweichungen und ein Teil der Verbrauchsabweichungen, der auf mehr oder minder benötigte Stunden zurückzuführen ist, fehlen.

Dieses Verfahren hat aber den Nachteil, dass im Deckungsbeitrag die Erfolgsmaßstäbe von Verkauf und Produktion teilweise vermischt sind. Deshalb wäre es zweckmäßig, auch bei Einzelfertigung mit Richtwerten in die Verkaufserfolgsrechnung mit Deckungsbeiträgen zu gehen; allerdings nicht mit den vorkalkulierten Stunden im Offertenstadium, sondern mit den Richtwerten der Arbeitsvorbereitung dann, wenn der Auftrag in den Betrieb geht. Auf diese Weise würde der Verkauf an seinem Deckungsbeitrag sehen, wenn er dem Kunden eine Sonderausführung zum Serienpreis verkauft hat. Der Betrieb hingegen hätte in seinen Kostenstellen- oder Verfahrensabweichungen ein Signalsystem für die Einflussgrößen auf die Kosten, die in seiner Hand sind.

Kapitel 3

Wie man proportionale Kosten (Produktkosten) definiert

Der herrschende Sprachgebrauch bei den Betriebswirten lautet etwa so, dass man sagt, proportionale Kosten seien die Kosten, die dazukommen, wenn eine Einheit eines Produkts zusätzlich hergestellt und verkauft wird (auch Grenzkosten). Dieser Definition entspricht das Bild in der Abbildung 3.7. Überschreitet man die Grenze, an der man jetzt gerade steht, um eine Einheit, so drückt der Grenzplankostensatz aus, was an Kosten dadurch hinzukommt.

Die proportionalen Kosten stellen das Steigungsmaß der Proportionalkostenlinie dar. Zeichnet man das Bild so wie in Abbildung 3.7, so müsste allerdings nicht eine gerade Linie entstehen, sondern eine Treppe. Wird der Verlauf der proportionalen Kosten als eine dünne Linie dargestellt, so ist der Zuwachs in der Menge von links nach rechts nicht mehr zeichnerisch darstellbar, nicht mehr wahrzunehmen, sondern eine gedankliche, abstrakte Vorstellung. Die proportionalen Kosten sind der Differentialquotient

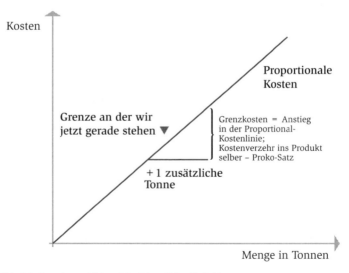

Abb. 3.7: Grenzkostenbild nach herkömmlicher Definition

Zum System des internen Rechnungswesens

dieser Linie. Das Wort proportionale Kosten kommt aus der mathematischen Analyse. Es ist ein Kunstwort, das seinen Eingang in den praktischen Sprachgebrauch gefunden hat und dort Missverständnisse auslöst. Typisch und lustig ist immer noch die Äußerung eines Unternehmers, der sagte, dass er in seiner Firma keine Grenzkosten habe. Warum eigentlich nicht? »Ja, wir exportieren doch nicht und haben deshalb auch mit der Grenze nichts zu tun.«

Variabel und fix

Der Veränderlichkeit der Kosten, bezogen auf Mengen, sind Ausdrucksweisen abgeschaut, wie z. B. mengenabhängige Kosten oder beschäftigungsabhängige Kosten anstelle von proportionalen Kosten. Meist wird heute auch variable Kosten gesagt. Daraus folgt dann der Trugschluss, sie seien auch beliebig kurzfristig beeinflussbar. Andererseits klingen die Fixkosten stets unveränderlich – eben fix. Aber das stimmt nicht.

Auch fixe Kosten ändern sich. Mit dem Absatzvolumen, mit der Zahl der Produkte im Sortiment erfolgen auch Anpassungen in der Infrastruktur.

Symboltier dieser Strukturkosten/der fixen Kosten ist die Schnecke. Schaut man einem solchen Tier einen Moment zu, dann scheint es zu stehen. Nach einiger Zeit ist die Schnecke aber eine ganze Strecke weitergekrochen. So machen das auch die fixen Kosten. Wird die Schnecke gestört, zieht sie sich in ihr Haus zurück und bleibt stehen. Auch das entspricht den Verhaltensweisen fixer Kosten sehr häufig.

Abb. 3.8: Struko-Schnecke

Kapitel 3

Strukturbild zur Grenzplankosten- und Fixkostendefinition

Missverständnissen kann man aus dem Weg gehen, wenn proportionale Kosten und Fixkosten nach dem Strukturbild in Abbildung 3.9 erläutert werden. Jedes Unternehmen, egal was es macht, hat zwei Typen von Strukturen: die Struktur des zu verkaufenden Produkts (der zu verkaufenden Leistung) und die Struktur der Regie- führenden Organisation.

Die Produktstruktur besteht aus einem Mengengerüst für das Material (Rezepturen, Stücklisten, Ausbeuten, Abfallraten, Zuschnittverluste). Ferner bedarf es – um das Erzeugnis zu seiner physischen Existenz zu bringen – eines Zeitgerüstes (Prozesszeiten von Maschinen und Mitarbeitern).

Tiefer verwurzelte Definition proportionaler Kosten

Proportionale Kosten sind die Kosten, die das Produkt nach seiner technischen Struktur zu sich selber braucht, damit es physisch existiert. Um die proportionalen Kosten in den Griff zu kriegen, muss der Kostenrechner denken wie ein Arbeitsvorbereiter. Um eine Maschine zu bauen, bedarf es einer Stückliste für das Material und die Bauteile sowie eines Arbeitsplans mit dem Zeitgerüst von Rüstzeiten und Stückzeiten auf Werkzeugmaschinen, in der

Strukturschema zur Kostendefinition

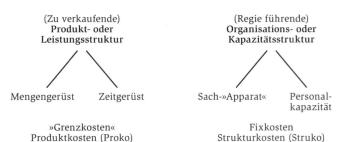

Abb. 3.9: Strukturbild zum »Röntgen« der Kosten-Definition

Montage, beim Lackieren und in der Prüfung. Daraus ergibt sich (dazukommend für eine Einheit) die Proportionalität dieser Kosten.

Um einen Hektoliter Bier bestimmter Sorte in bestimmter Darreichungsform zu produzieren, sind Prozesszeiten im Sudhaus, im Gärkeller und beim Abfüllen nötig. Und natürlich braucht das Bier seine Rezeptur aus Hopfen, Malz und Wasser sowie seine Stückliste für die Ausstattung (Flasche, Flaschenbruch, Verschluss, Etikette).

Das gleiche gilt für die Dienstleistung. Da die Instrumente des internen Rechnungswesens zunächst in der Fertigung eingesetzt wurden, müssen wir Dienstleister häufig mit den fertigungsgeprägten Begriffen leben. Die Definition ist aber für Dienstleister wie auch Fertigungsbetriebe identisch. Der Friseur muss sich fragen, was ist für die physische Existenz geschnittener Haare erforderlich? Statt Stückliste sagt er dann Materialbedarf (Spray, Gel, Farbe, etc.), statt Arbeitsplan vielleicht Behandlungsschritte.

In unserem Seminargeschäft müssen wir uns fragen, was ist an Zeit und Materialeinsatz für die physische Existenz transferierten Wissens nötig. Das sind die Seminarunterlagen, Raummieten und natürlich der Trainereinsatz.

Die Fixkosten entsprechen der Regiekapazität, der Infrastruktur um das Produkt herum. Dabei handelt es sich um den Personaleinsatz und Sachkosten in der Werbung, Reisespesen, Gebühren, Beiträge, Immobilienkosten.

Deckungsbeiträge wären nach dieser Definition Überschüsse der Erlöse, die ein Produkt über das hinaus bringt, was es für sich selbst braucht (Deckung der proportionalen Kosten); was es also vom Erlös für die Deckung der Struktur übrig lässt. Diese Kosten der Struktur nennt man dann eben fixe Kosten. Sind die Deckungsbeiträge gut und die Kosten der Struktur angemessen, dann reichen die Deckungsbeiträge nicht nur zur Fixkostendeckung, sondern bringen darüber hinaus Gewinn. Deckungsbeiträge sind also ein Umsatzbegriff; sie gehören deshalb zum Verkauf.

Kapitel 3

Funktionsbilder als Basis der Kostendefinition

Man muss die Zugehörigkeit von Kosten zu entweder den proportionalen Kosten oder den Fixkosten von der Funktion her aufbauen. Es ist nicht sinnvoll und lässt Zweifel offen, wenn man die Zugehörigkeit der Kostenarten zu proportionalen Kosten und Fixkosten nur von der Variabilität oder Proportionalität zum Volumen her betrachtet.

Es kommt also nicht darauf an, ob man bei Schwankungen in der Beschäftigung jemanden entlässt. Der Fertigungslohn ist nicht etwa deswegen proportional (oder vielleicht dann besser fix). Fertigungslohn gehört zu den proportionalen Kosten, weil es sich bei der Aufgabe um eine Arbeit am zu verkaufenden Stück handelt – darum, dass das zu verkaufende Stück zu seiner physischen Existenz kommt, der Zeiteinsatz der Mitarbeiter der nötig ist für eine Einheit mehr. Gehört in einem Reifenfachgeschäft z. B. auch die Dienstleistung zum Angebot, also das Montieren und Wuchten der Reifen, so ist doch diese Leistung nicht zu erbringen ohne die Prozesszeit der Monteure, die das machen. Da liegen die Reifen – da steht das Auto. Damit die neuen Reifen einwandfrei am Auto montiert sind, muss jemand einen Schlagschrauber in die Hand nehmen, das Rad herunterschrauben, wegnehmen, den alten Reifen abziehen, den neuen Reifen draufziehen, zur Wuchtmaschine gehen und nachher die Montage der Räder mit neuem Reifen wieder durchführen. Man muss also hinlangen. Ohne die betreffende Zeit ist die Leistung nicht erbracht. Deshalb gehört die Montagezeit und der dazugehörige Lohn in die Struktur der proportionalen Kosten dieser Dienstleistung – damit sie physisch existiert.

In einem Ingenieur-Unternehmen gibt es zwei Typen von Stunden. Die einen Stunden betreffen die Arbeit am Mandat. Die Funktion ist Entwicklungsarbeit, Konstruktionsarbeit am Kundenauftrag. Diese Zeit gehört zu den proportionalen Kosten des Auftrags.

Ein anderer Typ von Zeit ist Regiefunktion, Offerten-Bearbeitung, interne Besprechungen und das Literaturstudium. Diese Stunden sind Bestandteil der Fixkosten.

Bei der Definition von proportionalen Kosten und Fixkosten spielt es folglich gar keine Rolle, was für ein Arbeitsvertrag gemacht worden ist oder wie die Kündigungsfristen sind, ob die Kosten tatsächlich variabel im Sinne von kurzfristig beeinflussbar sind. Maßgeblich ist allein die Tätigkeit – am Stück, am Auftrag oder im Sinn von Regie, Organisation und Verwaltung.

Der Testfall mit den Kosten der Buchhaltung

Was sind die Kosten der Buchhaltung in einem pharmazeutischen Unternehmen? Proportionale Kosten oder Fixkosten? Oft wird jetzt gesagt, dass die Kosten der Buchhaltung deshalb Fixkosten seien, weil sich die Kapazität der Buchhaltung mit dem Auftragsvolumen nicht ändern würde. Und das stimmt eben nicht. Bei größerem Volumen, mehr Produkten, zusätzlichen Kunden müssen auch die Buchhaltungskapazitäten erweitert werden. Meist kommt eine Äußerung, dass langfristig alle Kosten proportional seien. Und jetzt ist der Controller am Schleudern. Was ist denn überhaupt langfristig? Für manche Leute ist übermorgen schon langfristig.

Nach der Strukturdefinition für die proportionalen Kosten kann es aber gar keinen Zweifel geben. Die Buchhalter-Gehälter und Sachkosten der Buchhaltung gehören in die Fixkosten, weil im Arbeitsplan zur Herstellung eines Kopfschmerzmittels in Tabletten die Buchhaltung als Prozesszeit nicht vorkommt, weil zur physischen Existenz dieses Pharma-Produkts der Buchhalter nicht nötig ist.

Anders wäre es in einem Kreditinstitut. Hier gibt es zwei Typen von Buchhaltung. Die eine führt Regie, genau wie im Industriebetrieb auch. Mit der anderen Buchhaltung aber produziert die Bank Leistungen für ihre Kunden. Sie verbucht Schecks, Überweisungen und Lastschriften auf den Konten der Kunden. Jetzt gehört das Zeitgerüst zur Verbuchung von 1.000 Schecks oder 1.000 Überweisungen zu den proportionalen Kosten des betreffenden Leistungstyps.

Kapitel 3

Es kommt immer wieder darauf an zu klären, welche Funktion erfüllt wird. Handelt es sich um eine Tätigkeit zur Produktion einer auf dem Markt zu verkaufenden Leistung; oder ist die Aufgabe eine Regieführung (Prozesse um das Produkt herum), die z. B. dafür sorgen muss, dass das Ergebnis der Unternehmung auch von den Zahlen her in Ordnung ist. Hierhin gehört das Denken in Prozessen.

Grenzkosten / Product Costs / Coût produit
Fixkosten / Structure Costs / Frais de structure

Erläutert man die proportionalen Kosten als die Kosten, die nach der technischen Struktur erforderlich sind, um das Produkt zu seiner physischen Existenz zu bringen, so ist die Optik von proportional definiert; zeichnerisch ein Winkel.

Das Proportionale Kosten dazu kommen, wenn man ein Stück mehr herstellt, ist jetzt selbstverständlich. Das Produkt kann ja nicht ohne die Kosten existieren, die es zu seiner Existenz braucht. Eigentlich handelt es sich um eine Definition am Symptom, wenn man die proportionalen Kosten abgreift von dem her, was sich ändert. Man definiert nach dem Prinzip es tut weh, versäumt aber die Diagnose zu stellen, warum es weh tut.

Daraus folgt auch, dass etwa die Transportkosten in einer Brauerei Fixkosten wären. Es handelt sich um einen Regiedienst für die Kunden, um eine Service-Funktion; um eine Maßnahme mit der Absicht, die Kapazität im Markt, den Marktanteil und die Marktgeltung auszubauen. Unter Organisations- oder Kapazitätsstruktur bei den fixen Kosten ist ja nicht nur die sichtbare Kapazität gemeint, sondern auch die in den Markt hinein gebaute Geltung (Marke).

Würde die Transportleistung dagegen ein Angebot sein, eine zu verkaufende Leistung darstellen wie im Speditionsbetrieb, dann würden auch die Kilometer-Leistungen in die Struktur der proportionalen Kosten des Produkts gehören.

Übrigens schließt diese Betrachtung nicht aus, dass zur Kostenkontrolle in der Kostenstelle Lastwagenbetrieb auf der Bezugsgröße Kilometer der Benzinverbrauch, die Reparaturkosten oder der Reifenverschleiß angemessen angesetzt sind.

Nicht verrechnen, sondern informieren

Im Controller-Handwerk kommt es also nicht einfach darauf an, Kosten irgendwie zu verrechnen. Das Rechnungswesen für den Manager ist eine Veranlassungsrechnung. Die Frage, wie man irgendwelche Kosten verrechnen solle, ist also stets mit der Gegenfrage zu beantworten: »Was wollen wir denn überhaupt wissen?« Erst wenn klar ist, welcher Typ Information für welche Art von Entscheidung gefragt ist, ergibt sich – häufig fast von selbst –, wie die dafür erforderlichen Kosten-Unterlagen zu errechnen sind. Das macht letztlich gutes Controlling aus.

Die Kosten sind simultan dreifach zu sehen:
1. nach der Struktur (Produkt- oder Strukturkosten)
2. nach der Beeinflussbarkeit und
3. nach der Erfassbarkeit.

Das lässt sich am besten in Form eines Würfels visualisieren. Die senkrechte Achse des Kostenwürfels drückt die Kostenzugehörigkeit nach der Struktur aus – also proportionale Kosten (Produktkosten) und Fixkosten (Strukturkosten). Die waagrechte Achse illustriert die Beeinflussbarkeit auf kurze Sicht, mittelfristig oder nur in der langfristigen Planung. Die dritte Dimension nach hinten erläutert die Erfassbarkeit. In diesem Falle ist allerdings zu klären, ob es sich um Einzelkosten relativ zum Erzeugnis oder relativ zur Kostenstelle handeln soll.

Viele Ärgernisse in der Praxis um die Kostenbegriffe hängen damit zusammen, dass man mit den Ausdrucksweisen einer Dimension in die andere einsteigt. Definiert man z. B. die Deckungsbeiträge auf der Basis relativer Einzelkosten wie Riebel, so benutzt man das Prinzip der Erfassbarkeit, um die Kostenstruktur zu erläutern. Das muss schiefgehen. Das gilt sinngemäß dann, wenn man statt proportionaler Kosten Direktkosten sagt; also den amerikanischen Ausdruck direct costs wörtlich übersetzt.

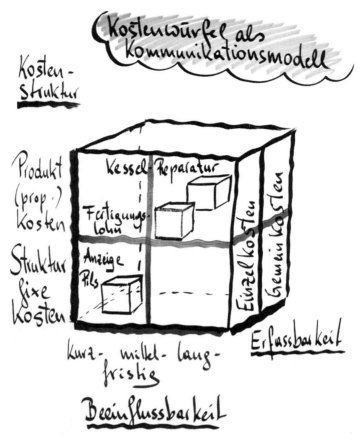

Abb. 3.10: Deyhle's Kostenwürfel

Die Amerikaner sagen zwar direct costs, sie meinen damit jedoch die proportionalen Kosten oder marginal costs.

Ähnlich ist das beim Wort variable Kosten. Man nimmt eine Erscheinungsform aus dem Bereich der Beeinflussbarkeit – nämlich das kurzfristige Disponieren-können über Kosten – und benutzt es für die Definition der Kostenstruktur nach proportionalen

Kosten oder Fixkosten. Auch das gibt Zweifel. So meint man dann, dass Fertigungslohn fix ist, da die Mitarbeiter nicht kurzfristig freigesetzt werden können bzw. Werbekosten zu den proportionalen gehören, weil man Werbemaßnahmen ja kurzfristig schieben kann.

Während wir die Fertigungsmitarbeiter für die Herstellung der Produkte brauchen, gehören Werbemaßnahmen zu den Fixkosten, weil zur physischen Existenz eines Hektoliters Bier die Werbemaßnahme nicht nötig ist. Die Werbung soll dem Bier Marktkapazität bauen und eine Marke schaffen helfen. Aber Werbemaßnahmen sind kurzfristig beeinflussbar und erscheinen einem dann als variabel. Auch das oft übliche Vorgehen, Werbekosten in Prozent vom Umsatz zu formulieren, macht daraus keine proportionalen Kosten. Solche Prozentzahlen drücken Angemessenheitsrelationen oder Effizienz-Raten zwischen Strukturkosten und damit bewältigtem Leistungsvolumen der Unternehmung aus.

Drei Beispiele zur Anwendung des Kostenwürfels

Eingetragen in den Kostenwürfel sind drei kleine Würfelchen für drei Kostenfälle. Das eine ist eine Anzeige in einer Wochenendausgabe einer Tageszeitung für eine bestimmte Biersorte. Es handelt sich um Fixkosten, weil nicht zum technischen Konzept des Produkts gehörig, sondern zum Ausbau der Marktkapazität (Investition in die Marktgeltung). Die Maßnahme gehört zu den Einzelkosten, z. B. der Sorte Meisterpils, weil es eine gezielt dafür eingesetzte Aktion ist und die Anzeigenrechnung als Beleg einzeln für diese Produktlinie kontiert werden kann. Und die Maßnahme ist kurzfristig beeinflussbar.

Der Lohn der Mitarbeiter an einem Spritzkarussell für Schuhsohlen gehört in die Produktkosten (proportional), weil ihre Tätigkeit am Produkt erfolgt. Die Mitarbeiter nehmen z. B. aus den Formen die gespritzten Schuhsohlen heraus. Ohne diese Tätigkeit kann die physische Existenz des Produkts als Schuhsohle bestimmter Form und Qualität nicht herauskommen. Der Fertigungslohn gehört ferner zu den auftragsweise erfassbaren Kosten. Oftmals bestehen Lohnscheine je Arbeitsgang mit Vorgabezeiten, die also auch für die Auftragsnummer kontierfähig sind. Jedoch ist der Fertigungslohn nur mittelfristig beeinflussbar. Die Zahl der Köpfe der Belegschaft kann nicht wie eine Ziehharmonika zusammengezogen oder auseinandergedehnt werden je nach dem, wie es die Auslastung gerade erfordert.

Das heißt praktisch, dass in der Kosten- und Leistungsplanung der Fertigungslohn zu den proportionalen (Produkt-)Kosten gehört. Bei der Überleitung vom Kostenbudget in den Finanzplan ist darauf Rücksicht zu nehmen, dass Beeinflussbarkeit in der Zahl der Köpfe und damit in der Lohnsumme, die bezahlt werden muss, nicht so schnell erfolgen kann. Das heißt, dass im Controller-Berichtswesen auf der Kostenstellenrechnung Abweichungen infolge schlecht ausgelasteter Kapazität entstehen (Kosten der Unterauslastung), die im Finanzplan zu bezahlen sind, in der Finanzsteuerung also keine wegfallenden Ausgaben bedeuten; es sei denn, es würden dafür besondere Maßnahmen eingeleitet.

Das dritte Würfelchen innerhalb des ganzen Kosten-Strukturbildes betrifft Reparaturkosten. Zum Beispiel kann es sich um die Auskleidung eines Kessels handeln. Dabei liegt eine verschleißbedingte Reparaturleistung vor. Der Kessel hält so und so viele Chargen aus, dann ist eine neue Auskleidung fällig. Das heißt also, dass der Wertgewinn im Produkt nur zu erkaufen war durch den Wertverzehr des Aggregats, der durch eine Reparaturleistung wieder auszugleichen ist. Deshalb gehören diese Reparaturkosten, ihrer Struktur nach, zu den proportionalen Kosten. Sie sind nur mittelfristig beeinflussbar, weil Reparaturleistungen dieses Typs vom Verfahren abhängig sind und von der Art der Maschinerie, also nur durch Investitionsentscheidungen geändert werden können. Erfassungstechnisch sind die Reparaturkosten für den Kostenträger Gemeinkosten. Es ist nicht möglich, einen Reparaturauftrag mit seinen Kosten auf die Partie zu kontieren, die gerade als letzte vor der Reparaturleistung in dem Kessel gefahren worden ist.

Reparaturkosten sind aber nicht generell proportional oder Bestandteile der proportionalen Kosten. Reparaturen können auch entstehen aus Unachtsamkeit oder weil Mitarbeiter schlecht eingearbeitet sind. Hier handelt es sich um ein Struktur-Problem. Daraus folgt, dass die fixen Teile der Reparaturkosten in der Regel dort höher sein werden, wo empfindliche Spezialmaschinen mit elektronischen Steuerungsteilen stehen. Dort wirkt sich besonders aus, wenn z. B. Mitarbeiter nicht ausreichend eingearbeitet oder ihren Zorn auf den Chef an den Maschinen abreagieren.

Effizienzraten für Fixkosten / Kostentreiber

Häufig ist es üblich, Werbekosten in einem Prozentsatz vom Umsatz zu planen. Sinngemäß kann das auch für Entwicklungskosten geschehen. Damit werden aber keine proportionalen Kosten begründet. Es handelt sich hier um die Überprüfung von Strukturmaßnahmen auf ihre Angemessenheit hin, ausgedrückt im Verhältnis zur Umsatzleistung.

Mit anderen Worten: Derartige Prozentzahlen sind Leistungskennzahlen oder Standards of performance für zentrale Funktionen. Es wird damit ausgedrückt, welchen Wirkungsgrad die Planungs- und Steuerungsfunktion des Managements besitzt. Laut Kostendefinition sind sie daher (fixe) Strukturkosten. Um die Verwechslung der proportionalen und fixen Kosten aufgrund der Mehrdeutigkeit der Wortpaare auszuschließen haben sich die Wortpaare Produktkosten und Strukturkosten bewährt. Diese Formulierung folgt dem IGC-Lexikon – International Group of Controlling. Die Controller Akademie ist Mitglied der IGC.

Produktkosten (Proko)

Produktkosten sind die Kosten, die das zu verkaufende Produkt oder die Dienstleistung selber verzehrt; die ihre physische Existenz ausmachen. Den technischen Hintergrund bilden: Stückliste, Rezeptur und Arbeitsplan. Produktkosten sind von Haus aus je Kalkulationseinheit formuliert – je Stunde, je Stück, je Kilogramm, je Auftrag. Daraus folgt, dass es eine Einheit mehr dazukommende sind. Die Produktkosten werden auch als proportionale Kosten bezeichnet.

Strukturkosten (Struko)

Strukturkosten sind Kosten, die den organisatorischen Rahmen abbilden in der Akquisition, in der Werbung, in der Forschung für neue Produkte, in der Administration, in der Logistik, in der Unternehmenskultur, in der Navigationsfähigkeit des Unternehmens. Auch die Strukturkosten sind vorgangsrelevant zu planen, im Verbund mit Standards of Performance (SOP's) für Qualitäten und für Mengen. Die Strukturkosten werden auch Fixkosten, Periodenkosten oder Bereitschaftskosten genannt.

4.

Fallstudie zum Soll-Ist-Vergleich mit Erwartungsrechnung (Forecast)

Gutes Controlling hört nicht beim Planen auf und wartet auch nicht auf die Schlussabrechnung am Ende des Jahres. Gutes Controlling heißt permanent auf das Ziel hin steuern und zu jeder Zeit das voraussichtliche IST zum Jahresende vor Augen zu haben. Controller's Berichtswesen ist das zentrale Instrument dafür. Jedoch dürfen Berichte nicht statisch sein. Berichte haben eben etwas zu berichten, sind mit einer Aussage versehen und müssen Maßnahmen im Unternehmen auslösen. Erinnern wir uns an: »Controlling und Urlaub« (Kapitel 1).

Fallbeispiel Ski-Langlauf

In einer Skifabrik betreuen Produktmanager die verschiedenen Produktgruppen, wie z. B. Alpinski, Snowboards, Sprungski und eben auch Langlaufski. Das Produktmanagement Langlauf hat zusammen mit den Controllern einen Plan für seine Produktgruppe aufgestellt. Nun, ein halbes Jahr später, erhalten die Produktverantwortlichen zum 31. Mai vom Controller-Service folgenden Soll-Ist-Vergleich für ihre Produktlinie.

Neben dem Jahresbudget sind die Ist-Werte dargestellt. Da es sich im Skigeschäft um ein Saisongeschäft handelt, braucht es für einen ordentlichen Soll-Ist-Vergleich auch ein Soll zum 31.5. Das wird in der Abbildung rechts dargestellt. Verglichen mit dem Soll

Kapitel 4

Text	Jahres-Budget	Ist zum 31.5.	Soll zum 31.5.	Abweichung im Verkauf am 31.5.
1	2	3	4	5
Absatz in Paaren	100.000	20.000	30.000	−10.000
VK/Paar	100,−	100,−	100,−	
Proko/Paar	60,−	60,−	60,−	
	Mio.	Mio.	Mio.	Mio.
Umsatz	10,0	2,0	3,0	
Prop. Kosten	6,0	1,2	1,8	
DB l	4,0	0,8	1,2	
Promotion	2,0	1,5	1,0	−0,5
DB II = Ziel des PM	2,0	−0,7	0,2	−0,9
Abweichung vom Std.	Betrieb	Einkauf		
Materialmengen	+20.000			
Materialpreise		−50.000		
Fertigungskosten	−300.000			

Abb. 4.1: Fallbeispiel Ski-Langlauf

zeigt der Bericht in den ersten 5 Monaten einige Abweichungen. Im Absatz fehlen 10.000 Paare, die Werbekosten sind um 0,5 Mio. überschritten. Das Loch im Deckungsbeitrag beträgt 0,9 Mio.

Nachrichtlich sind für das Produkt-Management – unter dem Strich – noch Abweichungsinformationen angegeben, die der Produktmanager bei seinen Entscheidungen (decision accounting) zu berücksichtigen hätte, selbst aber nicht direkt beeinflussen kann (responsibility accounting). Die genannten drei Zahlenwerte beziehen sich auf den Unterschied der Istkosten in Produktion und Einkauf im Vergleich zu den Standard-Produktkosten. Die Plan-Produktkosten sind als Standardkosten angesetzt. D.h. die Produktkosten pro Paar werden auch im Ist mit standardisiertem Wert, nämlich dem proportionalen Satz von 60,− je Paar angesetzt.

Fallstudie zum Soll-Ist-Vergleich

In den Standardherstellkosten enthalten sind geplante Materialmengeneinsätze (Stücklisten oder Rezepturen), geplante Einstandspreise für Rohstoffe, wie z. B. Plastikmaterial oder Klebstoffe, sowie ein standardisierter Arbeitablauf im Betrieb mit Richtwerten für die Prozesszeiten von Maschinen und Mitarbeitern.

Die Materialmengenabweichung errechnet sich, indem man den Ist-Materialeinsatz gemäß effektiver Entnahmescheine des Betriebes ab Rohstofflager der Ausbringung an fertigen Ski und deren planmäßigem Materialeinsatz gegenüberstellt. Das geht nach der Formel: Ist-Ausbringung Fertigprodukt mal Rezepturfaktoren für Mischungen und Verlustfaktoren für Ausbeuten, ergibt Soll-Einsatz an Material minus effektiver Einsatz, ergibt Materialmengenabweichung in Gewicht mal Plan-Einstandspreise und führt zur Materialmengenabweichung in Geld, in Höhe von zusammen 20.000 (günstig, Minderverbrauch). Die Vorzeichen in der Tabelle sind nach ihrer Ergebniswirkung ausgedrückt.

Bewertet man den Verbrauch auch im Ist mit Plan-Einkaufs- oder Einstandspreisen (um die Bezugsfracht höher als die Einkaufspreise), so ist der Unterschied zwischen dem Soll- und dem Isteinsatz nur auf Mengenverschiebungen zurückzuführen. Sodann müssen die Entnahmen zu Planeinkaufspreisen mit den Entnahmen zu Ist-Materialpreisen verglichen werden, gemäß der effektiven Eindeckungen. Die daraus resultierende Differenz hat ihre Ursache in Preisschwankungen auf dem Rohstoffsektor. Die effektiven Einstandspreise für das Zukaufmaterial beim Langlauf-Ski liegen per 31.5. um 50.000,- höher als die Standard-Einstandspreise.

Die Fertigungskosten-Verbrauchsabweichung in Höhe von 300.000,- (ungünstig), ergab sich auf denjenigen Kostenstellen des Betriebes, die direkt mit dem Langlaufprogramm befasst sind, sie könnte auf Minderauslastung zurückzuführen sein. Wurden wegen der schlechteren Absatzlage weniger Ski hergestellt, die Mitarbeiter aber dennoch beschäftigt, da die Organisation nicht so flexibel auf die Auslastungsschwankung reagieren konnte, dann liegen die Iststunden über den Sollstunden. Das führt zur ungünstigen Abweichung der Kosten (Kosten der Unterauslastung, vgl. Kap. 3 Grenzplankostenrechnung).

Kapitel 4

Analyse der Abweichungen

Woran könnte es gelegen haben, dass der Absatz nicht die Sollwerte erreicht hat. Es wurden zum 31. Mai nur zwei Drittel soviel Paare ausgeliefert, als ursprünglich geplant war. Vielleicht hat man deshalb, als dieser Trend spürbar wurde, bei der Werbung besonders viel »Gas gegeben«. Offenbar hat dies aber nicht viel genützt.

Eine Checkliste der Gründe, warum der Absatz hängen geblieben ist, könnte folgende Sachverhalte verzeichnen:
- es hat nicht geschneit,
- die Produktion konnte nicht liefern,
- die Verkäufer draußen haben sich nicht genügend um die Langlaufsparte gekümmert,
- der Verkaufspreis ist zu hoch geraten (zu hoch kalkuliert worden),
- das Budget ist überzogen gewesen,
- die saisonale Komponente wurde falsch eingeschätzt,
- in der Rechnung stimmen ein paar Zahlen (Kontierungen) nicht.

Hinter der Verbrauchsabweichung bei den Kostenstellen der Produktion könnte sich tatsächlich auch eine umgekehrte Kausalität verbergen. Dann wäre der negative Betrag von 300.000,- nicht darauf zurückzuführen, dass man die Produktion wegen der schlechteren Absatzlage zurückgefahren hat, die Zahl der Köpfe aber noch nicht entsprechend mitging (Kostenremanenz), sondern darauf, dass eine wesentliche Produktionsanlage zu Bruch gegangen ist. Die Folge ist eine Minderauslastung mit zusätzlichem Hilfslohn wegen mangelnder Beschäftigungsmöglichkeit von Mitarbeitern der Fertigung sowie ein stoßweise entstehender Anfall an Reparaturkosten (z. B. Fremdleistungen und Ersatzteile).

Der Verkaufspreis könnte wirklich zu hoch sein. Es handelt sich hier um den Einstandspreis in Sportfachgeschäfte oder Sportabteilungen von Kaufhäusern. Der Endverkaufspreis dürfte dann zwischen 200,- und 300,- liegen. Das ist vielleicht hoch gegriffen?

Fallstudie zum Soll-Ist-Vergleich

Abweichungsanalyse und Rechtfertigungsbericht

Stellt man das Ist bei Kosten oder Umsätzen einem Soll gegenüber und fragt, woran die Abweichung gelegen hat, so kommt meist etwas heraus, was wie eine Rechtfertigung oder Entschuldigung klingt.

Fragt die Führungskraft ihre Mitarbeiter, warum sie mehr Kosten gebraucht oder weniger Umsatz gebracht haben als geplant, so entstehen – oftmals ungewollt – zwei Typen von Antworten: »…ich bin nicht schuld…« und/oder »…die Zahlen sind falsch…« Davon gibt es wieder zwei Untertypen, nämlich der Plan oder das Ist sind falsch. Hier sind auch die Abgrenzungen der Kosten besonders beliebt. So könnte bei den Werbekosten die Überschreitung nur daran liegen, dass Prospekte im Vorrat gedruckt oder ein Werbefilm oder Radioclip hergestellt worden sind. Dann würde es sich um Kosten handeln, die auch noch im 2. Halbjahr zu Leistungen führen. Also müsste man ein paar Belege aus dem 1. Halbjahr in das zweite verschieben.

Oder man diskutiert im Nachhinein die Angemessenheit des saisonalen Solls. Vorher wurde viel Mühe darauf verwendet, ein solches Zwischenziel aufzubauen. Nachher gibt man sich die größte Mühe, es wieder wegzudiskutieren.

Vielen scheint es am liebsten zu sein, die Ziele festzulegen, nachdem das Ist bereits bekannt ist. Das entspricht die Geschichte von den Cowboys, die erst schießen und zufällig irgendwo hin treffen (Management by happening) und sich dann die Zielringe um die Einschussstellen herum malen, bzw. von ihren Controllern herum malen lassen.

Am ehesten stimmt ein Budget immer dann, wenn das Jahr bereits gelaufen ist. Wir könnten ja statt 100.000 Paar möglichst viele Paare hineinschreiben, dann stimmt das Ist gewiss immer.

Letztlich ist der Typ: Die Zahlen sind falsch, ein Unterpunkt des Antwort-Typs: »Ich bin nicht schuld«.

Dieser Typ bezieht sich auf höhere Gewalt wie das Wetter oder politische Verhältnisse oder Wechselkurse. Man kann aber auch auf den Chef, die Chefin extrapolieren, der einem etwas aufs Auge

gedrückt hat (suggestiv-autoritär in der Art so wie Sie gebaut sind, schaffen Sie das doch mühelos) der ständig in die Abläufe eingreift; oder man findet im Controller den Schuldigen, der viel zu hohe Preise kalkuliert hat. Oder der Einkauf hat sich bei seiner Planung warm angezogen und den Verkauf dazu gebracht, dass er sich überreizt.
In unserer komplexen Welt wird es immer externe Einflüsse geben, die man im Zweifel beim Soll-Ist-Vergleich anführen kann. Die Kunst besteht darin, den eigenen Wirkungsbereich, die Stellhebel, die wir selbst beeinflussen können, zu finden.

Controlling-Berichts-Regel

Aus diesem Grunde sollte man im Berichtswesen zwischen Führungskraft und Mitarbeiter – oder sinngemäß zwischen Controllern und Managern – die Reihenfolge der Fragen umdrehen. Es klingt weniger gut, wenn man fragt »Warum haben Sie Ihre Kosten um 0,5 Mio. überschritten?« – als wenn man sich erkundigt (cost to completion):
»Kommen Sie bis Ende des Jahres mit Ihren 2,0 Mio. noch hin?« bzw. »Wie viele Kosten entstehen noch bis Ende des Jahres?«

Die erste Frage bringt den Partner immer ungewollt auf die Anklagebank. Er meint, er müsse sich entschuldigen und rechtfertigen für das, was gewesen ist. Die zweite Frage fordert auf, Konsequenzen zu ziehen. Sie spricht den Partner auf Reparaturmaßnahmen an, auf das, was er oder sie vermag. Aus meiner Erfahrung kommen die Gründe, woran es gelegen hat, oftmals ungefragt von selbst. Nach dem Motto: »Wir müssen das und das tun, weil im ersten Halbjahr dies und jenes passiert ist«.
Also wäre als Berichtsregel zu formulieren, dass es im Controlling weniger wichtig ist zu analysieren, warum eine Abweichung entstanden ist, als zu erfragen, wie es weitergehen soll.

Das Wort weniger in diesem Satz ist im Sinne von an zweiter Stelle gemeint.
Hier wird dann meist eingewendet, dass man doch erst analysie-

ren müsse, warum etwas passiert ist, bevor man sich Gedanken machen kann, welche Konsequenzen zu ziehen sind.

Vergleichbar ist ein Gespräch mit dem Arzt, bei dem folgende Schritte vorzunehmen sind:
1. Anamnese (Aufnahme des Ist-Zustandes, der Krankengeschichte: Wo tut's weh?)
2. Analyse (Teststreifen, Blutuntersuchung, Röntgenbild)
3. Diagnose (Warum tut's weh?)
4. Prognose (Wie geht der Verlauf weiter, wenn nichts geschieht?)
5. Therapie (Man nehme drei mal täglich …)

Die Therapie ist die Planung. Sie enthält Entscheidungen über das, was man tun soll. Die Therapie wird nur dann richtig, wenn man weiß, welche Faktoren einen unbefriedigenden Zustand kausal bewirkt haben.

Logische und psychologische Reihenfolge im Controlling-Gespräch

Die Reihenfolge – erst Analyse, dann Therapie – ist die logische Folge der Schritte. Die Berichtsregel, zuerst nach dem zu fragen, was man tun will, ist die psychologische Reihenfolge. Das gilt auch für den Patienten beim Arzt, der hingeht, um das Rezept zu bekommen und nicht in erster Linie die Diagnose, sie ist nur Mittel zum Zweck.

Warum ist das so? Manager sind nicht nur Problemlöser, sondern vor allem auch Konfliktlöser. Bei der Problemlösung geht es um die Logik. In der Konfliktlösung sind jedoch auch die Köpfe einzubeziehen mit ihren Erwartungen, Motivationen, Frustrationen, Hoffnungen und Befürchtungen. Dazu lässt sich das nachfolgende Bild zeigen (Abb. 4.2).

An diesem Konferenztisch finden zwei Gespräche statt. Das eine hört man. Es wird auf dem Tisch geführt logisch oder rational. Das zweite spürt man. Es läuft unter dem Tisch. Oben sagt man

Abb. 4.2: Psychologisch-logischer Quadrilog

etwas, unten meint man etwas. Nicht immer ist das, was einer sagt, identisch mit dem, was er meint.

Das geht los bei der Planung – etwa im Planungsgespräch zwischen einem Verkaufsleiter und einer Controllerin.
1. Auf dem Tisch spielt sich folgender Dialog ab:
   - Controllerin: »Also wir müssen jetzt einmal für das nächste Jahr einen detaillierten Verkaufsplan aufstellen.«

Fallstudie zum Soll-Ist-Vergleich

- Verkaufsleiter: »Wieso braucht man den, es ging doch bisher alles ganz gut.«
- Controllerin: »Aber die Situation auf dem Markt wird immer kritischer ...«
- Verkaufsleiter: »Wie soll man denn planen, wenn sich sowieso alles ändert?«
- Controllerin: »Gerade aber wo es hektisch läuft, ist ein Fahrplan besonders wichtig, um auf Abweichungen gezielt reagieren zu können«.
- Verkaufsleiter: »Bin ich Prophet?«
- Controllerin: »Wir haben doch die Möglichkeiten der Marktforschung, Marktbeobachtung, Trendextrapolation, Verbraucherbefragung, Testmarktmöglichkeiten ...«
- Verkaufsleiter: »Dann planen Sie doch. Sie haben doch alle Zahlen, die man dazu braucht.«
- Controllerin: »Aber der Budgetverantwortliche sind Sie. Planung bringt nicht nur Prognosen, sondern auch Entscheidungen, die der Manager selber treffen muss«.
- Verkaufsleiter: »Wie soll man bei 10.000 Produkten detailliert planen?«
- Controllerin: »Das ginge nach A-B-C-Prinzip, die Produkte, die einen großen Anteil am Umsatz haben, müssen wir detailliert nach Preis und Menge budgetieren. Bei den anderen ginge es gruppenweise im Durchschnitt nur nach Wert«
- Verkaufsleiter: »Ich hab' keine Zeit dafür, ich muss verkaufen, wo soll sonst der Umsatz herkommen.«

2. Unter dem Tisch signalisiert der Verkaufsleiter vielleicht die Nachricht: »leg mich nicht fest, nachher bin ich dran«. Eigentlich sind es also zwei Dialoge, die hier stattfinden.
E. Küchle spricht deshalb vom »Quadrilog« – dem Vierergespräch. Ebenso wie Hunger-, Durst- und Schlafbedürfnis braucht jeder von uns ein Gefühl der Sicherheit, des Selbstwerts oder der Geltung.

Planung und Soll-Ist-Vergleich greifen das Gefühl für Sicherheit an. Man soll sich festlegen, ohne Prophet sein

Kapitel 4

zu können. Das schafft ein Gefühl des Unwohlseins. Auch kann man sein Gesicht verlieren, wenn sich herausstellt, dass man nicht recht gehabt hat. Jeder von uns freut sich, wenn er sagen kann, dass er recht behalten hat. Deshalb werden auch so gerne Aktennotizen verfasst, die man bei Bedarf hervorziehen – oder, falls der Sachverhalt nicht eingetreten ist, vergessen kann. Vor allem ist jeder Manager darauf verpflichtet, recht zu haben. Die Planung bringt jedoch an den Tag, dass man sich irren kann.

Planung führt zu Lernprozessen. Das gelingt nur, wenn man die Vergangenheit nicht tadelt. Oft kann man erleben, dass einer eine gute Idee hat, aber den Vorwurf erntet, wieso er nicht schon früher darauf gekommen ist. Dann fängt man an, die Vergangenheit zu rechtfertigen und sich vielleicht sogar für die gute Idee zu entschuldigen.

Deshalb die Berichtsregel: Was geschieht jetzt? Das ist aus psychologischer Sicht die primäre Frage. Die Gründe, an denen Abweichungen gelegen haben, kommen dann oft als Abfallprodukt von selbst auf den Tisch, weil ja wirklich die Logik herrscht, dass Konsequenzen erst ziehen kann, wer die Sachverhalte durchschaut hat. Das Klima, in dem das Gespräch in dieser Reihenfolge läuft, ist anders; die Leistungslaune ist größer. So wird aus dem Soll-Ist-Vergleich das Controlling, das nicht nur eine Sach-, sondern auch eine Führungsaufgabe darstellt.

Das System der Erwartungsrechnung

Zur Realisierung solcher Regeln als Verhaltensweise und Einstellung braucht man aber Werkzeuge, die als Katalysator wirken. Solche Instrumente zu bieten – die Melodie gewissermaßen instrumental zu ermöglichen – ist Aufgabe der Controller.

In der folgenden Abbildung 4.3 haben wir den Soll-Ist-Vergleich um drei Spalten ergänzt. Die ersten Spalten sind identisch. Die dazu gefügten Spalten enthalten die Erwartungsrechnung als das Protokoll der Konsequenzen, die aus dem Vergleich von Soll und Ist zu ziehen sind.

Fallstudie zum Soll-Ist-Vergleich

Die Ist-Abweichung wird zum Signalgeber, wo hinzusehen ist (wo tut es weh?), ist aber nicht Mittelpunkt des Abweichungsgesprächs.

Die wesentliche Abweichung liegt in der Spalte Resterwartung. Die Frage heißt: »Was fehlt noch im Umsatz, was ist noch verfügbar in den Kosten?«. Diese Resterwartung stellt den Suchscheinwerfer nach vorwärts ein. Bei der Ist-Abweichung sucht man rückwärts gewandt und belohnt oft denjenigen, der nichts getan hat, weil er auch keine Fehler macht.

Die Erwartungsrechnung – in der Praxis oft Forecast aber auch Hochrechnung, letzte Schätzung, Extrapolation oder voraussichtliches Ist (zum Jahresende) genannt – ist der praktischen Realisierung wegen in zwei Spalten angeordnet. Die Resterwartung stellt die eigentliche Erwartungsrechnung dar. Addiert man die Resterwartungen für die zweite Jahreshälfte (Monate Juni bis Dezember) zum bisherigen Ist hinzu, so ergibt das voraussichtliche Ist zum Jahresende, der Forecast.

Das Wort Hochrechnung oder auch Extrapolation ist indes für Resterwartung nicht ganz korrekt. Bei der Resterwartung handelt es sich nicht nur um ein Hochrechnungsprogramm für den bisherigen Abweichungstrend, etwa wie bei den Wahlen, sondern hinter den Zahlen stecken Entscheidungen und geplante Maßnahmen. Auch die Erwartungsrechnung stellt eine Planung dar – und zwar eine dispositive, reaktive Planung.

Das erweist sich deutlich, wenn man die Schreibweise beim Preis ansieht. Auf Grund der Analyse und Diagnose hat sich herausgestellt, dass der Verkaufspreis für unsere LL-Ski zu hoch liegt. Also schätzt der Verkauf die Chancen auf dem Markt so ein, dass durch Preissenkung Marktanteile zurück gewonnen werden können. Die Preissenkung soll aber nicht einfach als Reduktion der Listenpreise entschieden werden. Es handelt sich vielmehr um eine Aktionsplanung. Vorübergehend erhält der Handel (bis Jahresende befristet) einen Sonderbonus, der an die zusätzliche Stückzahl geknüpft ist. Damit wird mit dem Verkaufspreis von 100,– nochmals durchgestartet.

Kapitel 4

Text	Jahres-Budget	Ist zum 31.5.	Soll zum 31.5.	Abweichung 31.5.	Rest-Erwartung	Forecast	Vorrauss. Abweichung
Absatz in Paaren	100.000	20.000	30.000	-10.000	90.000	110.000	+10.000
VK/Paar	100,-	100,-	100,-	100,-	-10,-	90,-	-9,18
Proko/Paar	60,-	60,-	60,-		60,-	60,-	
	Mio.	Mio.	Mio.	Mio.	Mio.	Mio.	
Umsatz	10,0	2,0	3,0		8,1	10,1	+0,1
Prop. Kosten	6,0	1,2	1,8		5,4	6,6	-0,6
DB I	4,0	0,8	1,2		2,7	3,5	-0,5
Promotion	2,0	1,5	1,0	-0,5	0,3	1,8	+0,2
DB II = Ziel des PM	2,0	-0,7	0,2	-0,9	2,4	1,7	-0,3

Abweichung vom Std.	Betrieb	Einkauf	
Materialmengen	+20.000,-		
Materialpreise		-50.000,-	+30.000,-	-20.000,-
Fertigungskosten	-300.000,-		

Abb. 4.3: Fallbeispiel Ski-Langlauf: Erwartungsrechnung

Rein rechnerisch würde die Schreibweise im Budget 90,– als Preis gegenüber 100,– minus 10,– das gleiche Resultat erbringen. Doch im Entscheidungstyp besteht ein beträchtlicher Unterschied. Nur unter der Voraussetzung des befristeten Bonus besteht die Chance, im kommenden Jahr nochmals auf den Preis-Sockel von 100,– je Paar zurückzufinden. Listenpreise sollte man nicht dauernd hin und her ändern, sonst geht die Glaubwürdigkeit verloren.

Das heißt aber, dass wir für das nächstjährige Budget bereits den Preis von 100,– notieren wollen. Daraus ergibt sich fast von selbst eine rollierende Planung (rolling forecast). Der Soll-Ist-Vergleich – betrieben mit der Philosophie der Konsequenzen nach vorwärts, statt der Suche nach den Schuldigen in der Vergangenheit – wandert fast von selbst hinüber in die Planung des Folgejahres. Es handelt sich um ein und denselben Denkvorgang. Schließlich interessiert sich der Markt nicht dafür, dass zufälligerweise am 31.12. ein Geschäftsjahr endet. Soweit verlangt die Wintersaison unserer Modell-Skifabrik ein kontinuierliches Programm.

Entscheidungen hinter den Zahlen der Erwartungsrechnung

Man muss sich vorstellen, dass hinter den Zahlen der Resterwartung ein Maßnahmen-Katalog steht. Handwerklich gesprochen, wäre »hinter« im Sinne einer Liste zu interpretieren, die als Anlage zur Erwartungsrechnung aufgestellt wird. Entweder handelt es sich um ein formloses Papier, auf dem die Aktionen untereinander verzeichnet sind – oder die Liste hat ein einheitliches Format bis hin zur Realisierung in einer Datenbank, die die Maßnahmen und Aktionen automatisch mit z. B. Blackberry und Iphone synchronisiert.

Außerdem wären Maßnahmen im Bereich der Produktion zu protokollieren, wie die zusätzliche Stückzahl von 10 % über das Jahresproduktions-Budget hinaus hergestellt werden soll, vor allem, wenn sie in der ersten Hälfte gedrosselt worden ist. Auch der Einkauf hätte nachzuordern.

Kapitel 4

Wir nehmen an, dass es ihm in Verbindung damit gelingt, die Preisabweichung, die im 1. Halbjahr negativ aufgetreten ist, wieder teilweise wegzubekommen.

Es hätte keinen Sinn, nur eine schöne tröstliche Zahl von plus 30.000,- hinzuschreiben, ohne dass nicht auch klare, realisierbare Aktionen gesehen würden, wie sich das durchsetzen lässt. Auf Grund dieser Plus-Ankündigung beim Rohstoffpreis besteht auch eine zusätzliche Berechtigung, dem Handel als direktem Partner beim Ski-Verkauf den erwähnten Bonus zu gewähren.

Bei solchen Fallbeispielen kommt es natürlich nicht darauf an, dass das, was hier gesagt wird, nun in der Sache wirklich die richtige Therapie ist. Die Beispiele sollen Ihnen als Leser zeigen, worum es sich methodisch handelt, wenn geplant werden soll. Die Beispiele sollen illustrieren, welche Fragen und Entscheidungen bei der Planung zu stellen und zu definieren sind. Im Zusammenspiel zwischen Managern und Controllern im Team wäre von hier aus der Test für den Hausgebrauch zu machen.

Nr.	Bezeichnung der Aktion	Zuständig	Termin	Erreicht werden soll
1	Bonus-System für Sport-Fachgeschäfte	Verkauf mit Produkt-Management	bis 31.7.	Absatzzahlen wieder auf Plankurs zurück; Aufholen des Rückstandes im Markt-Anteil
2	Ansatz von Überstunden	Produktion mit Personal-Chef	Aug. Sept.	Produktions-Rückstand aufholen
3	Verhandlung mit Lieferant X	Einkauf	Juli	Nachordern 10 % mehr Menge; Aushandeln günstigeren Staffelpreises
4	Verzicht auf eine Anzeigen-Aktion wegen Preissenkung als Marktschrittmacher	Produkt-Manager	Okt.	Unterschreiten des Etats um 0,2 Mio.

Abb. 4.4: Dispositive Maßnahmen-Liste zur Erwartungsrechnung im Ski-Langlauf-Beispiel

Fallstudie zum Soll-Ist-Vergleich

Hochrechnung von Abweichungen statt Änderungen der Standards

Aus der Abbildung 4.3 ergibt sich, dass Konsequenzen aus sich ändernden Rohstoffpreisen zu ziehen sind, auch ohne dass man dazu als Voraussetzung die Standardkosten – im Beispiel 60,– je Langlaufpaar – ändern müsste.

Der Marketing-Chef sieht so an einer Abweichung umso besser, was sich anderes entwickelt, als man es geplant oder damals bei der Jahresplanung eingeschätzt hat. Also wird auch die Anforderung zu einer Konsequenz, die aus der Abweichung zu ziehen ist, viel härter sichtbar, namentlich in den Fällen, in denen wegen davonlaufender Rohstoffpreise die Verkaufspreise, nach oben hin zu korrigieren sind. Auch die Abweichungen für die verbleibende Zeit lassen sich hochrechnen, wie es in der Abweichungszeile angeschrieben ist.

Allerdings funktioniert ein solcher Prozess nur dann, wenn das Management eine Service-Funktion von Seiten der Controller geboten bekommt. Vor allem geht es im Berichtswesen darum, dass die Controller wie eine Art Börsenmakler die Kurse an der Tafel notieren, die sie von den Managern zugerufen bekommen.

Ein Controllerbericht ist also, wenn er an Sie als Manager geliefert wird, halbfertig. Er ist um die Maßnahmen, die auf Abweichungen hin zu unternehmen sind, zu komplettieren – am besten gesprächsbegleitend. Dazu dient das 4-Fenster-Formular (Abb. 4.5).

Wer ist für die Erwartungs-Rechnung zuständig?

Diejenigen, die auch für die Planung zuständig sind: Sie nämlich – als Manager. Es geht darum, dass Entscheidungen getroffen werden. Das ist Sache der Linie, nicht Angelegenheit der Controller. Der Controller Service (die Controlling Abteilung) kann veranlassen, dass die Planung zustande kommt durch Information und Formulartechnik sowie durch Interpretation der Zahlen nach Maß. Die Planung umzusetzen, ist Sache der Manager.

Kapitel 4

	A	B	C	D	E	F	G	H	I	J	K	L
1	**Berichtswesen-Formular „4 Fenster"**											
2												
3	Ergebnisse/Kosten		Einheit	Information per Monat (kumuliert)				Erwartung zum 31.12.20..				
4	Nr.	Produkte	Plan T EUR	Soll	Ist per ...	Abwg. z. Plan / Soll T EUR	%	Jahres-Plan	Erwartung nächstes Quartal	Erwartung restl. Zeit	Vorauss. Ist Ende TEUR	Abwg. Vorauss. Ist z. Jahresplan TEUR
5												
6												
7	1	Absatz										
8	2	Umsatz										
9	3	Deckungsb. I										
10	4	Deckungsb. II										
11	5	Deckungsb. III										
12	Nr.	Kostenarten	Plan	Soll	Ist	Abwg. z. Plan / Soll T EUR	%	Jahresplan	Erwartung nächst. Qrtl.	Erwartung restl. Zeit	Vorauss. Ist	Angekündigte Abweichung
13												
14	1	Personalkosten										
15	2	Sachkosten										
16	Nr.	Bestände	Plan		Ist	Über-/Unterschreitung T EUR	%	Jahresplan	Erwartung nächst. Qrtl.	Erwartung restl. Zeit	Vorauss. Endbestand	Plan-Über-/Unterschreitung
17												
18	1	Lager										
19	2	Debitoren										
20	3	Anlagen										
21												
22												
...												
27	Sachverhalte (in Stichworten)							Maßnahmen operativ / dispositiv (in Stichworten):			Zuständig	Termin
...												
37								Themenspeicher			für	Konferenz

Abb. 4.5: 4-Fenster-Formular

Deshalb denke ich auch, dass die Erwartungsrechnung wirklich mit Papier und Bleistift realisiert wird. Oder man macht das gemeinsam in der Konferenz mit dem PC. Außerdem kann sich das

Management besser mit seinen Zahlen identifizieren, wenn der Berichtsempfänger selbst etwas dazu notiert.

Auch wenn die Ist- und Planzahlen in EDV-Berichten stehen, könnte die Erwartungsrechnung von Hand eingetragen werden. Etwa nach dem folgenden Muster:

	Absatz	Umsatz	Promotionkosten
Plan	10.000	10,0	2,0
Ist	2.000	2,0	1,5
Erwartung	……	……	……

Abb. 4.6: Protokoll zur Erwartungsrechnung

Es ist ein Feld frei, in das eine Antwort eingetragen werden muss. Die freie Zeile im Soll-Ist-Vergleichspapier fordert auf, aus den Zahlen Konsequenzen zu ziehen – oder im Spreadsheet des PC zu agieren.

Natürlich kann ein Manager des Verkaufs oder des Marketing diese Prozedur nicht für jedes einzelne von vielleicht 10.000 Produkten durchführen. Man müsste artikelgruppenweise vorgehen bzw. nach dem ABC-Prinzip. Nicht jeder der 10.000 Artikel bringt ein Zehntausendstel des Umsatzes. Diejenigen Produkte (oder Kunden), die als A-Produkt mit 10 % Anteil am Sortiment vielleicht schon 70 % vom Umsatz ausmachen, wären detailliert zu planen – und das könnte noch gruppenweise oder produktlinienweise geschehen, besonders bei der Erwartungsrechnung. Das Planungs-Netz hat dann einfach gröbere Maschen. Das ist besser, als gäbe es gar keine Maschen.

Wie oft soll eine Erwartungsrechnung durchgeführt werden?

Manchmal wird empfohlen, man solle eine solche Erwartungsrechnung jeden Monat veranstalten. Das erschiene mir zu oft. Nicht nur, dass dieser häufige Rhythmus ziemlich viel Arbeit macht (und dann meist keine Planung, sondern nur eine Computer-Hochrechnung darstellt); durch eine häufige dispositive Budgetierung wird auch der Sinn und Fahrplan-Charakter des operativen Plans ausgehöhlt.

Zum Beispiel wäre es – abgesehen von besonders hektischen Zeiten, in denen ausnahmsweise die Monatsregel gelten kann – sinnvoll, eine Erwartungsrechnung 2- bis 3-mal im Jahr zu machen. Geeignete Termine wären das Ende des 1. Quartals zum 31. März; das Halbjahr und das 3. Quartal zum 30. September.

Der Termin der Erwartungsrechnung zur Jahresmitte könnte auch ein Hauptberichtstermin sein, zu dem die Erwartungsrechnung aller Bereiche zu einer Unternehmenserwartungsrechnung koordiniert wird. Für Vorstand und Aufsichtsrat ergäbe sich daraus die Ankündigung der voraussichtlichen Zielerfüllung oder auch Ziel-Abweichung. Vor allem könnte eine Aussage über das voraussichtliche Jahres-Ergebnis und über die Struktur der hochgerechneten Schlussbilanz gemacht werden, die auch von den Aufsichtsorganen her zu Korrekturzündungen auffordern würde, bzw. für ein rechtzeitiges Einstellen auf eine Änderung zum Geplanten sorgen könnte. Nicht dass erst an Weihnachten die ganze Misere bekannt wird, in den Monaten dazwischen könnte je nach Geschäft eine knappe Hochrechnung, (z. B. Ist-Werte plus geplante Monatswerte) ausreichend sein.

Ferner wäre der Termin Mitte des Jahres gekoppelt mit dem ersten Durchgang des Budgetablaufs für das Folgejahr. Deshalb ist es eine Überlegung wert, nicht den 30.6. als Abrechnungszeitpunkt für die kumulierten Ist-Zahlen und ein intensives Forecastgespräch zu nehmen, sondern den ungeraden 31. Mai (natürlich gelten diese Zeitangaben immer nur für den Fall, dass das Geschäftsjahr mit dem Kalenderjahr identisch ist); schließlich braucht die Abrechnung auch eine gewisse Zeit. Die praktische Erwartungsrechnung zum 30.6. könnte sicher erst in der zweiten Hälfte vom Juli stattfinden. Wo sind dann die für die Korrekturzündungen sowie für den Budgetaufbau im Team zuständigen Manager? Vielleicht in den Ferien.

Deshalb ist das Ski-Langlauf-Beispiel auf den 31. Mai ausgelegt. Es ist auch psychologisch sinnvoll, wenn Konsequenzen für den

Fallstudie zum Soll-Ist-Vergleich

zweiten Teil des Jahres schon festgelegt werden, bevor dieses 2. Halbjahr am 1. Juli angefangen hat.

Soll-Ist-Vergleich und Beurteilung der Zielerfüllung

Das operative Budget ist Träger der Ziele. Im Beispiel bildet der Deckungsbeitrag II in Höhe von 2,0 Mio für den Produkt-Manager Langlauf in der Skifabrik den Zielmaßstab sowie die Zielhöhe.

Am Jahresende würde der Bericht der Controller so aussehen, dass die Uhr beim echten Ist-Resultat stehen geblieben ist, über das es dann auch nichts mehr zu debattieren gibt (es sei denn, die Zeit-Messung hätte nicht gestimmt). Dem steht das für das laufende Jahr festgelegte Ziel gegenüber. Der Vergleich von Ziel (Budget) und Ist wandert jetzt hinüber in die Beurteilung der Leistung oder Zielerfüllung des zuständigen Produkt-Managers (vgl. Kap. 1).

Jetzt kann es wieder losgehen mit der Frage: »Wer ist es gewesen, warum hat es nicht funktioniert, wieso konnten Sie die Abweichung im Deckungsbeitrag nicht verhindern?« Wieder kommt der Rechtfertigungsbericht mit viel Phantasie, die man auch gleich auf die Planung neuer, verbessernder Maßnahmen hätte richten können. Auch bei der Leistungsbeurteilung oder Zielerfüllungsbeurteilung ist das Augenmerk nach vorwärts zu richten gemäß der Controlling Philosophie (wichtiger als das Analysieren der Gründe sind die Konsequenzen für die Zukunft). Deshalb spricht man in manchen Unternehmungen auch von einem Beratungs- und Förderungsgespräch bei der Mitarbeiter-Beurteilung. Schlechte Zensuren sollten direkt zum Anlass der Frage werden, wie man die Situation verbessern kann (in der Sache) und den Mitarbeiter fördern kann (in der Person).

Das Ist wäre doppelt zu messen: Einmal am Plan, der nicht korrigiert werden sollte während des Jahres, um wandernde Zielscheiben zu vermeiden. Zum anderen ist aber das effektive Resultat am 31. Dezember auch zu messen an der Forecast-Spalte des Berichtes. Dort steht nämlich die Ankündigung der Abweichung. Manager oder Mitarbeiter sollten auch an der Fähigkeit, trotz einer ungünstigen Abweichung (wir sind ja keine Hellseher) professionelle Steuern und eine Abweichung rechtzeitige avisieren zu können, gemessen werden.

Ist Psycho-Logik die weiche Welle, die das Controlling verniedlicht?

Manchmal wird auch gesagt, solche Regeln zum Soll-Ist-Vergleich seien eine Art »weiche Welle« aus psychologischen Gründen. Hier bei uns herrscht Ehrlichkeit; da heißt es »die Hosen runter... usw.«. Erst wird eisern nach dem Warum gefragt, und dann erst kann man weitersehen. Wenn einer etwas verbockt hat, soll er es auch zugeben.

Das klingt ganz schön; negiert aber die Tatsache, dass Menschen nicht nur aus Probleme analysierenden Köpfen bestehen, sondern eben auch ihre Beführchtungen haben. Verklemmte Gehirne bringen jedenfalls keine Höchstleistungen zustande – genau so wenig wie verkrampfte Muskeln im Sport. Schließlich sind die positiven Drives, die zu Initiative motivieren, auch psychologisch und nicht nur logisch. Sonst müsste man streng rational dort aufhören zu arbeiten, wo das (wachsende) Grenzleid zusätzlicher Arbeitseinheiten so groß ist wie der (fallende) Grenznutzen zusätzlicher Einkommensteile.

Die eigentliche weiche Welle ist die Suche nach dem Warum. Nichts ist bequemer, als sich einen Rechtfertigungsroman auszudenken und ihn vorzutragen. Erheblich unbequemer und härter ist der Ansatz zu passenden neuen Maßnahmen – also der Festlegung dessen, was man jetzt tun will. Der große Test wäre der: Stimmt das, was in der Sache härter ist, auch zusammen mit dem, was mehr motiviert?

5.

Ganzheitliches Denken und Handeln im Unternehmen

Leitbild, Ziele, Kennzahlen

Das Wort ganzheitlich kennen wir aus der Medizin. Da ist gemeint, nicht nur die Symptome einer Krankheit zu behandeln, sondern das Problem an der Wurzel zu packen, also auch die Ursachen zu finden und zu berücksichtigen oder sogar zu beseitigen. So wie bei einem Ekzem, einer Hautkrankheit. Oft werden nur die sichtbaren Auswirkungen der Krankheit behandelt, z. B. das Ekzem mit Cortison beseitigt. Die sichtbare Krankheit wird eingedämmt und dies kann reichen, unser Körper kriegt die Situation wieder in den Griff und wir werden gesund. Es kann aber auch sein, dass das Ekzem nach jedem Absetzen der Cortisonsalbe wieder kommt – wir wissen es vorher nicht. Wenn ein Unternehmen kränkelt, ist es ähnlich. Wir können ständig probieren oberflächlich zu verbessern, zu optimieren. Z. B. die Rohstoffe für die Herstellung eines Produktes noch günstiger einzukaufen, oder den Produktionsprozess ständig zu beschleunigen, oder die anwesende Zeit der Mitarbeiter noch besser zu nutzen. Man könnte dies auch beschreiben als das »WIE-führe-ich-es-durch-optimieren«. Dies ist notwendig und hilft, dies kann auch reichen, vielleicht aber nur für eine gewisse Dauer. Der Organismus Unternehmen kriegt die Situation damit vielleicht wieder in den Griff. Es kann aber auch sein, dass sich die Mitarbeiter des Unternehmens noch so sehr anstrengen können, die Produktionszeiten zu optimieren, wenn die Konkurrenz eine Maschine erfunden hat (z. B. den Webstuhl) und damit Hundert mal so schnell produziert, werden die eigenen Anstrengungen nie ausreichen. Oder es werden die Rohstoffkosten bzw. die Preise der Zukaufteile so lange optimiert, bis die Qualität endgültig aus dem Produkt rausgequetscht ist. Oder die Mitarbeiter müssen solange ihre Zeiten optimieren, bis jegliche Motivation verloren geht.

Aristoteles lehrte, dass das Ganze mehr ist als die Summe der Teile. Ganzheitlich zu denken bedeutet im Unternehmen nicht die kränkelnde Auswirkung zu verändern, sondern dem Ganzen auf den Grund zu gehen. Noch besser ist es, dem Ganzen auf den Grund zu gehen, ohne dass eine Krankheit zum Vorschein kommt. Von vornherein die Voraussetzungen für Erfolg zu schaffen, also die Cortisonsalbe erst gar nicht zu brauchen. Dazu müssen wir darüber nachdenken »WAS« wir denn als Unternehmung machen. Wozu machen wir etwas und braucht es denn das auch (noch) so? Was ist denn die Daseinsberechtigung des Unternehmens? Im Sinne der Worte von Peter Ferdinand Drucker darüber nachzudenken, ob wir denn die richtigen Dinge tun (»Are we doing the right things?«), das ist strategisches Denken. Nur darüber zu grübeln, wie die Dinge, für die wir uns irgendwann mal entschieden haben zu tun, zu optimieren sind, ist rein operatives Denken. Drucker sagte dazu »Are we doing the things right?« – »Machen wir die Dinge richtig?«. Jedes Unternehmen ist heute gefordert, laufend das operative Geschäft zu optimieren, jedoch darf darüber hinaus nicht auf die Strategie vergessen werden. Da entscheidet es sich, ob sich das Unternehmen langfristig auf dem richtigen WEG befindet.

Leitbild

WAS für unser Unternehmen die richtigen Dinge zu tun sind, welchen Unternehmenszweck wir haben, dies gilt es in einem Leitbild zu klären. Das gilt sinngemäß auch für eine Behörde. Auch sie hat den »Markt« der Bürger, für den sie eine Aufgabe bewältigen soll. Es wäre jedenfalls gut, wenn öffentliche Verwaltungen ihren Dienst als Betreuung von Kunden sehen könnten und nicht als Abfertigung von Bittstellern. Das wäre zum Beispiel die Formulierung eines Amts-Leitbildes einer Stadt.

In einem Leitbild sollen folgende Fragen geklärt werden:
- Wer wollen wir sein?
- Was bieten wir an?
- Wie wollen wir sein?
- Was für eine Firma wollen wir für unsere Mitarbeiter sein?
- Wie treten wir auf?
- Welche Märkte wollen wir bedienen?
- Welche Kunden wollen wir erreichen?

Das Leitbild beschreibt, wie wir uns auf den WEG begeben, wie wir miteinander im Unternehmen umgehen, wie wir mit Kunden und Lieferanten umgehen, welche Kultur wir haben wollen. Das Leitbild soll Orientierung geben: dem Mitarbeiter, dem Kunden, dem Lieferanten, dem Wettbewerber, dem Geldgeber, allen Beteiligten. Man spricht in diesem Zusammenhang von den »**Stakeholdern**«. Nach außen hin zielt das Leitbild auf das »Langzeitgedächtnis« ab. Was darf ich mir von diesem Unternehmen erwarten? Kann man diesem Unternehmen trauen?

Das Leitziel formuliert, was ein Unternehmen langfristig erreichen will

Orientierung soll aber nicht nur heißen: auf welchem WEG befinde ich mich, zwischen welchen Leitplanken darf ich mich bewegen, sondern auch, wohin will ich mich als Unternehmen bewegen. Ein Leitbild ist nur sinnvoll im Zusammenhang mit einem Leitziel, einer Vision. WAS will ich erreichen? Eine Vision ist also ein Ziel, es muss kein sehr konkretes Ziel sein, es sollte aber so konkret sein, dass man bemerkt, wenn man es erreicht hat. Für das Leitziel sollen folgende Fragen geklärt werden:

- Was wollen wir als Firma erreichen?
- Wo wollen wir in 10 Jahren / in 20 Jahren stehen?

Kapitel 5

Abb. 5.1: Leitbild, Mission, Philosophie

Die Vision von Coca Cola im Jahr 1892

Der Eigentümer von Coca Cola, Asa G. Candler, ein Drogist in Atlanta, hatte Ende des 19. Jahrhunderts als lokaler Getränkehersteller die Vision: »We will bring a Coca Cola in every human armlength all over the world«. Frei ins Deutsche übersetzt: »Wir möchten in Reichweite eines jeden Menschen überall auf der Welt eine Coca Cola haben«.

Candler hatte 1888 um 2.300 Dollar die vollständigen Rechte an Coca-Cola vom Erfinder John S. Pemberton erworben. Pemberton war ein Arzt und Apotheker aus Atlanta/Georgia, der Coca Cola als ein Tonikum gegen Müdigkeit und Kopfschmerzen entwickelt hat.

Schon 3 Jahre nach Verkündung dieser Vision gab es Coca Cola in allen Bundesstaaten der USA zu kaufen. Mitte des Zwanzigsten Jahrhunderts war die Vision, weltweit Coca Cola kaufen zu können, erreicht.

Das Leitbild mit dem Leitziel (oder auch als Vision bezeichnet), bildet die Basis für den Unternehmenserfolg. Das Leitbild zu haben reicht allerdings nicht aus. Nur wenn es bekannt ist und gelebt wird, vor allem auch vorgelebt wird, kann es zum Unternehmenserfolg führen. Sehr oft erleben wir in den Unternehmen – dass zwar auf Hochglanzpapier gedruckt – ein sehr wohl formuliertes Leitbild existiert, das aber niemand kennt und schon erst recht nicht gelebt wird. Wie viel Motivation bei einem Mitarbeiter

durch das Wissen über die Vision erreicht werden kann, zeigt folgende Geschichte:
Es kommt ein Spaziergänger auf den Freiburger Marktplatz und sieht drei Männer Steine klopfen. Er fragt den Ersten: »Was machen Sie da?« »Steine klopfen, das sehen Sie doch«, war die Antwort. Unser Spaziergänger fragt den Nächsten »Was machen Sie da?« »Steine klopfen und Geld verdienen, ist doch offensichtlich!« sagte der Zweite. Schließlich erging die gleiche Frage an den dritten Steineklopfer: »Was machen Sie da?« Dieser aber antwortete: »Ich baue an einem Dom«.
Vermutlich wird der dritte Steineklopfer mit größerer Motivation an der Arbeit sein als der Erste und wahrscheinlich auch als der Zweite. Genau das ist es, was wir mit dem Leitbild im Unternehmen erreichen wollen: Jedem einzelnen Mitarbeiter aufzeigen, dass er/sie einen Beitrag zum Gesamtziel leistet. Dadurch soll erreicht werden, dass die Menschen an einem Strang und auch in dieselbe Richtung ziehen. Oft müssen wir beobachten, dass es zwar enorme Kraftanstrengungen gibt, die Kräfte sich aber gegenseitig aufheben, weil in unterschiedliche Richtungen gezogen wird – schade für das Unternehmen.

Strategische Ziele

Das Leitbild und die Vision reichen jedoch immer noch nicht aus, um ein erfolgreiches Unternehmen zu haben. Es ist wichtig, noch konkreter zu werden. Mit dem Leitbild und Leitziel im Einklang stehende strategische Ziele und Strategien bzw. Teilstrategien müssen gefunden werden. Aus diesen wiederum lassen sich im nächsten Schritt die operativen Ziele und Maßnahmen ableiten (siehe dazu auch das nächste Kapitel zur Unternehmensplanung).

Die Strategie beschreibt, wie das Unternehmen Vision und Mission erfüllen möchte.
- Welcher Weg ist zu gehen, um Vision und Mission zu erfüllen?
- Wie könnte das Wettbewerbsumfeld Einfluss auf das Erreichen der Vision und Mission nehmen?

Kapitel 5

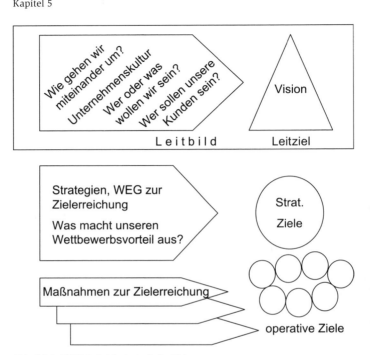

Abb. 5.2: Leitbild, Leitziel, strategische Ziele

- Welche Vorkehrungen müssen getroffen werden, um die Vision und Mission zu erfüllen?

Wie schon im 1. Kapitel beschrieben, ist bei der Findung der Strategien und vor allem bei der Formulierung der Strategischen Ziele von großer Bedeutung, dass diese ausgewogen sind. Wir beschreiben dies gerne mit dem schon eingeführten **WEG-Symbol** (siehe Abb. 1.4 im Kapitel 1).

Anhand des folgenden Merkbildes (Abb. 5.3) wollen wir näher auf die Bedeutung der Ausgewogenheit der Zielfindung eingehen. Die Kernaussage des Bildes ist, dass die ganzheitliche Steuerung des Unternehmens die Voraussetzung für eine nachhaltig gewinnbringende Existenz ist.

Ganzheitliches Denken und Handeln im Unternehmen

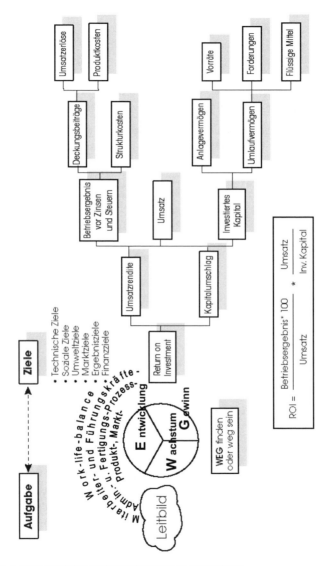

Abb. 5.3: Ganzheitliches Denken und Handeln im Unternehmen

Kapitel 5

In Abb. 5.3 ist die strategische Sicht links dargestellt, das Leitbild – mit der Aufgabe des Unternehmens und den Kernfragen »Wozu sind wir da? Braucht es uns noch so?« Der ROI-Baum rechts im Bild steht symbolisch für die Sichtweise der »hard facts« oder auch »tangible assets« genannt. Die Kennzahl **Return on Investment (ROI)** ist als Werttreiberbaum dargestellt, um die Einflussfaktoren und deren Zusammenhänge »einsehbar« zu machen.

Als Brücke zwischen Leitbild und der Rentabilität dient das WEG-Symbol. Das W steht für Wachstum, das E für Entwicklung und das G für Gewinn / Geld. Seit Anfang der 1970er Jahre drücken diese drei Buchstaben, von Herrn Dr. Dr. h.c. Deyhle im Kreis vereinigt, die aus unserer Sicht notwendige Ausgewogenheit der zu verfolgenden Ziele aus (siehe A. Deyhle, Controller Praxis, Band I, S. 12 ff).

Die Kernaussage des WEG-Symbols noch einmal zusammengefasst:

Wachstum heißt, mehr herstellen und verkaufen von den Produkten / Dienstleistungen die heute bereits im Programm sind. Stellen wir uns den Lebenszyklus eines Produktes vor, da gibt es eine Phase, wo man noch nicht weiß ob sich das Produkt etablieren kann. Ist diese geschafft, dann geht der Zyklus in eine Wachstumsphase über. Befindet sich das Produkt in dieser, so ist man als Unternehmen gezwungen, dafür zu sorgen, dass das Produkt in seiner Menge am bestehenden Markt wächst. Wächst das Unternehmen zu diesem Zeitpunkt nicht weiter (vielleicht weil es schon gut genug geht), so wird der Wettbewerber schnell überholen und Vorteile gegenüber uns haben (Skaleneffekte). Die Gefahr ist groß, dass wir vom Markt verdrängt werden. Mit Wachsen ist auch gemeint, auf neuen Märkten zu wachsen. Bei vielen Produkten herrscht inzwischen weltweiter Wettbewerb. Gibt es einen interessanten (vielleicht stark wachsenden) neuen Markt und man besetzt diesen nicht, ist wieder die Gefahr groß, dass man schnell überholt wird. Die Globalisierung drängt uns dazu zu wachsen.

Entwicklung bedeutet, neue Produkte, neue Anwendungsformen, neue Lösungen für Kundenprobleme, neue Märkte und z. B. auch neue Vertriebswege zu schaffen bzw. den Markenwert eines Produktes weiterzuentwickeln. Entwicklung heißt auch die Prozesse im Unternehmen zu optimieren, und zwar sowohl in der Fertigung als auch in den administrativen Kosten- und Leistungsstellen. Dabei ist gemeint, nicht nur die Kosten zu minimieren, sondern die Organisation so auszurichten, dass auch der Kunde optimal bedient werden kann. In der nächsten Schale nach außen sind Mitarbeiter- und Führungskräfteentwicklung angeführt. Nur richtig ausgebildete Mitarbeiter können eine sehr gute Qualität des am Markt zu verkaufenden Produktes bzw. der Dienstleistung sicherstellen, können gewährleisten, dass die Prozesse gut bedient werden, dass z. B. die Rechnung rechtzeitig an den Kunden geht, dass im Team gut zusammengearbeitet wird. Das heißt, die Weiterbildung in Fachwissen und in den »**softskills**« sind die Maßnahmen dafür. Dies gilt genauso für Führungskräfte. Gute Führung ist die Voraussetzung für motivierte Mitarbeiter. Im Umkehrschluss gilt, dass der Beitrag zur Wertsteigerung durch bestens ausgebildete Mitarbeiter schnell gegen Null gehen kann, wenn nur schlecht genug geführt wird. Wie heißt es so schön »Der Fisch beginnt beim Kopf zu stinken«.

Wenn von den Managern darauf geachtet wird, dass sowohl Hygienefaktoren wie adäquate Bezahlung als auch **Motivationsfaktoren** wie Zielerreichung (Führung durch Ziele), Anerkennung, Arbeitsinhalt und Verantwortung wirksam werden, kann von einer hohen Wertsteigerung des Humankapitals ausgegangen werden. Das End-Ziel kann sein, die Voraussetzungen zu schaffen, dass von Unternehmensseite her eine work-life-balance bei den Mitarbeitern ermöglicht wird. Wird eine solche win-win-Situation geschaffen, steht einer sehr langen Nutzung der wertvollen Ressource Mitarbeiter nichts mehr im Wege – möglicherweise ergibt sich sogar ein life-time-employeement.

Je weiter ein Unternehmen in der »Schale« (wie bei einer Zwiebel) nach außen Entwickelt ist, desto schwieriger ist es für andere Unternehmen, dies nachzuahmen, desto größer ist der Wettbewerbsvorteil gegenüber Mitbewerbern, desto größer sind die immateriellen Werte, also die Intangible Assets und somit auch der Gesamtwert des Unternehmens.

Last but not least, **Geld bzw. Gewinn** wird benötigt um Wachstum und Entwicklung finanzieren zu können.
Zur Verdeutlichung der notwendigen Ausgewogenheit der zu verfolgenden Ziele helfen Shakespeares berühmte Worte »Sein oder Nichtsein, das ist hier die Frage«. In Anlehnung an dieses Zitat hat Dr. Alfred Blazek, Controlling-Pionier an Dr. Deyhles Seite, folgenden Satz formuliert:

Den **Weg** finden oder **weg** sein

Einfach ausgedrückt soll das bedeuten, wir müssen für das Unternehmen den richtigen Weg finden oder wir sind weg vom Fenster.

Anforderungen an Strategische Ziele

Mit Hilfe eines Merkwortes wollen wir die wichtigsten Anforderungen, die an Strategische Ziele gesetzt werden, besprechen.

HEUREKA hat Archimedes von Syrakus, nackt herumlaufend, durch die Stadt geschrien, als er das nach ihm benannte Archimedische Prinzip, in der Badewanne sitzend, entdeckt hatte. Dieses Prinzip beschreibt, dass die Auftriebskraft eines Körpers in einem Medium genauso groß ist wie die Gewichtskraft des vom Körper verdrängten Mediums. Seitdem wird Heureka als freudiger Ausruf nach gelungener Lösung einer schweren (meist geistigen) Aufgabe verwendet und steht auch als Synonym für eine plötzliche Erkenntnis.

In diesem Sinne kann es auch für uns verwendet werden. Wir suchen nach einer Lösung der schwierigen Aufgabe, das Unternehmen nachhaltig erfolgreich führen zu können. Und wenn wir einen aus unserer Sicht richtigen WEG finden, dürfen wir wohl diesen Ausruf tätigen.

Wie sollen Strategische Ziele beschaffen sein:
  H erausfordernd und
  E rreichbar
  U rsache – Wirkungsbeziehungen sollen beachtet werden
  R untergebrochen auf arbeitsfähige
  E inzelziele
  K onkret und messbar, Kennzahlen mit Zielhöhe und Zeitfaktor versehen
  A usgewogen

Sich im Unternehmen Ziele zu setzen, ist in zweierlei Hinsicht von Bedeutung. Einmal ist es die Voraussetzung für die Planung und zum Anderen soll es motivieren.

Das konkrete Festlegen auf eine Zielhöhe ist die Voraussetzung für die Planung aller weiteren im Unternehmen notwendigen Aufgaben. Nur wenn wir eine Zahl genannt bekommen, wie viel Einheiten (z. B. Anzahl Puppen) in einem bestimmten Zeitraum verkauft werden, können wir daraus ableiten, wie viel Rohstoffe oder Handelsware bis wann eingekauft werden müssen, und was und wie viel bis wann produziert werden muss, und wie viel Geld dafür benötigt wird etc. Diese Zusammenhänge werden wir im nächsten Kapitel zur Unternehmensplanung detailliert behandeln. Das ist gemeint mit »RUNTERBRECHEN« bei der operativen Planung. Des Weiteren müssen die Ziele und Strategien in den Organisationseinheiten runtergebrochen werden (siehe Abb. 5.4). In den einzelnen Bereichen des Unternehmens, den einzelnen Profit Centers, sollen Ziele aus dem Gesamtziel abgeleitet werden.

Des Weiteren soll jedem im Unternehmen in jeweils seiner/ihrer Sprache gezeigt werden, was der Beitrag zur Gesamt-Zielerreichung ist (so wie beim Steineklopfer mit dem Dom) – das motiviert. Das ist gemeint mit »ARBEITSFÄHIGEN EINZELZIELEN«. Arbeitsfähig sind Ziele dann, wenn jeder weiß, was er/sie zu tun hat, um das Ziel zu erreichen.

Kapitel 5

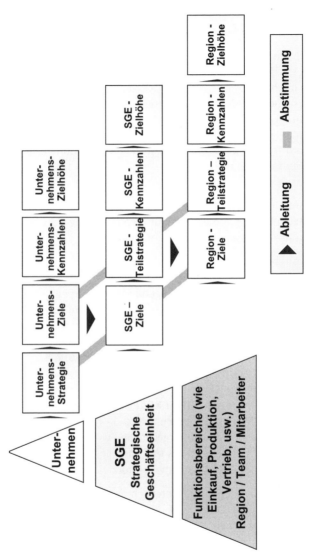

Abb. 5.4: Das Herunterbrechen der Ziele mit zugehörigen Kennzahlen und Teilstrategien von der Gesamtunternehmenssicht auf die verschiedenen Teilbereiche des Unternehmens

Ganzheitliches Denken und Handeln im Unternehmen

Nach der Herzbergstudie ist die Zielerreichung eine der wichtigsten Antriebskräfte menschlichen Handelns. Der Mensch freut sich, wenn er ein Ziel erreicht. Ein arbeitsfähiges Ziel wird verstanden, die erste Voraussetzung für eine hohe Antriebskraft ist gegeben. Freuen können sich die Führungskräfte und Mitarbeiter, die diese Ziele gesetzt bekommen allerdings nur dann, wenn auch die Chance besteht, diese Ziele erreichen zu können – also ERREICHBAR sollen die Ziele sein. Falls die Ziele aber zu niedrig gesetzt sind, ist man nicht stolz darauf, dieses Ziel erreicht zu haben – deswegen sollen die Ziele schon auch HERAUSFORDERND sein.

Wenn wir bewusst darüber nachdenken, welche Voraussetzungen im Unternehmen geschaffen werden müssen, um ein übergeordnetes, vielleicht ROI-Ziel, erreichen zu können, denken wir zwingend über die **URSACHE-WIRKUNGSZUSAMMENHÄNGE** im Unternehmen nach. Da müsste sich wiederum fast von selbst ergeben, dass wir im Sinne des WEG-Symbols AUSGEWOGENE Ziele definieren. Ausgewogen könnten die Ziele auch im Sinne der **Balanced-Scorecard**-Erfinder Kaplan und Norton sein, wenn wir nicht nur Finanzziele sondern eben auch Kunden bzw. Marktziele, sowie Prozess- und Mitarbeiterziele definieren.

Ziele sollen konkret und messbar sein. Wir wollen die Besten werden, ist ein guter Motivationsspruch, aber nicht messbar. Damit wir wissen, wann wir das Ziel erreicht haben, ist das Ziel mit einer oder auch mehreren Kennzahlen mit Zielhöhen und Erreichungszeitpunkt (Zeitfaktor) zu versehen. Dies gilt für das Gesamtunternehmensziel, so wie für jede darunter liegende Ebene (siehe Abb. 5.4). Ein Gesamtunternehmensziel kann zum Beispiel ein Markt-Ziel sein:

- … % Marktanteil an verkaufter Tafelschokolade (oder Controlling Seminare) in Deutschland, Österreich, Schweiz (DACH) soll sich in 2 Jahren um 4 %-Punkte im Vergleich zum Vorjahr erhöhen

Weil sich für manche Branchen die Marktanteile schwer bestimmen lassen, könnte es auch ein Absatzziel sein:

- … % Wachstum im Absatz gegenüber der Vorperiode (hier könnte auch Null stehen oder die Einhaltung einer minimalen Schrumpf-Rate)

Mit den bestehenden Produkten ist das Wachstum vielleicht nicht zu ermöglichen, also bedarf es neuer Produkte bzw. Dienstleistungen (DL).

- … Anzahl neuer Produkte/DL im nächsten, im übernächsten Jahr, oder
- … Umsatz mit neuen Produkte/DL (neu heißt z.B. nicht länger als 2 Jahre am Markt) pro Jahr

Um die neuen Produkte entwickeln zu können, braucht es bestimmte Mitarbeiter-Fähigkeiten, daraus wiederum kann sich ableiten, dass wir neue Mitarbeiter benötigen oder bestehende weiterbilden:

- … Anzahl neuer Mitarbeiter mit zu 80 % passendem Ausbildungsprofil bis Ende nächsten Jahres, oder
- … Erfüllung der Ausbildungsziele laut Mitarbeitergespräch, natürlich passend zum Ausbildungsprofil.

Da es vielleicht noch keine Ausbildungsprofile im Unternehmen gibt, muss im Personalbereich ein Personalentwicklungsprozess aufgesetzt werden, der im ersten Schritt die Führungskräfte in dieser Hinsicht weiterentwickelt, die dann wiederum Ausbildungsprofile erstellen. Mit ihren Mitarbeitern ermitteln Sie in Mitarbeitergesprächen den Ist-Erfüllungsgrad der Ausbildungsanforderungen und so weiter. Für all diese Zwischenziele, die die Ursache-Wirkungskette bilden, können Kennzahlen mit Zielhöhen und einem Zeitpunkt der Erfüllung definiert werden.

Viele dieser Kennzahlen sind sogenannte weiche Kennzahlen (soft facts, z.B. % Erfüllungsgrad des Ausbildungsprofils). Diese beschreiben oftmals, ob wir uns auf dem richtigen WEG zur Erreichung der Ziele von harten Fakten (hard facts, z.B. Umsatz mit neuen Produkten) befinden. Man spricht hier von sogenannten **Frühindikatoren** und **Spätindikatoren**. Es bedarf beider. Der Frühindikator gibt uns schon sehr schnell Auskunft darüber, ob das

Beschreiten des strategischen Weges begonnen wurde (es ist außerdem motivierend, schon früh Rückmeldung über eine Zielerreichung zu erhalten, sowohl für die Mitarbeiter als auch für die Chefs). Die Spätindikatoren überprüfen zumeist die Endziele, oft sind es die Finanzziele, die harten Fakten. Die Erreichung der Ziele mit den harten Fakten gibt uns eine Rückmeldung darüber, wie gut unsere Annahmen bezüglich der Ursache-Wirkungsbeziehungen passen. Zum Beispiel, ob die Fortbildung der Mitarbeiter wirklich zur Folge hat, dass neue Produkte entwickelt werden? Spätindikator heißen die Kennzahlen deswegen, weil diese in der Regel erst nach Erreichung einer Reihe von Etappenzielen ihre Zielhöhe einstellen.

Beim Strategischen Planen wird aus Gesamtunternehmenssicht ein Ziel erarbeitet. Was hat das Unternehmen nötig, um die Vision zu erfüllen? Man spricht auch von einer Vorgabe von oben, die top down – Erarbeitung von Zielen. Für die Motivation der Mitarbeiter und der Führungskräfte ist aus unserer Erfahrung eine Erklärung der Top down Vorgaben sinnvoll, ja sogar notwendig. Da hilft es, wenn anhand der Ursache-Wirkungsbeziehung gezeigt werden kann, was der einzelne Mitarbeiter leisten muss, um das übergeordnete Gesamtziel zu erreichen. Viele sind eher bereit, sich für eine Zielerreichung anzustrengen, wenn der Sinn dahinter verstanden wird – das kann man als das telling-why-Prinzip (erkläre warum) bezeichnen.

Was aber hat denn ein Unternehmen an Zielen nötig? Viele Ziele mit dazupassenden Kennzahlen leiten sich direkt aus der Vision ab – das sind oft weiche Ziele. Welche harten Fakten müssen aber erfüllt werden, dass das Unternehmen auch existenzfähig bleibt oder wird?

Welchen Gewinn hat ein Unternehmen nötig?

Die Begründung des Gewinnziels seiner Höhe nach

Als Zielmaßstab für den Gewinn ist für viele Unternehmen die Kennzahl Return on Investment (ROI) passend (siehe Abb. 5.3).

Kapitel 5

Der ROI errechnet sich, indem der in einem Zeitraum erwirtschaftete Gewinn auf das im Unternehmen investierte Kapital bezogen wird. Das im Unternehmen investierte Kapital wird in der Bilanz als Bilanzsumme ausgewiesen. Worin hat man investiert: in Anlagen (ergibt das Anlagevermögen) und in Umlaufvermögen. Um ein Gewinnziel erarbeiten zu können, ist es notwendig, über die Bilanz Bescheid zu wissen (siehe dazu auch Kapitel 8).

Die Bilanz

Anlagevermögen (AV) und Umlaufvermögen (UV) ergibt die Aktiva, beschreibt also, wie das Vermögen aktiv im Einsatz ist, es ist das Investment eines Unternehmens. Die Aktiva werden auch als Mittelverwendung (MV) bezeichnet. Dieses Wort bezeichnet noch anschaulicher, wofür die linke Seite in der Abbildung 5.5 steht: als Beschreibung, wie das Kapital verwendet wird. Die Positionen auf der rechten Seite in der Abbildung 5.5 werden als

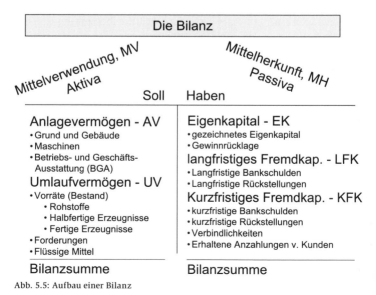

Abb. 5.5: Aufbau einer Bilanz

Ganzheitliches Denken und Handeln im Unternehmen

Passiva bezeichnet, diese bilden die Mittelherkunfts-Seite (MH), beschreibt also wo das Geld herkommt, das im Unternehmen verwendet wird. Wer hat das investierte Kapital bezahlt? Wie viel davon kommt aus eigenem (Eigenkapital, EK), wie viel aus fremden Mitteln (Fremdkapital, FK)?

Die Bilanz mit Ihren Konten ist das zentrale Werkzeug der Buchhaltung. Jedes Konto hat zwei Seiten: Soll und Haben. Auch die Bilanz selbst stellt ein Konto dar. Die Aktivseite entspricht dem Soll und die Passivseite dem Haben. Unter doppelter Buchhaltung ist nun zu verstehen, dass jeder Vorgang in der Buchhaltung zweimal erfasst ist, sowohl im Soll als auch im Haben. Damit verbunden ist in Folge, dass am Ende Soll und Haben stimmen müssen.

Man muss sich vorstellen, dass jede Soll-Buchung eine Mittel-Verwendung oder einen Geldeinsatz darstellt. Grundsätzlich gibt es zwei große Bereiche von Soll-Buchungen oder von Geldverwendungen. Das sind einmal die Kosten (z. B. Personalkosten, Sachkosten) und zum anderen die Bestände (Lager, Forderungen an Kunden, Anlage-Gegenstände). Auch Investitionen können im weitesten Sinne als Bestände aufgefasst werden, Bestände an nutzbaren Anlagen.

Jede Haben-Buchung repräsentiert demgegenüber eine Mittel-Aufbringung, eine Geldherkunft oder eine Finanzierung. Auch hier gibt es zwei große Bereiche der Haben-Buchungen und damit der Geldaufbringung: einmal die Erlösbuchungen und zum anderen die Zuführungen von Mitteln aus Eigen- oder Fremdkapital (letzteres von Banken oder von Lieferanten).

Investitionen in das Umlaufvermögen und das Anlagevermögen sind in der Regel aus der Geldherkunft des Umsatzes aufzubringen, also aus dem laufenden operativen Geschäft. Verbleibt am Jahresende ein Gewinn (Jahresüberschuss), so erhöht dieser das Eigenkapital. Das Eigenkapital besteht aus Gewinnen der Vergangenheit und der Geldeinlage eines Kapitalgebers (gezeichnetes Kapital). Endet das Geschäftsjahr mit einem Verlust (Jahresfehlbetrag), so muss dieser mit Eigenkapital gedeckt werden, also am besten mit Gewinnen aus der Vergangenheit. Ist das nicht möglich,

Kapitel 5

so muss dafür gezeichnetes Kapital verwendet werden oder neues Eigenkapital in das Unternehmen eingebracht werden. Je höher der Anteil des Eigenkapitals ist, desto stabiler ist das Unternehmen. Hat ein Unternehmen 25 bis 30 % Eigenkapital (gemessen am gesamten Kapital = Bilanzsumme = Investment), so ist es möglich, auch eine gewisse Dauer mit Jahresfehlbeträgen zu überstehen. Ist der Eigenkapitalanteil (EK/Investment) klein, ist es sinnvoll, sich vorzunehmen, Gewinne zu erwirtschaften, die als Gewinnrücklage zukünftig die EK-Quote erhöhen.

Beispiel zur Errechnung der Höhe des Gewinnziels, eine kleine Bilanzanalyse

Nehmen wir nachfolgende vereinfachte Bilanz an. Die Eigenkapitalquote ist unter unserem Zielwert von 25 %:

EK-Quote = EK/Bilanzsumme = 3.500/20.000 = 17,5 %

Ist der Eigenkapitalanteil gering, besteht also zum Einen die Gefahr, dass verlustreiche Zeiten nicht überstanden werden können, zum Anderen ist das Risiko groß, dass das Anlagevermögen nicht durch langfristiges Kapital (EK+LFK) gedeckt ist:

Anlagendeckungsgrad II =
(EK + LFK)/AV = (3.500 + 3.800)/12.800 = 57 %

Aktiva	in 1.000	Passiva	
Grundstücke/Gebäude	6.000	Gezeichnetes Kapital	1.000
Maschinen	5.600	Gewinnrücklagen	2.500
Betriebs- und Geschäftsausstattung	1.200	**Eigenkapital**	**3.500**
Summe Anlagevermögen	**12.800**	Langfristige Rückstellungen	1.000
Roh-, Hilfs- und Betriebsstoffe	1.400	Langfristige Darlehen	2.800
Fertige Erzeugnisse	2.000	**Langfristiges Fremdkapital**	**3.800**
Summe Bestände	**3.400**	Bankkredite	7.200
		kurzfristige Rückstellungen	4.000
Debitoren	2.800	Kreditoren	1.500
Flüssige Mittel	1.000	**kurzfristiges Fremdkapital**	**12.700**
Summe Umlaufvermögen	**7.200**	**Summe Fremdkaptial**	**16.500**
Bilanzsumme	**20.000**		**20.000**

Abb. 5.6: Eine beispielhafte Bilanz

Ist nämlich das AV zum Teil über kurzfristiges Fremdkapital gedeckt, kann der Fall eintreten, dass das Unternehmen Anlagevermögen veräußern muss, um kurzfristige Kredite bedienen zu können. Der Anlagendeckungsgrad II sollte also auf jeden Fall mehr als 100 % betragen, besser 120 %. Kurzfristiges Fremdkapital wird als kurzfristig bezeichnet, weil es eine Vertragslaufzeit bis zu maximal 5 Jahre hat. Alles was eine längere Vertragslaufzeit hat, wird dem langfristigen Fremdkapital zugeordnet. Ein Teil des KFK kann also sehr schnell zurückverlangt werden und sollte dann auch schnell bedient werden können. Wie viel des Kapitals auf der Aktivseite steht uns schnell zur Verfügung?

Die flüssigen Mittel stehen uns sofort zur Verfügung: stellen wir die flüssigen Mittel in Relation zum KFK, wissen wir, wie viel sofort bezahlt werden kann, dies ist der Liquiditätsgrad I:

Liquiditätsgrad I =
Flüssige Mittel / KFK = 1.000 / 12.700 = ca. 8 %

Der Liquiditätsgrad II gibt an, wie viel der kurzfristigen Schulden zumindest innerhalb der Zahlungsdauer der Kunden (Forderungen von den Kunden = Debitoren) zurückgezahlt werden können:

Liquiditätsgrad II =
(Flüssige Mittel + Debitorenbestand) / KFK =
(1.000 + 2.800) / 12.700 = 30 %

Diese Kennzahl ist dramatisch niedrig, 80 % wären als Richtwert angebracht.
Weitere Kennzahlen, die zur Gewinnziel – Überlegung gerne herangezogen werden, sind entweder:

Liquiditätsgrad III =
UV / KFK = 7.200 / 12.700 = 57 %
(Zielwert ca. 120 %, auf jeden Fall über 100 %)

oder

Working Capital (WC) = UV – KFK = 7.200 – 12.700 =
– 5.500 (sollte auf jeden Fall positiv sein, ca. 20 % vom UV)

Kapitel 5

Beide Kennzahlen haben identische Aussagekraft wie schon Anlagendeckungsgrad II. In diesem Zusammenhang spricht man gerne von der **goldenen Bilanzregel**:

Das working capital soll 20–50 % vom UV betragen.

Aus diesen Analysen ergibt sich, dass eine Erhöhung der Eigenkapitalbasis dringend geboten ist. Für unser Gewinnziel nehmen wir uns vor, eine **Gewinnrücklage von 1.300** zu bilden. Gehen wir von einer gleichbleibenden Bilanzsumme aus, erhöht sich dadurch der Eigenkapitalanteil auf:

EK-Quote = EK/Bilanzsumme = 4.800/20.000 = 24 %

Durch diese größere Sicherheit, die wir der Bank bieten können, wird eine Umschuldung von Kurz- auf Langfristiges Fremdkapital und eventuell eine Rückzahlung von kurzfristigen Bankkrediten möglich. In Folge kann sich das Verhältnis von UV zu KFK verbessern. Konkrete Aussagen sind dazu aber erst möglich, wenn wir den operativen Plan des Folgejahres erstellt haben.

Als Grundlage für die operative Planung wollen wir eine Gewinnzielvorgabe erarbeiten, dazu brauchen wir noch die Höhe der **Eigenkapitalverzinsung** und der Fremdkapitalzinsen. Der Eigenkapitalgeber (bei einer Aktiengesellschaft sprechen wir vom Aktionär) hat das Anrecht auf eine Verzinsung (beim Aktionär ist das die **Dividende**) seines eingebrachten Kapitals. Die Höhe der Verzinsung richtet sich nach dem momentanen Marktzins und vor allem nach dem Geschäftsrisiko. Ist es ein Unternehmen mit geringem Risiko (vielleicht weil das Unternehmen eine Monopolstellung besitzt oder weil es einer Branche mit geringer Volatilität angehört), ist der **Verzinsungsanspruch** gering. Betreibt das Unternehmen ein riskantes Geschäft, soll auch die Verzinsung eine höhere sein. In unserem Beispiel soll die **Eigenkapitalverzinsung des gezeichneten EK 10 %** betragen, dies macht 100.000 aus.

Um die Fremdkapitalzinsen für das nächste Jahr zu bestimmen, müssten wir »vorausahnen«, wie die FK-Verzinsung im nächsten

Jahr sein wird und wie viel FK wir im nächsten Jahr tatsächlich haben werden. Da wir das Fremdkapital erst nach der Erstellung der operativen Planung kennen, können wir zum jetzigen Zeitpunkt nur schätzen. Gehen wir von gleichbleibenden FK aus, das sich im Durchschnitt mit 5 % verzinst, ergeben sich **500.000 FK-Zinsen** für das Gewinnziel. Die beiden Positionen FK-Zinsen und EK-Zinsen (bzw. Dividende) bilden zusammen die Größe, die man oft in der Kostenstellenrechnung als »kalkulatorische Zinsen« findet. Man nennt diese auch **Kapitalkosten**. Der zu verdienende Gesamtgewinn ist das Betriebsergebnis vor Auszahlung von FK-Zinsen und vor Auszahlung von Steuern, dieser wird im Englischen als EBIT bezeichnet. EBIT steht für »Earnings Before Interest and Taxes«. EBIT setzt sich also aus den vier Positionen: Gewinn RL, Dividende, FK-Zinsen und der Ertragsteuer zusammen:

Zu versteuern sind einmal die Ausschüttung und der einbehaltene Gewinn, der Jahresüberschuss (JÜ) ergibt sich somit aus der Summe von Gewinnrücklage und der Dividende:

JÜ = Gewinn RL + Dividende = 1.300 + 100 = 1.400

Gewinnzielberechnung

Gewinn Rücklage	1.300
+ Eigenkapitalverzinsung (Dividende)	100
+ Fremdkapitalzinsen	500
+ Ertragsteuer	600
= Ziel EBIT	2.500
- FK-Zinsen	-500
= EBT	2.000
- Ertragsteuer (30% von EBT)	-600
= Jahresüberschuss (JÜ)	1.400
JÜ = Gewinn RL + Dividende = 1.300 + 100 =	1.400

Abb. 5.7: Gewinnzielberechnung

Kapitel 5

Nehmen wir eine Ertragsteuer von 30 % auf die Zwischensumme EBT (Earnings Before Taxes) an, so verbleiben nach Abzug der Steuer für den Jahresüberschuss noch 70 %. Wenn der JÜ = 1.400 gleich 70 % entspricht, errechnet sich nach dem Dreisatz die Steuer folgendermaßen:

Ertragsteuer = JÜ × 30 % / 70 % = 1.400 × 30 % / 70 % = 600

Diese Zusammenhänge kann man auch in einen Gesamtformalismus bringen:

$$\text{Gewinnziel (EBIT)} = \frac{\text{GewinnRL} + \text{Dividende}}{(1 - \text{Steuersatz})} + \text{Fremdkapitalzins}$$

$$\text{Gewinnziel (EBIT)} = \frac{1.300 + 100}{(1 - 0,3)} + 500 = 2.500$$

Der Ziel-ROI errechnet sich somit zu:

ROI = EBIT / Bilanzsumme = 2.500 / 20.000 = 12,5%

In Abbildung 5.9 haben wir von links nach rechts (im Unternehmen würden wir von oben nach unten, »top down« dazu sagen) einen ROI erarbeitet. Im nächsten Schritt soll erarbeitet werden, wie diese begründete »top-down-Vorgabe« von rechts nach links erreicht werden kann – dies ist die operative Planung. Ein Umtopfen des Gewinnziels der Unternehmung in arbeitsfähige Einzelziele ist der nächste Schritt. Anhand des Werttreiberbaums kann man sich überlegen, an welchem Ast (Umsatz, Produktkosten, Strukturkosten, Anlagevermögen, Umlaufvermögen) eine Veränderung jeweils welche Auswirkung auf den ROI hat. Der ROI ist das Produkt von Umsatzrendite und Kapitalumschlag. Die Umsatzrendite ist das Ergebnis des Haupt-Astes aus der Management Erfolgsrechnung (dieser bildet das Interne Rechnungswesen ab) in Relation zum Umsatz. Der Kapitalumschlag ergibt sich aus der Relation von Umsatz und der Bilanzsumme. Der ROI verknüpft somit das Interne Rechnungswesen mit dem Externen Rechnungswesen (Bilanz).

Ganzheitliches Denken und Handeln im Unternehmen

Der Zielgewinn von 2.500 oder – als Kennzahl ROI formuliert – 12,5 %, wäre jetzt auf die einzelnen Bereiche, Abteilungen, Produkte und Mitarbeiter »von oben nach unten in der Hierarchie« zu übertragen. Die Versuchung ist groß, die genannten 12,5 % einfach nach einem Gießkannenprinzip auf Verkauf, Produktion und Einkauf zu verteilen. Oder man denkt, dass der Firmen-ROI aufgegliedert werden könnte nach Sparten. Natürlich kann man das rechnerisch machen. So wären dazu das gesamte investierte Kapital sowie sämtliche Kosten auf Verkauf, Produktion und Einkauf oder auf die Sparten (Divisionen) umzulegen. Dann entstünden anteilige Firmen-Kapitalerträge bei den einzelnen Bereichen, deren Durchschnitt dem Unternehmens-Return on Investment von 12,5 % entspräche. Aber nach welchem Verteilungsschlüssel sollte das Investment vergeben werden – nach Kapitalbindung? Oder nach Anzahl Mitarbeiter? Da eine gerechte Verteilung nicht möglich ist, empfehlen wir zuerst eine Bottom up Planung zu erstellen, der Top down Vorgabe gegenüberzustellen und dann nach dem **Tragfähigkeits-Prinzip** die eventuelle Lücke zu füllen. Dabei kann der ROI Werttreiberbaum helfen, vor allem an jenen Ästen und Zweigen eine Veränderung vorzunehmen, die eine große Wirkung auf den ROI haben.

Angenommen folgender ausgefüllter **ROI-Baum** ist das Ergebnis der ersten Bottom up Planung (Abb. 5.8, siehe folgende Seite).

Werden in der 1. Planversion die Erlösschmälerungen von 5 % auf 3 % verringert, erhöht sich der ROI von 7 % auf 9 % also um 28,6 %. Gleichen ROI könnten wir erreichen, wenn der Umsatz durch eine 2 %ige Preiserhöhung auf 20.400 gesteigert wird. Abbildung 5.10 zeigt, dass eine Verringerung der Produktkosten (Proko) um 5 % eine ROI Steigerung um fast 43 % auf einen ROI = 10 % bewirkt. In einem Handelsunternehmen bestehen die Proko nur aus den Kosten der eingekauften Produkte, in einem produzierenden Unternehmen beinhalten die Proko sowohl Rohstoffkosten als auch produktive Arbeitszeiten von den produzierenden Mitarbeitern. Bei einem Dienstleistungsunternehmen ist zumeist der Anteil der Rohstoffe im Endprodukt (z. B. eine Operation oder Friseur-

Kapitel 5

leistung geschnittener Haare, ein Seminar, Beratungsleistung, Reise von A nach B mit dem Flugzeug oder dem Bus usw.) nur sehr klein. Entsprechend müssten sich jeweils die gesamten Proko verändern – entweder sowohl die Materialanteile als auch

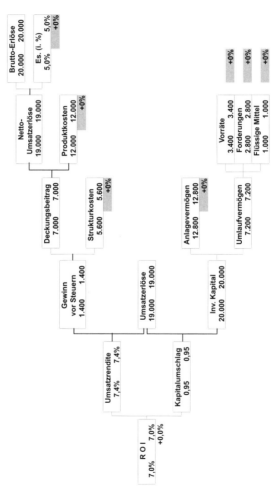

Abb. 5.8: Ausgefüllter ROI Baum mit Planversion 1: erster Bottom up Entwurf

Ganzheitliches Denken und Handeln im Unternehmen

die Kosten der Arbeitszeit. Verändern sich die Lohnkosten nach oben umso mehr müsste sich der Materialkostenanteil nach unten verändern. Die Veränderung an Umsatz bzw. dem Verkaufspreis und somit die Erlösschmälerungen und auch die Pro-

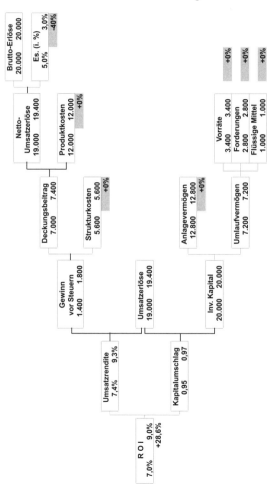

Abb. 5.9: Ausgefüllter ROI Baum mit Planversion 2: Die Erlösschmälerungen wurden von 5 % auf 3 % verringert.

Kapitel 5

duktkosten haben jeweils eine sehr starke Auswirkung auf das Ergebnis, den ROI.

Wie Abbildung 5.11 zeigt, müssten sich die Strukturkosten mehr als doppelt so stark (11 %) vermindern, um gleichen Effekt im

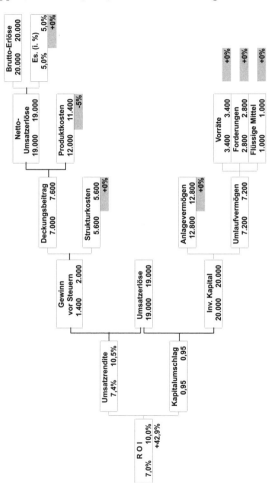

Abb. 5.10: Ausgefüllter ROI Baum mit Planversion 3: die Produktkosten wurden um 5% verringert.

144

Ganzheitliches Denken und Handeln im Unternehmen

ROI zu bewirken. Es könnte allerdings sein, dass diese 11 % Verringerung der Strukturkosten leichter zu erreichen sind, als die 5 %ige Veränderung der Produktkosten. Dieses Zahlenbeispiel zeigt anschaulich, warum zumeist stark darauf gedrängt

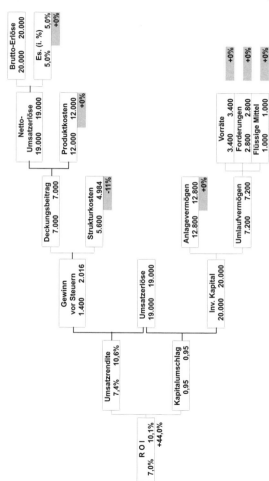

Abb. 5.11: Ausgefüllter ROI Baum mit Planversion 4: Die Strukturkosten wurden um 11 % verringert

Kapitel 5

wird, die Rohstoffpreise im Handel (im Einkauf liegt der Gewinn) bzw. die Proko in den produzierenden Unternehmen zu verringern – die Auswirkung ist groß.

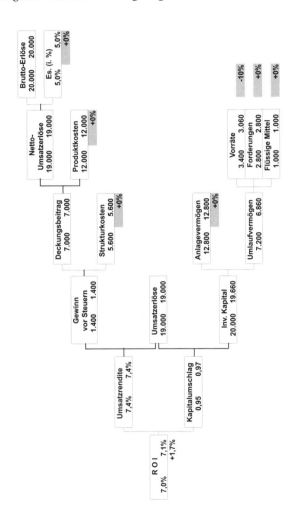

Abb. 5.12: Ausgefüllter ROI Baum mit Planversion 5: Die Vorräte wurden um 10 % verringert, die Wirkung auf den ROI ist nur gering.

In Abbildung 5.12 ist zu erkennen, dass die Veränderung im Umlaufvermögen nur eine sehr geringe Auswirkung beim ROI zeigt. Die Verringerung von Beständen hat jedoch eine sehr große Auswirkung auf den Cash Flow (siehe dazu das Kapitel 8).

Solche **Sensitivitätsanalysen** an einem Werttreiberbaum können herauszufinden helfen, wo eine Anstrengung im Unternehmen am meisten bringt. Setzen Sie Ihre Zahlen des eigenen Unternehmens in z. B. diesen ROI Baum ein um klüger zu handeln und sich nicht immer noch mehr anstrengen zu müssen (work smarter and not harder). Vgl. Details zu Finanzkennzahlen im 8. Kapitel.

6.

Das System der Unternehmensplanung

Der rote Faden, der das ganze Buch durchzieht, lautet: Controlling als Konzeption der Planung und Steuerung zum Gewinnziel hin. Das setzt ganzheitliche Planung, abgeleitet vom Unternehmensziel, voraus.

Ist Prognose und Planung das gleiche?

Lassen sich diese beiden Ausdrücke gegeneinander tauschen? Ist Prognose nur ein anderes Wort für Planung – oder umgekehrt? Zuerst wäre vielleicht zu klären, worin der Unterschied zwischen Analyse und Prognose liegt. Analysen betreffen Sachverhalte, die passiert sind. Das gilt auch für Abweichungen des Ist-Zustandes gegenüber einer schon bestehenden Planung. Herauszufinden ist, warum etwas passiert ist; welche Faktoren einen Zustand herbeigeführt haben. Umso sicherer müsste es gelingen, auch eine Prognose zu wagen – also bisherige Verläufe in die Zukunft zu extrapolieren. Wie haben sich die Verhältnisse seither entwickelt, warum ist etwas geschehen, wie werden sich die Dinge in der Zukunft weiterbewegen?

Prognosen sind Vorhersagen. Sie betreffen Basis-Trends wie Ereignisse in der Umwelt: Im Markt, bei den Lieferanten, in den politischen Verhältnissen, im Bevölkerungswachstum, in der Kaufkraftentwicklung, bei den Wechselkursen.

Oftmals ist das, was in der Praxis als Planung bezeichnet wird, gar keine echte Unternehmensplanung, sondern lediglich eine Prognose. Man hat bisherige Verläufe von Umsatzentwicklungen – im Sinne der Analyse auch interne Daten – einfach in die Zukunft verlängert. Es kommt zu einer Art driftendem Budget. Wohin treibt es uns, wenn wir nichts Besonderes tun? Wo kommt der Wind her? Je nach dem werden wir an einem bestimmten Ufer landen.

Prognosen und Analysen bilden die Informationsbasis der Planung. Sie stellen das Fundament der Annahmen dar, auf denen die Pläne aufgebaut sind. Planen indessen ist mehr als Prognose. Der Unterschied von Planung und Prognose liegt darin, dass bei der Planung Entscheidungen getroffen werden – Entscheidungen über das, was man erreichen will und mit welchen Maßnahmen es realisiert werden soll. Warum sprechen wir im Alltag von Wetterprognosen und nicht von Wetterplanung? Weil wir über das Wetter keine Entscheidungen zu treffen vermögen. Wenn ein Autofahrer bei Nacht sein Fernlicht einschaltet, so macht er eine Prognose. Die Kurve, auf die er zufährt, soll beizeiten richtig ausgeleuchtet werden. Wie schnell man dann in die Kurve fährt und in welchem Gang wäre Planung – manchmal mit einer falschen Entscheidung.

Da Planung eine Festlegung von Entscheidungen bedeutet, ergibt sich auch, wer für die Planung zuständig ist: das Management nämlich. Nicht die Controller haben zu planen, sondern die Linie. Planung ist nichts anderes als das Vorausdenken und Festlegen dessen, was zu geschehen hat. Die Controller unterstützen diesen Prozess der Willenserklärung in der Planung.

Langfristige und kurzfristige Planung

In der Praxis trifft man es häufig an, dass eine Unternehmensplanung nach einerseits langfristiger Planung (oft auch mittelfristige genannt) und kurzfristiger Planung gegliedert wird. Die Planung auf die kurze Sicht umfasst in der Regel ein Jahr. Die mittel- bis langfristige betrifft einen Zeitraum von 3–5 Jahren.

Kapitel 6

Das Wort langfristig ist jedoch doppeldeutig. Darunter kann man ein Ereignis verstehen, das erst in einem späteren Jahr gelten soll; oder die langfristige Planung bestimmt Sachverhalte, die ab sofort gültig, aber für eine längere Zeit bindend sind.

Daraus folgt oft, dass die langfristige Planung jene der guten Vorsätze ist. Langfristig ist man optimistisch. Es gibt eine Art hockey stick-Effekt. Die Fünf-Jahres-Planung etwa der Stückzahlen im Absatz geht umso mehr nach oben, je weiter der Planungszeitraum vom heutigen Zustand entfernt ist. Rückt das spätere Jahr aber als unmittelbar bevorstehendes Budget heran, geht die Planung nicht auf. Der Weg zur Hölle ist mit guten Vorsätzen gepflastert.

So geht es einem ja auch im privaten Bereich: Zwischen Weihnachten und Neujahr werden, als Silvester-Effekt, gute Vorsätze für das neue Jahr gefasst. Das ist die langfristige Planung. Man kann ja immer noch gelegentlich darauf zurückkommen; nur kurzfristig klappt es leider nicht.

Dieser Konflikt zwischen kurz- und langfristiger Planung ist ständig vorhanden. Auch wenn man das Jahresbudget in Teilstrecken zerlegt. Jeder weiß, dass insgesamt ein bestimmter Break-even-Punkt erreicht, oder dass im Durchschnitt eine bestimmte Vertriebs- oder Forschungskostenrate auf die Herstellkosten verdient werden muss. Geht es aber um ganz bestimmte Aufträge oder um Verkaufspreis-Verhandlungen mit bestimmten Kunden, dann gelingt es in diesem einen speziellen Fall leider nicht. Es ist ein alter Stammkunde, oder man muss erst mal den Fuß in die Türe bekommen oder es ist ein Füllauftrag oder ein Zusatzgeschäft oder ein Exportprojekt. Immer gibt es im kurzfristigen Handeln einen guten Grund für das Argument: In diesem Fall gerade geht es nicht – aber insgesamt kann das Ziel doch erreicht werden.

Vor einer Einteilung der Unternehmensplanung nach einerseits langfristig und andererseits kurzfristig ist deshalb abzuraten. Der menschliche und stets vorhandene Konflikt wird damit zur organisatorischen Regel erhoben.

Außerdem kann das Top-Management auch sehr leicht sagen, dass ruhig eine Stabsabteilung zentrale Unternehmensplanung oder strategisches Controlling sich um die langfristige Planung kümmern könne. Kurzfristig wird dann schon gesagt, was zu tun ist. Deshalb kann der Stab getrost langfristig planen.

Strategische und operative Planung

Eine Planung aufstellen, heißt Entscheidungen treffen. Will man demzufolge die Planung gliedern, so liegt es nahe, den Entscheidungsstoff zu ordnen. Der Unterschied zwischen strategischer und operativer Planung liegt im Entscheidungstyp.
Es stellt zwei verschiedene Typen von Entscheidungen dar, z. B. wenn eine Brauerei sich entschließt, ihr Bier sowohl über den Vertriebsweg Gastronomie als auch über den Vertriebsweg Handel zu verkaufen; wenn sie auf der anderen Seite festlegt, in etwa welcher Frequenz die gastronomischen Kunden von einem Mitarbeiter besucht werden sollen. Es ist eine strategische Entscheidung (ebenfalls in einer Brauerei, verschiedene Klassen von Bier nebeneinander zu führen); eine operative Entscheidung wäre es, innerhalb eines Genres die Preis-Absatzplanung aufzubauen und den Werbeaktionsplan zu entwerfen.
Eine Bank legt strategisch fest, ob sie sich rein auf Kreditvergaben konzentrieren, oder auch Sparprodukte anbieten möchte. Operativ wäre das mögliche Spar- bzw. Kreditvolumen zu planen.
Für ein Unternehmen der Schleifmittelindustrie wäre es eine strategische Entscheidung, sich um Substitutstechnologien wie z. B. Drehen oder Sägen zu kümmern. Eine operative Planung bestünde im Aufbau des Auftragseingangsplans als Maßnahmenplan für den Verkauf und die Konstruktionsabteilung.
Eine strategische Entscheidung in einer Schweißmaschinen-Fabrik bestünde darin, dass sie festlegt, inwieweit sie auf Sonderwünsche der Kunden eingehen und nach Maß produzieren will. Ein operatives Problem wäre die Vorkalkulation eines bestimmten Auftrags.
Für ein Unternehmen der Textilindustrie bildet es eine strategische Entscheidung, ob man vollstufig produzieren, also Spinnerei,

Kapitel 6

Weberei und Konfektionär sein will; oder ob man seinen direkten Kunden keine Konkurrenz machen und etwa Spinnerei bleiben möchte. Die operative Planung enthielte dann den Ausbau von Fertigungsstätten mit Hilfe von Investitionsprogrammen.

Dabei zeigt sich gleichzeitig, dass die strategische Planung nicht bloß langfristig gilt und die operative Planung kurzfristig. Auch operative Pläne binden für längere Zeit; strategische Sachverhalte gelten bereits morgen und umhüllen uns schon heute.
Für ein Unternehmen der Schuhindustrie stellt sich die Frage, ob man sich in Klebstoffen selbst versorgen und von da aus auch an den freien Markt liefern will. Die operative Planung hätte festzulegen, wie viel Kilogramm von welchen Klebstoffsorten mit welchen Terminen und welchen Losgrößen zu welchen Herstellkosten zu produzieren sind.

Die Entscheidungsfälle, die unter der Überschrift Strategische Unternehmensplanung zusammengefasst werden, betreffen die Was-macht-man?-Planung oder auch die Was-will-man-sein?-Planung, manchmal auch die Was-will-man-nicht-mehr?-Planung. Die strategische Planung will Ertragspotential in Produkten und Märkten schaffen. Ausgangspunkt für die strategische Planung ist die Besinnung auf eigene Stärken und Schwächen. Daraus ergibt sich ein Fördern oder Unterlassen bestimmter Unternehmensaufgaben, also Kernkompetenzen.

Die operative Planung hingegen ist die Wie-realisiert-man-es?-Planung oder die Wie-führt-man-es-durch?-Planung. Der Unterschied dieser beiden Bezeichnungen liegt darin, dass das Wort durchführen darauf verweist, dass auch Mitarbeiter einzubeziehen sind. Die Realisierung ist erst einmal der Sache nach zu klären; dann ergibt sich die Frage, wer welche Maßnahmen mit welcher Zuständigkeit und Kompetenz übernimmt.

Beide Kapitel für die Unternehmensplanung bedingen sich gegenseitig. Das brachte auch Peter Drucker auf den Punkt. Er erklärt zur Beschreibung der strategischen Planung: »Die richtigen Dinge tun« und formulierte »Die Dinge richtig tun«, zur Erläuterung der

operativen Planung. Das drückt noch einmal sehr schön die Verzahnung beider Planungen aus. Die strategische Planung ist dabei logischer Vorlauf der operativen.
Erst einmal ist zu klären, was man machen will. Dann folgt die Frage, wie man es realisiert. Also gehört eine Investitionsplanung nicht an den Anfang der Unternehmensplanung. Investitionen gehören in das Wie-vollzieht-man-es?-Programm. Zuerst muss strategisch geklärt sein, was man machen will. Daraus ergibt sich als Folge, dass zu investieren ist. Nicht dass man zuerst operativ die Realisierung plant, nachher ein Projekt auf die Beine gestellt hat und sich dann fragt, was nun damit anzufangen ist.

Wenn vom Controlling-Standpunkt auf diesen Unterschied so sehr Wert gelegt werden muss, dann deshalb, weil in der Praxis beide Kapitel der Planung leicht durcheinanderlaufen. In beiden Fällen geht es dann in die Hose. So könnte man sich strategisch entschieden haben und sich durch operative Tatsachen nicht mehr davon abbringen lassen gegen jede Vernunft. Nach dem Prinzip: »Meine Meinung steht fest, verwirren Sie mich nicht durch Ihre Berechnungen und Tatsachen-Feststellungen. Rechnen Sie's halt noch mal durch«. Andererseits passieren auch Fehler, wenn man weiß, wie etwas geht und dann nachträglich beschließt, dass man das so machen will.
Ganz abgesehen davon, ist Know-how mit Wissen nicht ausreichend übersetzt. Know-how bedeutet Können oder Beherrschen. Man muss es sich in der Regel (mit Lehrgeld) über eine längere Zeit erarbeiten. Es sind die Fähigkeiten, die zählen.

Die Budgets als Bausteine in der operativen Planung

Budgetzahlen sind auch Spiegelbild von Maßnahmen. Die operative Planung als Wie-realisiert-man's?-Planung enthält einen Aktionskatalog im Sinn von Durchführungsmaßnahmen, sowie ein Budget darüber, was diese Maßnahmen bringen sollen (Umsatzbudget), was die Maßnahmen kosten (Kostenbudget) und wie damit in Verbindung stehende Bestände finanziert werden sollen

(Finanzbudget). Das Wort Budget wird in dieser Konzeption im Sinne des rechnerischen Teils der Planung benutzt.

Planung ist aber mehr als nur Zahlen aufstellen. Ein Plan ist gleichzeitig im Falle der strategischen Planung auch eine konzeptionelle Planung, im Falle der operativen Planung zur Nutzung eines in der strategischen Planung geschaffenen Ertragspotentials, sind auch verbal Maßnahmen zur Realisierung zu planen.

Inhalt und Formularbeispiel zur strategischen Planung

Die folgende Abbildung 6.1 bringt einen Formularrahmen zum Aufbau der strategischen Planung. Neben dem 4-Fenster-Formular (siehe Fallstudie zum Soll-Ist-Vergleich) ist das strategische Formular das meistumgesetzte Konzept der Controller Akademie. Dabei kann dieses Papier für die gesamte Unternehmung oder für einen Teilbereich, eine Sparte, ein Werk, ein Profit Center oder auch eine Abteilung genutzt werden.

Das Leitbild stellt die Aufgabenbeschreibung der Unternehmung oder des zu betrachtenden Teilbereiches dar. Die Zielsetzung müsste im Sinne unseres WEG-Symbols (siehe Kap. 1 und 5) ganzheitlich gedacht sein.

Strategien als Konzeptionen wären dann die Wege, auf denen das Ziel im Rahmen des Leitbilds erreicht werden kann. Hier fragen wir uns: Was tut, was lässt man, um die oben formulierten Ziele zu erreichen? Prämissen sind (gewünschte) Voraussetzungen der strategischen Planung, auf die man selbst keinen Einfluss hat. In der letzten Box des strategischen Formulars geht die strategische in die operative Planung über. Allerdings ist es zweckmäßig, im Maßnahmenkatalog strategische und operative Aktionen auseinanderzuhalten. Wollen wir z. B. durch Eröffnung einer Filiale (Strategie) unseren Marktanteil um X % ausbauen (Ziel), um den Kunden näher zu sein (Leitbild), so bedarf es zunächst strategischer Aktionen zum Aufbau des strategischen Potenzials, sprich zum Aufbau der Filiale (bis zur Eröffnung). Danach folgen operative Maßnahmen (Bewerben der neuen Filiale, akquirieren neuer Kunden, etc. ...) zum Ausschöpfen des aufgebauten Potenzials.

Das System der Unternehmensplanung

	Sparte	Visum des Spartenleiters:	Fassung vom: _____	Strategische Planung
1. Leitbild »Wozu sind wir da?«	Spinnerei bleiben; d. h. direkten Kunden keine Konkurrenz machen/Cost Leadership			
2. Zielsetzung 5-Jahres-Zielsetzung mit Jahreszwischenzielen	Europas Größter werden bei 15 % Return on investment	speziell Inland	speziell Ausland	
3. Strategien Wege, auf denen die Ziele zu erreichen sind	Preissenkung/Tiefflugpreise			
4. Prämissen Verhaltensprämissen bei Konkurrenten, Holding, politischen Trägern – von uns gewollte	Die Konkurrenz A + B macht nicht das gleiche, weil sie es technisch und finanziell nicht kann.			
5. Maßnahmen In Ausübung der festgelegten Strategie nötige Maßnahmen und deren Konsequenzen	Bau einer neuen Spinnerei mit Supermaschinen (Kooperation Spinnerei und Textilmaschinen-Hersteller) zur Senkung der Herstellungskosten.			

Abb. 6.1: Strategisches Formular

Kapitel 6

Erst durch das operative Tun wird der Marktanteil letztlich vergrößert (oder auch nicht).
Das Beispiel, das in der Abbildung 6.1 eingetragen ist, betrifft eine Spinnerei.

Zum Leitbild würde etwa die Frage gehören, aus welchen Stoffen die Garne gemacht werden sollen. Will man sich an die Wolle halten, oder Baumwollgarn spinnen, oder synthetische Garne herausbringen bzw. Mischgarn machen. Welche Synthetik soll es sein, welche Sorten elastischer Garne wären zu machen, soll man sich auch um Glasfasern kümmern?
Zum Leitbild gehört, ob man Spinnerei bleiben oder seinen eigenen Kunden auf dem Sektor der Webereien oder der Strickereien Konkurrenz machen will. Sieht man sich als Problemlöser für den Einsatz von Garnen im Webereisektor oder als serieller Massenproduzent? Liefern wir die Ware nur rohweiß oder haben wir selber eine Färberei für bunte Garne? Sind wir national tätig in regionalen Märkten oder international?

Die Zielsetzung würde als Marktanteil zu formulieren sein. Das könnte man auch in einem Platz innerhalb der Rangordnung der Größten der Branche ausdrücken. Nehmen wir an, in diesem Modellbeispiel soll unser Ziel darin bestehen, Europas größte Spinnerei zu werden und dies auf dem Gebiet von Wollgarnen. Dabei sollte aber die ökonomische Zielsetzung von 15 % Return on Investment bei bestimmten Finanzrelationen in der Bilanz sichergestellt werden.
Strategien zum Ziel der größten Spinnerei bei 15 % Return on Investment könnten sein: Schnelles und flexibles Eingehen auf Sonderwünsche der Kunden; besonders gute Effektgebung zu realisieren; die anwendungstechnische Beratung auszubauen; den Service besser zu gestalten, als es die Mitbewerber tun; oder die Strategie besteht in einer Preissenkung oder sie besteht im Aufkauf von Mitbewerbern.
Hier wird auch deutlich wie sehr das Leitbild die Strategien regiert. Im Rahmen des Leitbildes, Zulieferer von Halbfabrikaten zu sein, hätte z. B. die Strategie verstärkter Werbung an die End-

verbraucher nicht viel Sinn. Würde man sich dagegen das Leitbild basteln, von der Haut der Schafe bis auf die Haut der Damen und Herren zu gehen, so wäre eine Strategie zur Verbesserung des Marktanteils sicher das Herausbringen von Nouveautés mit modischem Pfiff. Natürlich wäre dann auch eine Werbung sinnvoll, die an die Endverbraucher adressiert ist.

Vielleicht bleibt für den Zulieferer hauptsächlich die Strategie der Preissenkung. Wenn diejenigen Firmen, die zum Ziel der größten Spinnerei überrundet werden müssen, technisch auch gut sind, so entscheidet doch schlussendlich der Preis, ob wir den Auftrag kriegen oder der Mitbewerber.

Daraus folgt eine strategische Maßnahme. Um die Strategie der Preissenkung zum Ziel des größeren Marktanteils bei Sicherung des Return on Investment realisieren zu können, soll als Maßnahme eine neue Spinnerei gebaut werden mit Super-Maschinen, die niedrigere Herstellkosten je Tonne erlauben. Natürlich hängt das davon ab, dass diese neue Spinnerei in drei Schichten auch voll ausgelastet werden kann. Die Konzeption der Preissenkung soll uns ja so viele Aufträge bringen, dass das Absatzvolumen für die neue Fabrik gesichert ist: Low cost producing.

Aus der Finanzzielsetzung eines bestimmten Working Capital ergeben sich eventuell neue strategische Finanzmaßnahmen im Sinne einer Kapitalerhöhung oder des Aufnehmens zusätzlicher Gesellschafter.

Eine Prämisse könnte darin liegen, einzubeziehen was die Mitbewerber tun. So müsste man die gewollte Prämisse für dieses Planungskonzept einsetzen, dass die wichtigsten Konkurrenten nicht dieselbe Strategie verfolgen. Sonst investieren nachher alle und die neuen Anlagen der gesamten Branche sind nicht ausgelastet.

Woher will man aber wissen, ob die Konkurrenz nicht das gleiche macht? Entweder sie hat das technische Know-how nicht, oder sie kann Neuerungen nicht finanzieren oder die Geschäftsleitung traut sich's nicht zu oder man hat sich strategisch verständigt. Gewollt für die eigene Strategie heißt noch nicht gewusst. Das letztere ist zu analysieren.

Kapitel 6

Gliederung von Analysen und Prognosen für die Planung

Da Analysen und Prognosen Annahmen setzen für die Planung, müsste es möglich sein, sinngemäß den Stoff der Informationen so zu gliedern wie den Entscheidungsstoff der Planung selbst.

Wenn die strategische Planung eine andere Dimension hat im Sinn einer konzeptionellen Was-macht-man?- oder Was-lässt-man?- Planung, die operative sich hingegen auf die Realisierungsplanung konzentriert, so müssten sich im Satz der Analysen und Prognosen auch entsprechende, dazu passende Gliederungen herausstellen.

Dazu könnte man einen der wichtigsten Analysebereiche gleich als Prüfstein hernehmen, nämlich die Marktanalyse. Man spricht gerne im Umgangston von der Klärung des Marktbedarfs. Hier treten aber gleich zwei Sachverhaltstypen in den Vordergrund: Es handelt sich nämlich um die Art des Bedarfs bzw. um die Höhe des Bedarfs.

So ist es z. B. in der Automobilbranche ein sehr kritischer Sachverhalt in der Diagnose der Marktsituation, ob die Autofahrer als Folge der steigenden Energiekosten und globalen Erderwärmung nicht eine andere Art von Bedarf dem Auto gegenüber entwickeln. Wird das Auto z. B. nicht mehr als Träger von Prestige, Karriere und Geltungsgefühl betrachtet? Hat man nicht mehr das Gefühl eines Gesichtsverlustes, wenn man sich ein kleineres Auto beschafft? Dies wäre eine andere Art von Bedarf. Oder ist die konjunkturelle Flaute nur darin zu sehen, dass sich die Kunden zurückhalten? Die Art des Bedarfs ist unverändert, nur der Termin des Kaufs wird hinausgeschoben? Dabei handelt es sich um einen konjunkturellen Sachverhalt, im ersteren Falle um einen strukturellen Vorgang.

Ganz generell könnte man sagen, dass zur strategischen Planung strukturelle Analysen und Prognosen gehören. Diese betreffen

1. eigene Stärken und Schwächen, wo besteht bei uns selber Know-how;
2. Stärken und Schwächen von Mitbewerbern; wie sind dann

Das System der Unternehmensplanung

eigene Stärken auszubauen und Schwächen zurück zu nehmen;
3. Art des Marktbedarfs, Typen von Kundenwünschen, Zielgruppen im Markt, Marktsegmente;
4. modische Trends ebenfalls als Arten von Bedarf, man trägt heutzutage ... z. B. Umwelt, Recyclebarkeit;
5. technologische Trends, was entwickelt sich im Sektor von Technologien und im Bereich der Elektronik;
6. neue Arten von Angeboten von Seiten der Lieferanten;
7. Umfelddaten wie gesetzliche Auflagen, Entwicklungen in der Infrastruktur, herrschende Meinungen in der Bevölkerung, politische Verhältnisse, Währungsrelationen.
8. Auswirkungen aufgrund der Demographie.

Erweisen diese strukturellen Analysen und Prognosen bestimmte Sachverhalte als elementar bedeutsam im Sinn von Strategien anderer Erkenntnisse, auf die man baut, so gehören sie in das strategische Papier extra protokolliert.

So wäre eine Prämisse etwa: Die Konkurrenz macht nicht das gleiche (Name der Wettbewerbsfirma hinschreiben!).

Aus dem analytischen Abklopfen der Stärken und Schwächen der Mitbewerber ergibt sich, ob diese Prämisse zulässig ist. Es sind Verhaltensprämissen bei anderen.

So habe ich als Moderator von Strategieworkshops schon mehrmals erlebt, dass eine Preissenkungsstrategie vorgeschlagen wurde. Ohne dass ich die Wettbewerber der Firma im Detail kenne, schreibe ich in das Prämissenfeld: »Der Wettbewerber senkt die Preise nicht.« In der Regel werde ich dann gefragt, woher ich denn das wissen könnte. Ich antworte dann, um eine Diskussion auszulösen: »Geben Sie mir gute Gründe, warum ihr Wettbewerber auf eine Preissenkung ihrerseits nicht auch seine Preise senken sollte. Ich weiß nur, dass, wenn die Prämisse nicht zu halten ist ihre Strategie nicht aufgeht! Somit wird die Prämissenbox zum wichtigen Instrument für den Moderator, den Controller im strategischen Meeting.

Informationsbasis der operativen Planung sind konjunkturelle Analysen und Prognosen. Gemeint ist hier, dass diese Unterlagen zusätzlich erforderlich sind, wenn die operative Planung aufgestellt wird. Die Höhe des Bedarfs ist konjunkturell bedingt. Welche Erwartungen bestehen hinsichtlich des Konjunkturklimas im Budgetjahr? Mit welcher Kaufkraftentwicklung ist zu rechnen, welche Tarifabschlüsse stehen bevor? Herrscht gedrückte oder wieder optimistische Stimmung, finden Wahlen statt?

Zu den Analysen und Prognosen der operativen Planung gehören die Saisonverläufe. Dominierend darin ist auch die Wetterprognose. In vielen Branchen ist der Wetterverlauf ganz maßgeblich für operative Planung.
Stehen bestimmte Ereignisse bevor – z. B. sportliche Ereignisse? Wann sind maßgebliche Messen? Entsprechend wäre die operative Werbemaßnahmenplanung und die operative Distributionsplanung zu koordinieren. Zur Informationsbasis der operativen Budgets gehören auch die erwarteten Teuerungsraten bei bestimmten Materialien und beim Einkommen.

Der Zusammenbau der operativen Teilpläne und der Budgetablauf

Die Abb. 6.2 zeigt den Zusammenhang der operativen Teilpläne, und markiert den Budgetablauf. In den einzelnen Kästen stehen beispielhaft Termine. Die Interpretation dieser Daten ist so zu verstehen, dass zum jeweiligen Termin der entsprechende Teilplan stehen soll. Im Falle der strategischen Planung bedeutet der am weitesten links angeordnete Zeitpunkt den Hauptbeschlusstermin. Die rechts daneben angegebenen Daten 20.05. und 15.10. bilden Nachfasstermine. Bei den operativen Planbausteinen ist es umgekehrt. Hier ist links der Entwurf gemeint. Der Verabschiedungstermin ist der jeweils rechts angegebene Zeitpunkt.

Das Beispiel betrifft eine Markenartikel-Firma, erkennbar daran, dass offensichtlich ab Lager verkauft wird. In einer technischen Unternehmung oder in einer Dienstleistung mit Kundenaufträgen

Das System der Unternehmensplanung

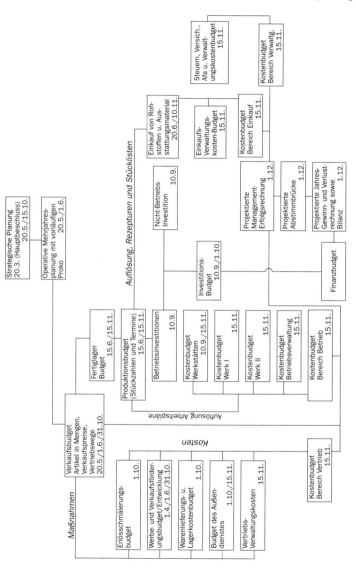

Abb. 6.2: Operative Teilpläne

würde vor dem Verkaufsbudget noch der Auftragseingangsplan sowie ein ggf. Auftragsbestandplan stehen müssen.
Links neben dem Verkaufsbudget sind die operativen Aktionspläne zu sehen. Das Budget der Werbe- und Verkaufsförderungsmaßnahmen enthält gleichzeitig die Produktentwicklungsplanung. Soweit jetzt Striche nach links heraus reichen von den Budgets der Erlösschmälerungen bis zum Budget des Außendienstes, sind Maßnahmen gemeint. Soweit die Striche nach rechts heraus reichen, sollen die für die Maßnahmen nötigen Kosten angesprochen werden.

Im Terminablauf ist nach der strategischen Planung der erste Termin beim Werbe-, Verkaufsförderungs- und Produktent-wicklungsbudget zu sehen. Daraus folgt zum 20.05. die erste Konzeption des Verkaufsplans nach Artikeln in Mengen, Verkaufspreisen, Vertriebswegen sowie mit vorläufigen Produktkosten. Von da aus kommt es zur Rückkopplung mit der strategischen Planung. Eventuell sind bestimmte strategische Konzepte zu revidieren, weil sich dies aufgrund des Zahlenbudgets als erforderlich erweist. Das führt nochmals zu einem Umbau parallel zum Verkaufsbudget sowie zum Werbebudget zum 01.06.
Soweit die operativen Planbausteine bis zum 01.06. angegeben sind, handelt es sich bei Verkaufs- und Werbebudget um eine operative Fünf-Jahres-Planung. Das ist zwangsläufig nötig, sobald neue Produkte darin enthalten sind. Für ein neues Erzeugnis, das strategisch gewollt ist, lässt sich in der Realisierungsplanung nicht nur ein Jahresbudget aufbauen, damit allein würde man ja vielleicht vor lauter Verlusten den Mut vor der ganzen Strategie verlieren. Also muss sich doch aus der operativen Planung ergeben, ab dem wievielten Jahr das neue Produkt in seine schwarzen Zahlen kommt, damit die Strategie auch von der operativen Machbarkeit her gesichert ist.

Die operative Fünf-Jahres-Planung wird sicher grobe Maschen enthalten. Es wäre sinnvoll, sie im Großen und Ganzen im Rahmen einer stufenweisen Deckungsbeitragsrechnung aufzubauen. Eine detaillierte Auflösung von Rezepturen und Stücklisten sowie

Das System der Unternehmensplanung

von Arbeitsplänen ist in der Planung von jetzt an auf 5 Jahre hinaus sicher zuviel Aufwand. Das ändert sich aber bei der Überleitung vom Verkaufsbudget ins Produktions- und Beschaffungsbudget für das Folgejahr.

Im Budgetablauf ist das, was vom Verkaufsbudget her nach dem 01.06. passiert, die Detailplanung für das Folgejahr. Dabei haben sich auch aus dem Feedback mit der strategischen Planung bestimmte Empfehlungen ergeben, als Richtlinien und Eckwerte für die Detailplanung, auch von unten nach oben im zweiten Halbjahr für das kommende Budgetjahr.

Als Puffer zwischen Verkaufs- und Produktionsplan dient der Plan des Fertiglagers, sofern Sie kein Dienstleistungsunternehmen sind. Dabei geht es vor allem um einen Terminpuffer. Die Produktion soll möglichst in Ruhe gelassen werden; aber der Verkauf muss in der Lage sein, nach Wetter und Saison Schnellschüsse unterzubringen.

Da in der Dienstleistung diese Form von Puffer meist nicht möglich ist, wird es bei der Umsetzung im laufenden Jahr vor allem auf eine gute Auslastung ankommen. Hier ist der Verkauf besonders gefordert, quasi termingerecht nach Auslastung zu verkaufen.

Das Produktionsbudget ist in ein Beschaffungsbudget aufzulösen. Hier ist die Hilfe der elektronischen Datenverarbeitung erforderlich.

Sind Stücklisten oder Rezepturen mit den Mischungsverhältnissen und Ausbeuten maschinell gespeichert, lässt sich auch das Produktionsbudget mit Hilfe der EDV in einen detaillierten Beschaffungsplan auflösen. Das gilt für die Arbeitspläne im Sinn des Auftragsdurchlaufs und der Belegungszeiten.

Das Produktionsbudget in bestimmten Stückzahlen und Terminen ist aufzulösen in eine Kapazitäts-Belegungs-Rechnung nach Stunden von Maschinen und Mitarbeitern. Daraus ergibt sich das Investitionsbudget der Sache nach und das Personalbudget den Köpfen nach. Dabei sind im Falle des Personalbudgets nicht nur quantitative Maßnahmen gemeint, sondern auch qualitative Operationen – inklusive der Personalentwicklungsplanung.

Kapitel 6

Sämtliche operativen Budgets mit ihren Komponenten, Umsatzplan und Kostenplan, werden dann zusammengefügt in den Budgetrahmen der Management-Erfolgsrechnung als stufenweise Deckungsbeitragsrechnung – etwa so wie in unserem Puppenbeispiel. Über die budgetierte Abstimmbrücke geht dann der Weg in die Planbilanz. Parallel zur Bilanz entsteht das Finanzbudget als das Budget der Einnahmen und Ausgaben. Ausgehend von der Management-Erfolgsrechnung ist das jetzt erarbeitete Konzept mit dem in der strategischen Planung festgelegten ROI-Ziel zu vergleichen.

Ausgehend von Planbilanz und Finanzbudget ist das Erreichen der strategisch gewünschten finanziellen Stabilität, ausgedrückt in bestimmten Kennzahlen zu sichern. Natürlich muss man sich bei der Darstellung der operativen Teilpläne vor Augen führen, dass zwischen den Planbausteinen ständig Rückkopplungsprozesse stattfinden. Jedes einzelne Budget folgt aus anderen und wirkt auf diese wieder zurück. Deshalb ist die Planung auch kein sequentieller Vorgang, bei dem man zuerst das eine und dann das folgende machen kann. Das gesamte Plangebäude müsste eigentlich simultan entwickelt und verabschiedet werden.

Manchmal wird gesagt, Planung sei wie eine Kette und damit nur so stark wie ihr schwächstes Glied; also müsste man den Planungsablauf an dieser Engpass-Stelle beginnen. Das ist aber nicht ganz korrekt, denn der Einstieg in die Unternehmensplanung ist der Verkaufsplan. Im Grunde genommen ist das Verkaufsbudget mit seinen Realisierungsbudgets parallel daneben die eigentliche Aktionsplanung. Alle anderen Teilpläne antworten: Sie können erst Auskunft geben, wenn sie vorher angefragt worden sind.

Ob sich im Bereich von Produktionskapazitäten oder Finanzrahmen Engpässe ergeben, hängt davon ab, was vom Verkauf her zu realisieren ist. Weiß man infolge der Fünf-Jahres-Grob-Planung schon, wo Engpässe liegen, so ließe sich im Budgetprozess dieser Engpassplan schneller rückkoppeln. Dort würden sich dann mehrere sogenannte iterative Prozesse abspielen; d. h. Wanderungsprozesse im Budget nach vorwärts und jeweils wieder rückwärts. Auch wird es sich sicher dann, wenn man die einzelnen Bausteine der Planung zur budgetierten Management-Erfolgsrechnung zusammenstellt, als erforderlich erweisen, Knetphasen einzuleiten. Wenn das Return on Investment-Ziel nicht machbar erscheint, wo sind die Ansatzpunkte zur Verbesserung?

Eine operative Lücke zwischen Budget und Ziel lässt sich durch operative Maßnahmen schließen wie z. B. andere Verkaufspreise, Verschiebungen in der Sortimentsstruktur, größere Absatzmengen durch verstärkte Werbung und besseren Kundendienst, Kostensenkungsmaßnahmen bei Produktkosten im Sinn von Wertanalyse sowie bei Strukturkosten im Sinn von organisatorischen Maßnahmen. Vielleicht bleibt aber eine strategische Lücke übrig, die in der letzten Budgetphase im November und Dezember noch nicht für das bevorstehende Geschäftsjahr (= Kalenderjahr) geschlossen werden kann. Daraus ergibt sich eine Vormerkliste für die neue strategische und rollende Fünf-Jahres-Planung, die dann im ersten Quartal des Folgejahres in Angriff zu nehmen ist.

So stellt die Planung einen fortlaufenden kontinuierlichen Prozess dar, der zudem ständig Rückkopplungen empfängt aus den Soll-Ist-Vergleichen, der dispositiven Planung und der damit in Verbindung stehenden Erwartungsrechnung.

Budget-Ablauf als rollender Prozess

Schon die Verknüpfung der operativen Teilpläne enthält einen Terminplan. Nur ist es immer schwierig, optisch die in den Planungsprozess eingebauten Rückkoppelungen zur Geltung zu bringen.
Deshalb folgt in Abbildung 6.3 noch ein Schema, das den Budgetablauf als fließenden Prozess kennzeichnet, vorausgesetzt, dass ein Geschäftsjahr mit dem Kalenderjahr identisch ist.
Durch die Mitte der Abbildung fließt die Maßnahmenplanung. Gemeint sind sowohl die Planung strategischer Maßnahmen als auch operative Maßnahmen als auch die Veranlassung dispositiver Maßnahmen in Folge von Abweichungen. Wird die Planung

Kapitel 6

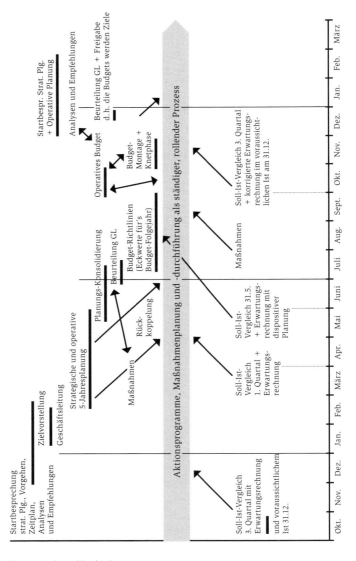

Abb. 6.3: Budget-Ablauf-Schema

für ein kommendes Geschäftsjahr aufgebaut, kann man nicht mit allen Maßnahmen warten, bis das Budgetjahr begonnen hat. Werden z. B. Maschinen gebraucht oder sind zusätzliche Mitarbeiter zu engagieren, müssen Maßnahmen wie: Angebote einholen, Bestellungen tätigen, Anzeigen aufgeben, Bewerber interviewen, schon im laufenden Jahr gestartet werden. Andernfalls ist nicht damit zu rechnen, dass die Startbasis der Planung für das kommende Jahr auch vorhanden ist.

Andererseits binden dispositive Maßnahmen auf Abweichungen hin auch wieder die operative Planung des kommenden Jahres – oftmals auch die strategische Planung im Sinne des Erarbeitens von Erfolgspotential der Unternehmungen nach Produkten und Märkten.

Die Startbesprechung für die Planung folgt aus dem Budgetabschluss Ende des Vorjahres. Dabei ergab sich eine Vormerkliste für die nächsten Planungsarbeiten. Auch der Terminplan ist jahreskonform zu überprüfen. Die Überarbeitung der strategischen und operativen Fünf-Jahres-Planung soll bis Mitte Juni abgeschlossen sein. Zu diesem Termin ist für das laufende Jahr die Hochrechnung bis Jahresende aus den erlebten Abweichungen und Ist-Situationen heraus vorzunehmen. Aus beidem – Fünf-Jahres-Planung und Erwartungsrechnung für das laufende Jahr – ergeben sich Eckwerte und Richtgrößen für das Detailbudget, das im Herbst des laufenden Jahres für das Budgetjahr aufgestellt wird.

Nur im Detailplan für das Budgetjahr ist es sinnvoll, über eine (möglichst mit EDV betriebene) Stücklisten- und Arbeitsplanauflösung in die Einzelheiten der Materialbeschaffungs- und Kapazitäts-Belegungsplanung nach einzelnen Kostenstellen zu gehen. Für die rollende Fünf-Jahres-Planung genügt ein System in Werten – z. B. arrangiert im Rahmen einer stufenweisen, mehrjährigen Deckungsbeitragsrechnung – und einer Prüfung von Materialmengen oder Maschinen – sowie Mitarbeiterstunden (nur bei Engpässen), weil daraus Überlegungen zu Investitionen folgen. Es entspricht auch der Wirtschaftlichkeit bei der Planung, erst einmal die Struktur in Umrissen in Ordnung zu haben, bevor das detaillierte Planungsnetz ausgearbeitet wird.

Die GL-Zielvorstellung hätte demnach sehr früh im Jahr zu erfolgen. Aus dem Budgetabschluss (spätestens im Dezember) ergibt sich eventuell eine neue, revidierte Zielvereinbarung für das Budgetjahr mit der Folge, dass im schlimmsten Fall auch die Planung in der Höhe des Gewinnbedarfs überholt werden muss.

Die Verknüpfung zum System des Planungswürfels

Das in Abb. 6.4 gezeigte dreidimensionale Ordnungsbild für die Struktur der Unternehmensplanung fasst die bisherigen Teilkonstruktionen in eine gemeinsame Architektur zusammen. Auf der senkrechten Achse des Planungswürfels findet sich die Gliederung des Planungsstoffes nach strategischer, operativer und dispositiver Unternehmensplanung. Die waagrechte Achse registriert den Planungshorizont. Der Aspekt von kurz-, mittel- und langfristiger Planung ist hier aufzunehmen. In der dritten Dimension nach hinten angeordnet findet sich die Informationsbasis für die Planung mit Analysen und Prognosen, nach konjunkturellen Annahmen und strukturellen Daten für die Planung gegliedert.

Das ganze wirkt wie eine Kommode, in der die Planungssachverhalte als einzelne Schubladen in Erscheinung treten. Man kann auch von einem Gebäude und einzelnen Planbausteinen sprechen.

Jeder Planbaustein ist definiert nach Höhe – d.h. nach dem Planungsproblem –, nach Breite – das betrifft die Fristigkeit der Bindungen – sowie nach Tiefe, in der sich die Informationsbasis ausdrückt. Die obere strategische Planungsschublade soll z.B. in einem Unternehmen des Reifenfachhandels das Problem erfassen, ob man ein Platzgeschäft sein oder ein Filialunternehmen werden will. Das könnte sinngemäß übertragen werden auf ein Kreditinstitut. Soll man als Spezialbank ein Platzgeschäft bleiben oder eine Filialbank werden? Der Entscheid darüber wäre sicher nicht nur kurzfristiger Natur. Informationen, die dafür nötig sind, stammen

Das System der Unternehmensplanung

aus dem Bereich der strukturellen Analysen und Prognosen. Vor allem sind wieder eigene Stärken und Schwächen auszuloten und mit jenen der Mitbewerber zu vergleichen; die Zielgruppen sind zu definieren, an die man sich wenden will.

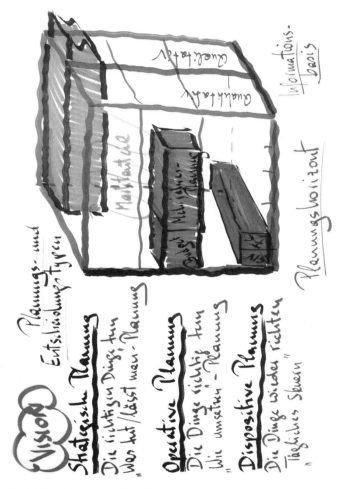

Abb. 6.4: Das Ordnungsmodell zur Unternehmensplanung

Die Schublade darunter soll dazu die operative Planung enthalten. Wo sollen die Filialen hin, wie viel Umsatz ist mit ihnen zu machen im ersten, zweiten und dritten Jahr? Hier wird die operative Planung sicherlich nicht nur ein Jahresbudget umfassen dürfen. Welches Sortiment Reifen soll eine Filiale vertreten, welche Preis-Absatzplanung empfiehlt sich, mit welchen Aktionen ist die Eröffnung zu gestalten, soll die Filiale vom zentralen Lager aus bedient werden oder ein eigenes Lager erhalten?

Diese Fragen rangieren im Bereich der operativen Planung als Wie-realisiert-man's?-Planung. Die Entscheidungen darüber haben eine andere Dimension als die Festlegungen im strategischen Bereich. So würde man doch strategisch gedacht – als ein Platzgeschäft selektiv arbeiten und sich nur an ganz bestimmte Kundentypen wenden können. Dafür wäre der Service zu expandieren; aber man könnte sich beim Reifengeschäft nur an anspruchsvolle Kunden wenden und diese exklusiv betreuen, auch mit besonderen Preisen für den Service. Im Falle der Entscheidung für ein Filialunternehmen kann man nicht halt bloß mal eine Filiale eröffnen. Man muss das konsequent machen, sonst ist man weder ein richtiges Platzgeschäft noch ein vernünftiges Filialunternehmen. Im Kleid (Leitbild) des Filialunternehmens ist sicher eher erforderlich, ein Vollsortimenter zu sein und sich an alle Zielgruppen zu richten. Auch Billig-Angebote und Zweitmarken müssten dann sicherlich im Sortiment enthalten sein.

Produkt- und Markt-Matrix als Protokollrahmen für die strategische Planung

Zweck der strategischen Planung ist es, neues Ertragspotential zu schaffen. Die operative Planung soll das vorhandene Ertragspotential möglichst gut nutzen. Als Protokollrahmen für das Ertragspotential dient die Tabelle in Abb. 6.5. Es handelt sich um die Quo vadis oder auch Ansoff'sche Matrix. In den Spalten angeordnet sind die Produkte oder Leistungstypen; in den Zeilen die Märkte. Es wird jeweils unterschieden nach bisherigen Erzeugnissen und

Das System der Unternehmensplanung

Märkte	Produkte	bisherige			neue
		Bauten-schutz	Org. Chemie	Anorg. Chemie	
bis-herige	Bau-Industrie	■			Kosmetische Fertigprodukte
	Kosmetische Industrie		■		
	Chemische Industrie			■	
neue	Apotheken				Hustenbonbons
	Drogerien				
	Parfümerien				

Vorsichtslinie: Sie verlassen den Bereich Ihres Know-How!

Abb. 6.5: »Quo-vadis-Matrix« (Ansoff-Matrix)

neuen Produkten sowie Märkten, bzw. jetzigen und zukünftigen. Im linken oberen Feld sind die aktuellen Produkte auf den aktuellen Märkten verzeichnet. Es soll sich im Beispiel um ein Unternehmen der chemischen Industrie handeln. Das Unternehmen betreibt die Sparten Bautenschutz (Anstrichfarben), organische Chemie (z. B. Desinfektionsmittel) und anorganische Chemie (z. B. Schwefelsäure). Direkte Kunden sind industrielle Abnehmer aus der Bauindustrie, der kosmetischen und chemischen Industrie.

Rechts wäre das Feld, mit neuen Produkten für bisherige Kunden. Darunter liegt das Gebiet des Hineinbringens der bisherigen Palette in neue Kundenkreise. Im rechten unteren Teil, der sich sowohl mit neuen Produkten als auch mit neuen Kunden befasst, ist die eigentliche Diversifikation und Innovation angesiedelt.

Diagonal durch die Tabelle läuft eine Vorsichtslinie. Sie soll die Grenze markieren, an der man das Reservat seines eigenen Knowhow zu verlassen beginnt. Know-how bedeutet nicht bloß Wissen, sondern Können. In neue Gebiete vorzudringen, in denen neues Können oder Beherrschen erst erarbeitet werden muss, kostet Lehrgeld – meist über eine längere Zeit.

Kapitel 6

Für die gekonnte Marktentwicklung passt auch das Wort Know-who gut. Mit wem haben wir es da zu tun? Wer sind diese neuen Kunden? Gerade auf solche Markierungslinien wäre im Controlling zu achten, damit strategische Konzeptionen auch von der operativen Umsatz-, Kosten- und Finanzplanung aus machbar bleiben.
Im Beispiel ist gezeigt, dass die chemischen Fachleute (z. B. der Sparte organische Chemie) auch der Meinung sein könnten, dass sie etwa mit Emulgatoren nicht nur die kosmetische Industrie beliefern, sondern gleich selbst auch fertige Cremes als Markenartikel herausbringen sollten. Das fertigungstechnische Know-how ist vorhanden.

Allerdings wächst die Erkenntnis, dass es sich nicht bloß um neue Produkte für bisherige Kunden handelt, sondern dass auch ganz neue Kunden in Erscheinung treten. Markenartikel zu machen, wird plötzlich ein ganz eigenes Metier. So hat bisher keine Rolle gespielt wie die Produkte heißen oder welche Gestalt die Gebinde haben. Das Verkaufsgespräch fand zwischen chemischen Fachleuten beim Kunden und beim Lieferanten statt. Auf einmal ist der Kunde der Handel; es geht um eine Werbeplanung an die Endverbraucher gerichtet ist; die Zielgruppe im Markt sind emotionale Konsumenten, vorher waren es eher rationale Chemiker. Psychologische Faktoren beginnen ausschlaggebend zu werden. Wie heißt ein Artikel, welche Farbe hat die Ausstattung, welche Form? Wirkt sie sexy oder nicht? Verkauft man Emulgatoren, so spielen diese Fragen keine besondere Rolle.

Man könnte, wenn man schon Desinfektionsmittel macht, auf die Idee verfallen, auch gleich den Sektor von Hustenbonbons in Angriff zu nehmen. Schließlich geht es auch hier um eine Art Desinfektion der Hälse. Aber chemischer Profi sein, heißt noch nicht auch pharmazeutisch zu Hause zu sein. Außerdem kann man das nicht nur zufällig für Hustenbonbons machen, man müsste konsequent und professionell eine ganze pharmazeutische Sparte betreiben. Erst muss Know-how in der Entwicklung, im Vertriebsweg, in den medizinischen Kreisen aufgebaut werden.

Das Protokollpapier der strategischen Matrix ließe sich sehr gut verwenden auch für Klausurtagungen der Geschäftsleitung zur strategischen Planung. Dabei verwenden wir in der Moderation eine große Pinnwand, auf der wir das Grundfeld dieser Matrix verzeichnen. Dann heften wir Karten mit Stecknadeln an, die das bisherige Programm ausdrücken. Die einzelnen Beteiligten könnten, im Sinne des Brainstormings, in die weiteren Felder der Tabelle ihre Vorschläge für neue Produkte und neue Märkte unterbringen. Zunächst sollte das ohne Diskussion verlaufen (Brainwriting auf Moderationskarten). Jede Idee – auch eine unsinnige – ist erlaubt. Dann müssten die angesteckten Karten abgearbeitet werden im Sinne des Prüfens auf Realisierbarkeit. Auf diese Weise würden sich strategische und operative Planung wieder verknüpfen.

Dispositive Unternehmensplanung und Erwartungsrechnung

Gelegentlich finden Debatten darüber statt, ob es berechtigt ist, auch die dispositive Planung als eine Planung anzuerkennen. Das wäre sehr empfehlenswert. Wie schon in der Fallstudie zum Soll-Ist-Vergleich geschildert, geht es bei der dispositiven Planung um das unterjährige Steuern mittels Korrekturzündungen. Deren Konsequenzen sind in der Erwartungsrechnung als eine Hochrechnung des voraussichtlichen Ist per Jahresende protokolliert. Die dispositive Planung führt zu einer Ankündigung von Abweichungen, nicht nur als eine Art Extrapolationsprogramm mit Hilfe des Computers, sondern als ein Protokoll von entsprechenden Entscheidungen. Auch dispositive Maßnahmen sind Entscheidungen – genau wie die operativen. So ist das in der Fallstudie zum Soll-Ist-Vergleich rechte Fenster des 4-Fenster-Formulars im weiteren Sinn eine dispositive Planung (vgl. Seite 114).

Vor allem wäre nochmals hervorzuheben, dass operative und dispositive Planung zwangsläufig miteinander verknüpft sind. Die operative Planung wird nämlich immer mit gröberen Maschen gestrickt sein müssen, wenn

Kapitel 6

- ein Unternehmen in größerem Umfange Auftragsproduktion betreibt; also genaue Stücklisten und Arbeitspläne zum voraus gar nicht bekannt sind, weil der Kunde erst bei Auftragserteilung seine Spezifikation angibt;
- die Zahl der Artikel sehr groß ist, so dass es vom Zeitaufwand her nicht möglich ist, jeden einzelnen Artikel nach Mengen und Terminen zu planen; da bleibt nichts anderes übrig als für die weniger bedeutsamen Produkte ausschließlich eine wertmäßige Planung zu betreiben;
- eine Unternehmung ihre Stücklisten und Arbeitspläne nicht auf EDV gespeichert hat und man infolgedessen rein handwerklich nicht in der Lage ist, aus dem Absatz- und Produktionsprogramm nach Mengen, eine detaillierte Kapazitätsplanung in Stunden für die einzelnen Kostenstellen oder eine Materialbeschaffungs-Rechnung für die einzelnen Materialarten zu machen.

In solchen Fällen hat die Planung (wie gelegentlich nachts der Mond) einen Hof. Die Planansätze gelten nur mit einer gewissen Toleranz. Alles das, was die operative Planung aus den erwähnten Gründen aber nur mit groben Maschen stricken kann, muss die dispositive Planung steuern, wenn es passiert.

Checkliste zum Aufbau einer differenzierten Verkaufsplanung

Die folgende Checkliste soll als Schrittmacher in die strategische und operative Unternehmensplanung dienen:

- Für welche Kunden
  Endverbraucher, Zielgruppen im Markt, Anwendungstypen, auch einzelne Ressorts bei individuellen Kunden (Konstruktion, Produktion, Einkauf), bei öffentlichen Auftraggebern.
- In welchen Gebieten verkaufen wir?
  All Business is local.
- Über welchen Vertriebsweg, Großhandel, Einzelhandel, Filialbetriebe, Versandhäuser, gewerbliche Abnehmer, Banken (z. B. Reisen), Gastronomie (bei Bier), Spitäler (bei Pharma-

produkten), Kioske, Tankstellen, Automaten (Zigaretten), direkt an der Haustür (Heimdienst), Belegschaftsläden?
- mit Hilfe welcher Anwendungsexperten: Ärzte, Architekten, Lehrer (bei Büchern), wissenschaftliche Institute, Materialprüfungsanstalten, Automobiltester, Eltern (bei dem, was Kinder wollen)?
- Gegen welche Mitbewerber: andere Hersteller, Substituts-Technologien (z. B. Nieten, Kleben, Schweißen, Schrauben oder Milch gegen Bier oder Brot gegen Kartoffeln)?
- Welche Produkte: Genre, Produktpersönlichkeit, ins Produkt gebaute Qualität?
- In welchen Darreichungsformen und Packungsgrößen sowie unter Eingehen auf welche Sonderwünsche?
- Zu welchen Preisen in welcher Rabattstruktur Brutto- und Nettopreise, Rabatt-Typen nach Bestellungen, Kundenfunktion, Boni, Rückvergütungen, Treueprämien, Partielieferungen?
- In welchen Mengen? Bei welchen Produktkosten – Wertanalyse möglich?
- Mit welchen Promotionsmaßnahmen: Werbung, Verkaufsförderung, Kundendienst, anwendungstechnische Beratung, Versuchsanlagen, Projekte zur Weiterentwicklung von Problemlösungen, Werbezuschüsse (an Handel), Sponsoring?
- Mit Hilfe welcher Vertriebsorganisation: Reisende, Handelsvertreter, Filialleiter, Regionalleiter im Ausland, Kontaktleute, Lobbyisten, Auslieferungslager, Fuhrpark, Verkaufsfahrer, Schalterdienste, Teamlösungen aus Hausärzten und Fachärzten; Jahres-Listungsgespräche.

Die Budgetkette vom Erfolgsbudget ins Finanzbudget

Die Logik der Checkliste zur Verkaufsplanung folgt wieder einmal der stufenweisen Deckungsbeitragsrechnung. Diese entsteht quasi automatisch durch Beantworten und Protokollieren der Checkliste-Fragen in gegebener Reihenfolge. Das Erfolgsbudget in diesem Rahmen soll die Maßnahmen des Verkaufs, der Produktion, der Materialwirtschaft, der Entwicklung, des Personalwesens zusammenfügen zum Ziel Gewinn, ausgedrückt als Return on Investment.

Die stufenweise Deckungsbeitragsrechnung ist ein Protokollrahmen der operativen Planung. Außerdem führen die Deckungsbeiträge auch zu Fragestellungen im Bereich der strategischen Konzeptionen. Vgl. Sprechblasenschema in Seite 65.

Der Mechanismus der Buchhaltung von Soll und Haben war in all diesen Zusammenhängen nicht gefragt. Das ändert sich indessen, sobald der Baustein des Finanzplans in das Gesamtgefüge der Unternehmensplanung eingesetzt werden soll. Das Budget ist nicht nur daraufhin abzuklopfen, ob das Gewinnziel erreicht ist. Parallel daneben muss die finanzielle Stabilität gesichert sein.

In der Zusammenstellung der finanziellen Konsequenzen der Verkaufs-, Produktions-, Beschaffungs-, Entwicklungs- und Personalplanung mit entsprechenden Investitionen sind zwei Budgettypen festzuhalten: einmal das Budget der Einnahmen und Ausgaben, auch Finanzplan genannt; zum anderen gehört zur Finanzplanung die Aufstellung einer Planbilanz mit ihrer Struktur bei der Mittelverwendung (Aktivseite) und der Mittelaufbringung (Passivseite).
Dabei könnte man sagen, dass das Finanzbudget mit Einnahmen und Ausgaben die operative Finanzplanung enthält. Die Planbilanz bringt die strategische Finanzplanung. Kennzahlen wie das Working Capital oder andere Kennzahlen im Sinne einer goldenen, silbernen oder eisernen Bilanzregel führen zur Frage, durch welche Maßnahmen das Verhältnis des Eigenkapitals zum Fremdkapital verbessert werden könnte. Das geht an die Rechtsform; geht an die Frage, wie groß der Einfluss der Banken sein kann oder soll.

Im Folgenden soll das Prinzip der Budgetkette vom Erfolgsbudget zum Finanzbudget am Fall der Materialplanung geschildert werden. Je nach Finanzkenntnis empfehlen wir diesen Abschnitt nach dem Kapitel Finanzcontrolling noch einmal zu lesen:

Das System der Unternehmensplanung

1. Schritt: Die Materialkosten im Erfolgsbudget der Deckungsbeitragsrechnung:
   Hier sind im Rahmen der Produktkosten des Absatzes auch die (proportionalen) Materialkosten enthalten. Die Deckungsbeitrags- oder Management-Erfolgsrechnung ist eine Absatzerfolgsrechnung.

2. Schritt: Der Materialaufwand im Budget der Gewinn- und Verlustrechnung der Buchhaltung:
   Die Budgetbuchhaltung enthält den geplanten Materialaufwand der Periode. Er unterscheidet sich von den Materialkosten des Absatzes um jene Materialeinsätze, die in der Bestandsveränderung an halbfertigen und fertigen Erzeugnissen sowie in der Veränderung der Werke in der Arbeit stecken. Die Budgetbuchhaltung enthält die Summe der während der Planperiode in den Betrieb gehenden Materialentnahmescheine. Ist die Produktion größer als der Absatz, so ist der Materialaufwand natürlich größer im Budgetjahr als die Materialkosten, die der (niedrigeren) Verkaufsmenge entsprechen.

3. Schritt: Planung der Materialausgaben im Finanzbudget:
   Das Budget der Materialausgaben im Finanzbudget ist höher als der Materialaufwand in der Buchhaltung, wenn in der Planperiode der Bestand an Rohstoffen größer werden soll als zu Beginn. Im Ausmaß des Bestandszuwachses kommen mehr Lieferantenrechnungen (Kreditorenrechnungen) herein, als es den Materialentnahmescheinen für den Materialaufwand entspricht. Die für das Budgetjahr zu planenden Materialausgaben sind aber wieder kleiner um den Betrag, in dem sich die Lieferantenschulden (Kreditoren) in der Budgetperiode erhöhen.
   Angenommen, es würde sich um folgende Zahlen handeln. Die Materialkosten des Umsatzes seien 100.000,-. Der Materialaufwand der Buchhaltung sei wegen einer Erhöhung der Bestände an Halb- und Fertigfabrikaten indessen 150.000,-. Ferner sei angenommen, dass sich die Bestände an Rohstof-

fen erhöhen sollen um 50.000,-. Dazu kommt, dass sich die Lieferantenschulden planmäßig erhöhen sollen um 80.000,-.

4. Schritt: Protokollierung der Bestandsveränderungen in der Bewegungsbilanz:
Aus den bisherigen Positionen ergibt sich bereits eine Bewegungsbilanz im Sinn von Veränderungen auf der Aktiv- und der Passivseite der Bilanz. Mit Hilfe des Zahlenbeispiels lässt sich das besonders plastisch illustrieren: Vgl. die Darstellung im T-Konto (Abb. 6.6). Diese Bewegungsbilanz liefert mit Verknüpfung zur Methodik der Buchhaltung den operativen Finanzplan. Das hat den Vorteil, dass aus den laufenden Buchungen heraus auch ein Plan-Ist-Vergleich zu realisieren ist. Sonst würde der Finanzplan statistisch als ein Budget von Einnahmen und Ausgaben aufgemacht sein.
Im Sinne einer kleinen Kapitalflussrechnung wäre jetzt zu sagen, dass Mittel in die Lager geflossen sind in Höhe von 100.000,-. Aufgebracht wurden Mittel zu 80.000,- aus Lieferantenschulden. Die fehlenden 20.000,- müssten aus einer anderen Finanzquelle hergebracht werden.

5. Schritt: Verknüpfung von Eröffnungs- und Planbewegungsbilanz zur Planschlussbilanz:
Dieser Schritt ergibt sich zwangsläufig durch Hinzufügung der Bewegungszahlen zu den Anfangszahlen der Bilanz. Von da aus wäre rückzukoppeln, ob die finanzielle Struktur sich in vernünftigen Relationen entwickelt. Dass übrigens

Bewegungsbilanz

Mittelverwendung		Mittelherkunft	
Material in Bestandserhöhung HF und FF	50.000	Erhöhung Lieferantenschulden	80.000
Bestandserhöhung Rohstoffe	50.000	Finanzierungslücke	20.000

Abb. 6.6: Mittelverwendung-Bewegungsbilanz-Mittelaufbringung

die Finanzplanung mit der Bilanz verbunden ist, hat seinen Grund auch darin, dass ein Finanzbudget ohne eine Planung der Steuerzahlungen unvollständig ist. Steuern müssen ja in bar bezahlt werden und nicht in unverkauften Erzeugnissen. Für die Ertragsteuerplanung maßgeblich ist aber die Planung der Steuerbilanz. Auch dieser Sachverhalt wäre in die Budgetkette vom Erfolgs- ins Finanzbudget zu integrieren.

Woran man merkt, ob eine Planung – und damit auch ob Ziele – realistisch oder machbar sind

Die folgenden zehn Fragen vermitteln ein Schema genereller Fragen, um eine Planung abzuklopfen oder durchzukneten. Oft wird gefragt, ob eine Planung »stimme«. Damit kann aber nicht gemeint sein, ob sie rechnerisch richtig ist. Es geht doch darum herauszufinden, ob das Budget zusammen mit den Maßnahmen realistisch ist – das heißt, ob man sich, soweit dies für eine operative Planung möglich ist, auf das Geplante verlassen und den Fahrplan zur Ausführung freigeben kann. Ferner sind diese Fragen auch als Checkliste gedacht, ob wir an alles gedacht haben.

- Sind Analysen und Prognosen als Informationsbasis der Planung ausreichend und verlässlich; ist zum Beispiel auch erkannt worden, dass bei der Bedarfsanalyse einerseits Art und andererseits Höhe des Bedarfs der Kunden zu analysieren und zu diagnostizieren ist? Es geht hier um das Abklopfen des Feldes der facts (fact-finding) mit dem Idealbild, bei der Planung dann sagen zu können – es entscheidet sich – auf Grund eindeutiger Sachverhalte in Analyse und Prognose.
- Wurden Alternativen geprüft; dadurch neuer Informationsbedarf ausgelöst? Fragezeichen sind Angelhaken. Auf diese Weise koppelt der 2. auf den 1. Punkt zurück.
- Ist die Planung in sich logisch (plausibel)? Ist zum Beispiel zu erwarten, dass ein Zulieferer zur Fahrzeugindustrie bei größeren Absatzchancen die Verkaufspreise erhöhen kann?

Kapitel 6

Ist nicht der Kunde selbst vielleicht auch der Konkurrent (bei ihm stellt sich die Frage: »Eigenfertigung oder Fremdbezug?«). Logisch wäre höherer Preis und größere Menge beim Verkauf an die Industrie nur, wenn ein besonderes technisches Knowhow besteht – etwa im Werkzeugbau. Oder ist es logisch zu erwarten, dass sich beim Verkauf an den Handel durch Senken der Abgabepreise die Absatzmenge erhöht? Was macht der Wiederverkäufer seinerseits? Gibt er die Reduktion des Einstandspreises an die Endverbraucher weiter?

- Ist die Maßnahme der Preissenkung zur Absatzbelebung nicht erst dann realistisch, wenn sie mit einem Bonus-System verknüpft ist, dass die Zusatzrabatte mit Zusatzmengen verbindet? Schließlich kann man in den Handel nicht bloß reinverkaufen; auch fürs Rausverkaufen (an den Konsumenten) ist Sorge zu tragen.
- Sind strategische Planung und operative Planung integriert, oder wurde eine Entscheidung nur nach dem Rechenergebnis getroffen? Lohnt es sich zum Beispiel, vom Platzgeschäft (Handel, Bank) auf ein Filialunternehmen umzustellen? Die Antwort in Umsatz, Deckungsbeitrag und Kosten findet das operative Budget. Will man das aber auch strategisch? Ein Filialunternehmen fährt eher eine expansive Strategie und müsste eher Vollsortimenter sein, während ein Platzgeschäft besser ein selektives Arbeiten am Markt ermöglichen könnte (ausgewählt dort, wo die eigenen Stärken und Schwächen, verglichen mit jenen der Mitbewerber, als strukturelle Sachverhalte liegen).
- Sind die operativen Teilpläne abgestimmt – Absatz mit Produktion und Beschaffung, mit Personalplan, Investitions- und Finanzplan?
- Sind auch Maßnahmen und Aktionen geplant, oder hat man das Budget einfach rechnerisch bloß hingetrimmt? Das Ziel ist ja bekannt. Also wird solange gerechnet, bis man eine mögliche Variante gefunden hat, bei der in den Zahlen herauskommt, was die Geschäftsleitung sehen will.

Die Zahlen der operativen Budgets bilden das Spiegelbild von

Aufgaben, Tätigkeiten, Maßnahmen und Aktionen – zum Beispiel sind nicht nur 3 % Werbung vom Umsatz zu budgetieren, sondern Projektpläne mit Maßnahmen-Katalogen sind aufzustellen und in ein Projekt-Budget zu übersetzen, das dann mit einer solchen Effizienzrate auf seine Angemessenheit zum Umsatz hin überprüft werden kann.
- Wurde die Planung auch von unten nach oben mit den Mitarbeitern erarbeitet? Eine Planung ist nur realistisch, wenn jeder sich mit seinem Plan auch identifiziert (infiziert). Außerdem koppelt auch dieser Punkt an den ersten an, weil viele Fakten in den Köpfen der Mitarbeiter zu Hause sind, aber für den Entscheidungsprozess in der Unternehmensplanung oftmals nicht richtig aktiviert werden.
- Hat's also der bzw. die gesagt, der bzw. die zuständig ist?
- Passt das Jahresbudget auch in die Mehrjahreskonzeption, oder gibt's den hockey stick Effekt?
- Besteht neben der Planung nach Produktgruppen eine kundenbezogene Auftragseingangsplanung? Auch dies koppelt an die Frage 1. Customer focus als das Denken vom Kunden her. Marketing als – to be with the Customer – (Peter Drucker) und deshalb orientiert sein, was läuft. Marketing und Controlling sind daher Zwillingsschwestern.

7.

Fallsstudie zum System der Management-Erfolgsrechnung als Controlling Workplace für den Manager

Controlling heißt:
1. dafür sorgen, dass keine Verluste entstehen, sondern Gewinn erzielt wird;
2. das tägliche Geschehen mit Zielen und Planungen verknüpfen und beizeiten für Korrekturmaßnahmen sorgen.

Also ist für einen Controlling-Bericht typisch, dass er
1. eine Erfolgsrechnung enthält;
2. Plan und Ist gegenüberstellt.

In der Zusammenarbeit zwischen Manager und Controller sollte der letztere die Zahlen liefern. Der erstere muss mit den Zahlen arbeiten; das heißt die entsprechenden Maßnahmen ergreifen. Dabei sollte der Controller dem Manager als Einrichter dienen – so wie ein guter Werkzeugmacher auch nicht bloß Werkzeuge hat, sondern dabei mithilft, wie mit ihnen in der Produktion sachgerecht etwas zustande kommt.

Management-Erfolgsrechnung, Vertriebsorganisation und Vertriebsziele

Da wurde für die Schokoladefabrik geprüft, ob es möglich ist, eine Spartengliederung nach Tafeln und Pralinen einzurichten. Das war zu verneinen. Innerhalb des Verkaufs besteht eine

Matrixorganisation; die Unternehmung ist funktional geordnet nach Absatz, Produktion und Beschaffung.

Die Buchstaben in der Abweichungsanalyse auf Abb. 7.2, S. 184 drücken aus:
- G = Generaldirektor
- S = Sozial- und Personalwesen
- A = Absatz
- B = Betrieb
- F = Finanzen und Betriebswirtschaft
- E = Einkauf.

Ziel des Absatzes ist in Abbildung 7.2 der Deckungsbeitrag III. Erreicht worden sind im 1. Halbjahr 6.261 zuzüglich 381 günstige Abweichung aus dem Soll-Ist-Vergleich bei den Vertriebskosten. Diese Verbrauchsabweichung ergibt sich gegenüber der Zahl von 4.265, die in Abb. 7.2 nach dem Deckungsbeitrag II steht. Hierbei handelt es sich um die für das erste Halbjahr budgetierten Kosten der Vertriebsorganisation – hauptsächlich Personalkosten –, die im Ist bis 30.06. um 381 unterschritten werden konnten.

Die Gegenüberstellung zwischen dem Budget fürs erste Halbjahr und dem Ist sieht für den Vertrieb so aus:

	Budget	Ist
Deckungsbeitrag I	20.925	19.284
– Marketingkosten	8.500	8.758
Deckungsbeitrag II	12.425	10.526
– Vertriebskosten	4.265	3.884
Deckungsbeitrag III	8.160	6.642
Nicht erreicht:	1.518	

Abb. 7.1: Gegenüberstellung 1. Hj. und Ist Vertrieb

Der budgetierte Deckungsbeitrag I wurde errechnet aus den für das erste Halbjahr geplanten Absatzzahlen, multipliziert mit dem geplanten Deckungsbeitrag je Kilogramm aus Abbildung 7.3. Im Ist wurde der Deckungsbeitrag I mit denselben Standard-Prokos

1. Teil: Verkaufserfolgsrechnung in T EUR

Artikelgruppen	Menge in t			Netto-Erlöse	Proport. Kosten	DB I	DB %	Marketingk./Handelsförd.	DB II
	Jahres-Budget	Budget 30.6.	Verkauf IST						
Tafeln massiv	4.800	2.000	3.000	23.121	13.500	9.621	42,0	2.237	7.384
Gefüllte Tafeln	1.200	500	800	5.853	3.000	2.853	48,6	398	2.455
Riegel	2.400	1.000	500	5.111	2.500	2.611	49,0	2.456	155
Pralinen	1.200	500	300	7.861	5.400	2.461	31,2	2.813	- 352
Kakao-Sofort-Getränke	2.400	1.000	1.010	4.061	2.323	1.738	42,0	854	884
Alle Produkte	12.000	5.000	5.610	46.007	26.723	19.284	42,0	8.758	10.526

– Vertriebskosten (= ½ der budgetierten Jahreskosten)   4.265

= Deckungsbeitrag III   6.261

– Produktionsfixe Kosten (= ½ der budgetierten Jahreskosten)   3.000

= Deckungsbeitrag IV   3.261

– Verwaltung und Sozialdienst (= ½ der budgetierten Jahreskosten)   2.000

= Standardergebnis   1.261

– Return on investment (= ½ der budgetierten Jahresziels)   3.080

= Management Erfolg vor Abweichung   -1.819

Abb. 7.2: Management-Erfolgsrechnung per 30.06. des laufenden Jahres, Teil 1

Fallsstudie zum System der Management-Erfolgsrechnung

2. Teil: Abweichungs-Analyse bei den Kosten in T EUR

Management-Erfolg vor Abweichung		G	S	A	B	F	E	
1. Verbrauchsabweichungen		+233	−44	+381	−462	+10		−1.819
2.1 Rohstoffe	} Material-Preisabweichung						+899	+118
2.2 Ausstattungen							+443	+1.342
3.1 Rohstoffe	} Material-Mengenabweichung				+340			
3.2 Ausstattungen					−9			+331
Management-Erfolg mit Abweichung								−28

Die Größe »Management-Erfolg« entspricht dem sog. »Betriebsergebnis«. Allerdings ist das Gewinnziel in der Erfolgsrechnung behandelt worden wie Kosten. Die Zahl −28.000 heißt »nicht erfülltes Ziel«. Wäre die Planung genau mit Hilfe der Steuerung aufgegangen, müßte hier »0« stehen. Dieser Management-Erfolg wäre nun mit dem Bilanzergebnis abzustimmen, wobei alle die Posten als Unterschiede erscheinen, die aus handels- und steuerrechtlichen Gründen sowie wegen der Periodenabgrenzung im Jahresabschluß anders erscheinen als im Controller Bericht.

Abb. 7.2: Management-Erfolgsrechnung per 30.06. des laufenden Jahres, Teil 2

Kapitel 7

Produkt-Gruppe	Standard-Grenzkosten je kg	Darin Rohstoffe je kg	Darin Ausstattung je kg	Conchen-Stunden je t	Arbeits-Stunden je t	Plan-Netto-Verkaufspreis je kg	Plan-Deckungs-beitrag/kg	Ist-Netto-Verkaufspreis je kg
1	2	3	4	5	6	7	8	9
Tafel massiv	4,50	3,—	0,50	24	50	8,50	4,—	7,70
Tafeln gefüllt	3,75	2,—	0,50	15	100	8,—	4,25	7,31
Riegel	5,—	3,—	1,—	10	80	10,—	5,—	10,22
Pralinen	18,—	8,40	4,70	10	220	26,20	8,20	26,20
Kakao-Sofort	2,30	1,16	0,60	—	40	4,—	1,70	4,01

Sämtliche Zahlen der Strategieliste stammen aus der Standardkalkulation der Artikel.

In den Standardkalkulationen ist im einzelnen registriert, welche Rohstoffmischungen und Ausstattungs-Stücklisten bestehen sowie mit welchen Ausbeuten und Verlustraten standardgemäß gerechnet wird – sowohl in der Kalkulation wie bei der Planung von Produktion und Beschaffung. Ferner geht daraus der Fertigungsplan hervor mit den Standardbelegungszeiten auf allen Kostenstellen. Auch spannt die Kalkulation ein Netz stufenweiser Soll-Deckungsbeiträge zwischen den Grenzkosten und dem Plan-Netto-Verkaufspreis, so daß zu sehen ist, welcher Teil des erforderlichen Deckungsbeitrags für welche Teile der Fixkosten nötig ist. Die Grenzkostensätze könnten auch »Proko-Sätze« heißen.

Abb. 7.3: Kalkulationszahlen (Stückrechnung)

(prop. Kosten) ermittelt, wie sie auch für die Erstellung des Budgets benutzt worden sind. Abweichungen der Kosten gegenüber den Plan-Prokos zu Standards sind in der Abweichungsanalyse unter den Materialabweichungen sowie den Verbrauchsabweichungen im Bereich B – also bei den Fertigungskosten – zu finden. Diese Abweichungen, um die sich primär die Ressorts von B und E zu kümmern haben, sind dem Absatzbereich gegenüber abgegrenzt. Im Vergleich zwischen Soll und Ist beim Deckungsbeitrag III stecken nur Größen, auf die die Absatzleitung direkt Einfluss hat.

Analyse der Abweichungskomponenten für den Vertrieb nach Absatzmengen, Verkaufspreisen und Sales Mix

Der Unterschied zwischen dem budgetierten und dem im Ist erreichten Deckungsbeitrag I beträgt 20.925 (Budget) minus 19.284 (Ist) = 1.641. In dieser Abweichung stecken drei Komponenten:

1. Unterschiede in den Absatzmengen (erreicht worden sind 5.610 Tonnen statt der budgetierten 5.000 Tonnen);
2. Verschieden hohe Verkaufspreise gegenüber der Planung (vgl. Abb. 7.3);
3. Verschiebungen in der Sortimentsstruktur.

Welcher Teil der Deckungsbeitragsabweichung rührt woher? An sich würden sich auch Unterschiede bei den Produktkosten im Deckungsbeitrag I auswirken. Doch – wie schon gesagt – diese Kostenabweichungen betreffen zunächst nicht den Verkauf. Zwar muss der Verkauf diese Abweichungen kennen, damit er die Entscheidungen in seinem Bereich entsprechend ändern kann; aber er kann diese Teile der Kosten nicht direkt beeinflussen.

Die drei Vertriebskomponenten im Deckungsbeitrag I lassen sich wie folgt auseinanderdividieren:

- Es handelt sich um die verkaufspreisbedingte, sortiments- und die mengenbedingte Einwirkung auf den Unterschied zwischen geplantem und erzieltem Deckungsbeitrag I – bei standardisierten Produktkosten in Plan und Ist.

■ Die Abweichung bei den Verkaufspreisen ist ungünstig. Das ist klar. Bei den Tafeln konnten die Verkaufspreise nicht gehalten werden (vgl. Abb. 7.3, Spalten 7 und 9). Die Sortimentsabweichung ist ebenfalls nicht zum Vorteil ausgefallen. Die Pralinen, die einen höheren Deckungsbeitrag je Kilogramm besitzen, fielen im Anteil am Sortiment zurück. Nur das Gesamtvolumen hat sich vorteilhaft verschoben.

	T EUR
Ist-Umsatz	46.007
− Ist-Absatz zu geplanten Verkaufspreisen (Abb. 7.3, Spalte 7)	48.800
Preisabweichung	2.793
Erzielter Deckungsbeitrag I	19.284
zuzüglich Verkaufspreisabweichung	2.793 ungünstig
Als-ob-Deckungsbeitrag, falls zu den geplanten Preisen verkauft worden wäre:	22.077
− Ist-Absatz, multipliziert mit dem durchschnittlichen Deckungsbeitrag je kg gemäß Plansortiment von 4,18; also 5.610 t × 4,18/kg	23.450
= Sortiments-Abweichung	1.373 ungünstig
Als-ob-Deckungsbeitrag bei Planpreisen und Plansortiment	23.450
− Plan-Deckungsbeitrag I	20.925
= Mengenabweichung	2.525 günstig

Abb. 7.4: Abweichungsanalyse

Bei dieser Rechnung wurde die Sortimentskomponente mit dem durchschnittlichen Deckungsbeitrag je Kilogramm eliminiert. Wenn nämlich die Verkaufspreise gleich – oder gleich gemacht – sind und die Produktkosten als Standards auftreten, kann eine Änderung im Durchschnittsdeckungsbeitrag nur von Sortimentsverschiebungen herrühren. Aber man könnte den Durchschnitt auch in Prozent ausdrücken. Besser ist jedoch der Deckungsbeitrag je

Erzeugniseinheit, weil das mit der Sortimentspriorität verknüpft. Nicht, dass man einfach sagt, in Abb. 7.2 sind die Pralinen am schlechtesten, weil die Spanne am niedrigsten ist.

Abweichungen und Abweichungsbericht

Der Saldo der ungünstigen Abweichung im Deckungsbeitrag III des Absatzes setzt sich aus folgenden Komponenten zusammen:

	Günstig	Ungünstig
Verkaufspreise		2.793
Absatzmengen	2.525	
Sortiments-Struktur		1.373
Marketingkosten (Sachkosten)		258
Vertriebskosten (Personalkosten)	381	
	2.906	4.424
Saldo		1.518

Abb. 7.5: DB III Abweichung Absatzchef

Wie fragt jetzt die Generaldirektion die Verantwortlichen des Absatzes nach ihrer Abweichung? Fragt er oder sie, woran dieses Minus gelegen hat, kommt bestimmt der Hinweis, dass es unzulässig sei, die Vertriebskosten für das erste Halbjahr einfach zu halbieren. Schließlich ist das Verhältnis in der Saison vom 1. zum 2. Halbjahr 5 zu 7.

Bis 30.06. war das Budget nämlich 5.000 Tonnen, fürs ganze Jahr aber sind es 12.000 Tonnen. Also gehören 7.000 Tonnen ins zweite Halbjahr, und demzufolge hätte man auch die Kosten entsprechend ansetzen müssen.

Ferner sind bestimmt in den im Ist ausgewiesenen Marketing-Kosten von 8.758 Fälle, bei denen Werbemaßnahmen vorbereitet worden sind, (wie z.B. Druck von Prospekten), die auch noch im 2. Halbjahr wirken oder erst dann gebraucht werden. Also wären eigentlich Teile der Ist-Kosten fürs 2. Halbjahr abzugrenzen gewesen, was die Kosten des 1. Halbjahrs vermindert hätte – wenigstens optisch.

Solche Maßnahmen nennt man auch window dressing. Die Schaufenster werden herausgeputzt. Für die Unternehmung selbst hat sich aber dadurch keine Veränderung bei den Einnahmen ergeben. Gewiss ließen sich die Kosten unterschiedlich für das 1. und 2. Halbjahr ansetzen, wenn auch die Projektplanung entsprechende Höhe- und Tiefpunkte hat. Aber bei den Gehältern besteht kein sachlicher Grund, etwas anderes zu tun, als sie bei der Bemessung des Halbjahres-Solls zu halbieren.

Vor allem soll die Managementrechnung ein Spiegelbild abgeben für das, was geschehen ist. Die Manager kennen doch ihre Sachverhalte. Sie wissen doch alle, dass die beiden Jahreshälften nicht gleich gut sind. Richtet man sich die Zahlen so hin, wie man sie sehen will – vor allem ohne ungünstige Abweichungen – so verhält man sich wie ein Autofahrer, der seinen Geschwindigkeitsmesser auf Wunsch statt auf Realität einstellen lässt.

Gibt es tatsächlich eine Saure-Gurken-Zeit, so muss sich auch in den Zahlen als Saure-Gurken-Zeit ausweisen. Gibt es langfristige Einzelfertigung, so muss auch in den Zahlen spürbar werden, dass ein Deckungsbeitrag zunächst nicht entsteht. Treten gewisse Kosten wie Reparaturen stoßweise auf, so sollte es auch stoßweise Abweichungen geben. Das Controlling lebt im Soll-Ist-Vergleich. Das Budget repräsentiert bereits eine Norm. Dadurch wird auch verhindert, dass man z. B. Kalkulationen von Verkaufspreisen auf Zufälligkeiten aufbaut. Warum soll dann auch noch das Ist eingeebnet und geglättet werden?

Der Wunsch nach solchen Abgrenzungen stammt einerseits aus dem reinen Zeitvergleich. Gewiss ist es störend, wenn man zwei Quartale miteinander vergleicht, wenn dann atypische Vorgänge das Bild verzerren. Aber nicht der Zeitvergleich ist kennzeichnend fürs Controlling, sondern der Plan-Ist-Vergleich.

Abweichungen sind gerade das, was zum Controlling gehört. Die Steuerung mit Korrekturzündungen wäre nicht nötig, wenn keine

Abweichungen aufträten. Die Spielregeln des Management by exception funktionierten nicht, wenn man die effektiven Zahlen so hinrichten würde, wie es geplant ist – bloß damit es Abweichungen nicht gibt.

Will man den ehrlichen Prozess mit den Abweichungen, dann ist besonders wichtig für das Management, die Berichtsregeln zu respektieren, die bereits in der Fallstudie zum Soll-Ist-Vergleich geschildert worden sind. Es hat der Sache nach nicht soviel Sinn, in der Vergangenheit zu bohren und das demotiviert die Mitarbeiter.

Das Management sollte sich also weniger erkundigen, woran die Abweichung gelegen hat, sondern was bis Ende des Jahres noch möglich sein wird, ob das gesteckte Ziel zu erreichen ist – sowie mit welchen besonderen neuen Maßnahmen im Sinne der dispositiven Planung?

Zielsetzung und Erfolgsrechnung für die Unternehmung

Die Abbildung 7.2 zeigt das System einer Management-Erfolgsrechnung. Die Rechnung endet mit dem Management-Erfolg. Das entspricht dem, was häufig auch mit Betriebsergebnis bezeichnet wird. Es handelt sich um das operative Resultat. Management-Erfolg wird diese Erfolgszahl deshalb genannt, weil sich in ihr ausdrücken soll, was das Management zustande gebracht hat.

Dem steht das Bilanzergebnis gegenüber, in dem sich auch steuerrechtliche Sachverhalte niederschlagen. Diese Überlegungen haben mit dem Erfolg der operativen Bereiche aber nichts zu tun. Die Bilanz folgt mehr der Rechenschaftslegung und Gewinnverteilung. Vereinfacht könnte man sagen, dass sich die Bilanz mit der Verteilung des Fells des Bären befasst; die Managementerfolgsrechnung hingegen damit, wer womit und wie den Bären erlegen soll. Management-Erfolgsrechnung und Bilanzrechnung können durch eine Abstimmbrücke verbunden werden.

Der Management-Erfolg endet im 1. Halbjahr mit einem Verlust von 28 T EUR. Es handelt sich jedoch nicht um einen Verlust. Die Zahl –28.000 bedeutet, dass das Ziel des 1. Halbjahrs um diesen

Betrag verfehlt worden ist. Das Gewinnziel selbst ist nämlich in der Erfolgsrechnung behandelt worden, als ob es sich um Kosten handeln würde. Das Return on Investment-Ziel ist vor der Abweichungsanalyse ausgewiesen worden mit einem Halbjahres-Soll von 3.080. Es handelt sich um die Hälfte des Gewinnziels über ein Gewinnbedarfsbudget in Höhe von 6.160 pro Jahr.

Würde es haargenau gelungen sein, dieses Ziel zu erfüllen, müsste in der Position Management-Erfolg eine Null stehen. Die Zahl »0« kann dabei behandelt werden im Sinne des Buchstabens »O« für Objective – Ziel des Managements. Das Kapitalziel wurde mit hereinverdient. So würde ein positiver Managementerfolg einen Übergewinn, einen Wertbeitrag im Sinne von Economic Value Added™ darstellen.

Häufig wird übrigens gesagt, dass es doch wunderbar sei, wie ein Budget gestimmt habe: »Wir hatten praktisch keine Abweichung.« Das gerade ist typisch für gutes Controlling. Erfolgreiche Controllingprozesse laufen so, dass die auftretenden Abweichungen so gesteuert werden, dass trotz ständiger Turbulenzen doch das Ziel erreicht wird.

Voraussetzung indessen, dass ein solcher Controlling-Prozess elastisch funktioniert, ist aber auch, dass sich die Manager bei Abweichungen auf Zuruf verständigen. Nicht nur die Budgets sind zu koordinieren; auch die Abweichungen sind miteinander zu verzahnen. Aufgabe des Controllers wäre es ganz besonders, die Abweichungen zu koordinieren und die Korrekturzündungen in eine koordinierte Erwartungsrechnung hinüber zu begleiten. Die sachliche und psychologische Seite dazu ist in der Fallstudie zum Soll-Ist-Vergleich bereits ausführlich geschildert worden.

Wer ist Profit Center im Vertrieb?

Koordinierung von Budgets, Zielen und Abweichungen setzt voraus, dass jeder die Informationen hat, die ihn betreffen. Das ROI-Ziel der Unternehmung hängt in den Wolken, wenn nicht jeder seinen Beitrag kennt, den er dazu leisten soll. Sinngemäß gilt das auch für das Berichtssystem bei den Abweichungen.

Wer ist im Beispiel der Schokolade GmbH Profit Center im Vertrieb? Sicherlich der Absatzvorstand selbst. Die Analyse der Komponenten des Deckungsbeitrags III betraf deren Zielbeurteilung. Ferner wären die Produktmanager Profit Center-Chefs für die fünf Produktlinien. Für sie ist in Abbildung 7.2 ein Deckungsbeitrag II ausgewiesen, der nach Ansatz der von ihnen geplanten und gesteuerten Werbekosten angesetzt ist.

Nicht ersichtlich ist aus der Management-Erfolgsrechnung, ob auch die Gebietsverkaufsleiter als Profit Center-Chefs angesprochen sind. Dazu müsste die Rechnung mit den Deckungsbeiträgen auf die Verkaufsgebiete umsortiert werden. Der Deckungsbeitrag II erschiene dann gemäß Gebiet über alle Produkte, die dort verkauft worden sind. Abzuziehen wären die gebietsdirekten Kosten, die auf der Kostenstelle der Gebietsverkaufsleiter budgetiert und im Ist gesammelt worden sind. Übrigens bildet die Zahl 4.265 zwischen Deckungsbeitrag II und Deckungsbeitrag III in Abbildung 7.2 die Summe der auf allen Vertriebskostenstellen im Außen- sowie im Innendienst budgetierten Kosten.

Denkbar wäre, dass nur die Produktmanager bis jetzt den Deckungsbeitrag als laufende Controlling-Information ausgehändigt erhalten, die Gebietsverkaufsleiter und ihre Mitarbeiter im Außendienst hingegen noch nicht. Grund: Die Gebietsverkaufsleiter und die Reisenden verhandeln mit den Kunden. Sie sind direkt in der Gefahr, Rabatte zu geben. Die Produktmanager sind mehr Strategen am Schreibtisch. Sie verhandeln in der Regel nicht direkt mit den Kunden.

Ziel und Soll-Ist-Vergleich des operativen Verkaufs bestünden dann in Stückzahlen, Verkaufspreisen und Einhaltung der budgetierten Vertriebskosten. Der Absatzvorstand hätte das Ergebnis der Zerlegung seiner Deckungsbeitragsabweichung in einzelne Komponenten mit seinen Mitarbeitern durchzusprechen. Damit auch der Außendienst dann weiß, dass Umsatzbetrag nicht gleich

Umsatzbetrag ist, wäre eine Orientierungstabelle zu benutzen, welche Produkte die besseren Deckungsbeitragsbringer sind. Auf diese Weise fließt auch die Priorität nach Deckungsbeiträgen in die Steuerung nach Stückzahlen im Vertrieb ein – nicht dass Best-Seller- und Best-Earner-Liste zu weit auseinanderklaffen.

Wo hat die Produktion ihre Controlling-Informationen?

Ziele der Produktion sind zum Beispiel in Abbildung 7.3 zu erkennen. So bildet die Prozesszeit, eine Tonne Pralinen in 220 Stunden herzustellen oder die Tonne Schokolade mit 24 Stunden je Tonne zu conchieren (Rühren der Schokoladmasse), das Ziel für den Betrieb. Ferner soll der Betrieb die Materialstandards nach Mischungen und Ausbeuten einhalten.

Typisches Controlling-Werkzeug der Produktion ist die flexible Plankostenrechnung, dessen Mechanik im 3. Kapitel bereits vorgestellt worden ist.
Zuerst wird dem Betrieb sicherlich die Abweichung in seiner Spalte ins Auge stechen. Vor allem weil sie negativ ist. Meist fühlt man sich durch ungünstige Abweichungen besonders herausgefordert, während man vielleicht günstige für selbstverständlich und erwünscht hält.
Angenommen, die Abweichung in Höhe von –462 bestünde hauptsächlich aus den Kostenarten Löhne und Reparaturen. Was kann der Grund dafür sein? Hat der Betrieb zuviel verbraucht?
Keinesfalls ist er deshalb mit seinen Kostenvorgaben nicht ausgekommen, weil mehr Tafelschokoladen gelaufen sind. Das Werks-Controlling wäre nicht in Ordnung, wenn man einem Chef im Betrieb negative Abweichungen vorhielte, weil er einen größeren Ausstoß gehabt hat. Nach der Technik des flexiblen Kostenbudgets ginge die Kostenvorgabe entsprechend der proportional zum Volumen budgetierten Kosten mit hoch.

Genau das Umgekehrte ist im Beispiel der Fall. Die Abweichung ist deshalb entstanden, weil die Pralinenfabrik nicht voll beschäftigt war, aber die Mitarbeiter nicht entlassen worden sind.

Fallsstudie zum System der Management-Erfolgsrechnung

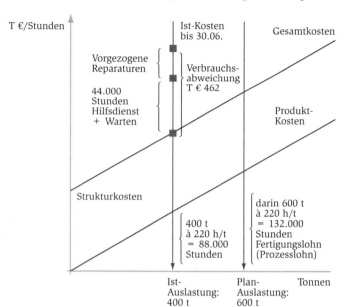

Abb. 7.6: Flexibles Kostenbudget mit »Rückwärtsgang« in der Pralinenfabrik

Abbildung 7.2 zeigt, dass im 1. Halbjahr statt der 500 Tonnen Pralinen im Absatzbudget nur 300 Tonnen verkauft worden sind. Der Produktionsplan sah die Herstellung von 600 Tonnen Pralinen bis 30. Juni vor; also die Hälfte des Jahresbedarfs. Liegen jetzt zum 30.6. 300 Tonnen Pralinen auf Lager?

Wahrscheinlich nicht. Die Qualität leidet; außerdem reichen vielleicht die Lagerflächen nicht aus; ferner sind die Lager zu finanzieren, was bei den Pralinen wegen des höheren Wertes je Kilogramm entsprechend teurer ist als etwa bei den Riegeln.

Nehmen wir deshalb an, die Produktion sei auf 400 Tonnen zurückgefahren worden. Dann geben die Soll-Ist-Vergleiche auf den Kostenstellen der Pralinenfabrik das in Abbildung 7.6 zusammengefasst dargestellte Bild. Die Planauslastung betrug 600 Tonnen. In den Produktkosten (prop. Kosten) stecken für diese 600 Tonnen

Kapitel 7

132.000 Stunden an Prozesszeit samt dem dafür erforderlichen Fertigungslohn.

Im Rückwärtsgang auf eine Ist-Auslastung von 400 Tonnen reduziert sich die Vorgabe an Fertigungslohnstunden. Gemäß dem Standardverfahren sind 220 h/t nötig. Für 400 Tonnen »Output« erhält der Betrieb eine Stundenvorgabe von 88.000 Stunden. Diese Stundensumme steckt in den Sollkosten.

Wo sind aber die 44.000 fehlenden Stunden? Sie sind doch mit Mitarbeitern verbunden. Im Beispiel ist angenommen, dass die Fabrik einfach langsamer gearbeitet hat, oder dass gereinigt worden ist – oder dass die Mitarbeiter einfach dagestanden und einen guten Eindruck gemacht haben. Sie wurden nicht entlassen. Falls es ein Lohnsystem mit Vorgabezeiten gibt, würden die 44.000 Stunden auf Hilfslohn umkontiert worden sein. Sonst stehen eben der Kostenart Löhne im Ist verminderte Vorgaben gegenüber. Die 44.000 Stunden bilden costs of idle capacity, Kosten der Unterauslastung.

Da die Absatzleitung ständig damit rechnet, dass die massiven Werbemaßnahmen für die Pralinen doch noch durchschlagen auf dem Markt, hat der Betriebschef niemand entlassen, wohl aber Reparaturen vorgezogen. Dadurch waren weitere Kostenabweichungen bedingt. Die Mitarbeiter, die für die Pralinenfertigung zuständig sind, können Reparaturen nicht machen – höchstens Hilfsdienste leisten, was sie sicherlich auch getan haben werden. Es sind jedoch zusätzlich Stunden von Maschinenschlossern und Elektrikern nötig, ferner Fremdleistungen und Ersatzteile. Also entstehen weitere Kosten im Ist, denen im 1. Halbjahr keine Vorgabe gegenübersteht.

Fragt das Management wieder, woher die Abweichung im Betrieb stammt, sagt der Betrieb sicher, dass er es nicht gewesen sei. Die Kollegen vom Absatz hätten ihn hängen lassen. Die sind dran schuld. Also hat diese Frage nicht viel Sinn. Wie geht es weiter, ist wichtiger! Entweder der Absatz holt jetzt endlich die Auslastung der Fabrik – notfalls auch mit Preissenkung – oder die Personalabteilung erhält den Auftrag, einen Sozialplan für die Pralinenfabrik einzuleiten.

Dieses Beispiel illustriert auch deutlich, dass man Abweichungen nicht nur mit einem einzelnen Ressorts erörtern kann. Meist muss der Controller als Abweichungsmoderator zusätzliche Bereiche hinzuziehen. Ausgehend von der Produktion ist mit dem Vertrieb sowie mit der Personalleitung zu diskutieren, obwohl der Betrieb den Ball zuerst auf dem Fuß hatte. Er muss ihn ins Team bringen, damit die Mannschaft ihre Torziele erreicht.

Günstige Abweichungen sind nicht immer ein gutes Zeichen

Auf den ersten Blick in Abbildung 7.2 könnte sich der Absatz angesichts der Abweichungsanalyse freuen, während der Betrieb sich unangenehm berührt fühlen müsste. Ersterer hat eine günstige, letzterer die geschilderte ungünstige Verbrauchsabweichung auf seinen Kostenstellen.

Jetzt hat sich aber schon herausgestellt, dass die Kostenüberschreitung im Betrieb gar nicht die Schuld des Betriebes ist und von ihm allein gar nicht repariert werden kann. Dagegen signalisiert die günstige Abweichung in den Kosten vom Absatz ein erhebliches Steuerungsproblem.

Der Absatz an Riegeln – kleine Stückartikel, die man an Kiosken und Tankstellen kaufen kann – hängt im l. Halbjahr zurück. Diese Produkte sind im Sortiment wahrscheinlich einem hohen Wettbewerb ausgesetzt. Das sieht man daran, dass in Abbildung 7.2 in der Verkaufserfolgsrechnung der Anteil der Werbekosten, bezogen auf den Umsatz, hier besonders hoch ist.

Vor allem aber sind solche Produkte distributionsintensiv. Sie müssen an vielen einzelnen Verteilerstellen zu finden sein. Dazu ist auch ein breiter Außendienst nötig. Könnte es sein, dass die günstige Abweichung von 381 daran liegt, dass man Planstellen für einen Sondervertrieb Riegel zwar budgetiert, die Mitarbeiter dazu jedoch nicht rechtzeitig erhalten hat? Dann fehlen diese Gehälter; dazu fehlen die Tonnen im Absatz. Außerdem hat der Absatz die Werbemaßnahmen durchgeführt, ohne dass die Schlagkraft des Sondervertriebs auf dem Markt sichtbar werden konnte. Da niemand auf solche kleinen Schokoladeriegel wartet, hat der Absatz wahrscheinlich für die Mitbewerber geworben.

Dispositive, operative und strategische Planung im Soll-Ist-Vergleich

Bei den Tafeln wurde mehr verkauft als geplant. Angenommen, die Produktion hätte im 1. Halbjahr die Hälfte des Jahresbedarfs von 4.800 Tonnen hergestellt. Unterstellt wird ferner, sie hätte das im 3-Schicht-Betrieb gemacht. Verkauft worden sind 3.000 Tonnen. Wo kamen die 600 Tonnen her, um die der Absatz höher liegt als die Produktion?

Sie könnten aus dem Lager gekommen sein, das zu Jahresbeginn vorhanden war. Man könnte Zukäufe veranlasst haben. Oder die Rühr- und sonstigen Prozesszeiten wurden einfach gekürzt. Dabei handelt es sich um eine dispositive Planung. Die Produktion hat elastisch reagiert. Frage: Wurde dadurch nicht versehentlich auch die Qualität der Ware geändert? Natürlich kann man fragen: »Wer merkt schon so etwas?« Aber viele kleine Änderungen in der dispositiven Planung (beim Herumrennen) geben vielleicht auf einmal (womöglich ungewollt) ein neues strategisches Produktkonzept. Zu welchem Genre gehört die Schoko GmbH in unserer Fallstudie? Ist sie gehobener Markenartikler? Welche Zielgruppe spricht sie an? In welchem Preisband ist unsere Schokolade angesiedelt? VW- oder Rolls Royce-Schokolade? Schmeckt sie noch so wie sonst?

Jedenfalls hat der Verkauf die Preise gesenkt. Das hat sich im Absatz günstig ausgewirkt. Der geplante Deckungsbeitrag bei den Tafeln massiv von 2.000t × 4,– Deckungsbeitrag je kg = 8.000 wurde mit 9.621 im Ist erheblich übertroffen. Die Nachfrage hat also preisempfindlich reagiert. Allerdings ist zu fragen, ob die Preissenkung vielleicht damit zusammenhängen kann, dass der Anteil von Großkunden und Organisationen sich erhöht hat. Ferner wäre es für den Absatz wichtig zu wissen, ob die 3.000 Tonnen nur

mit Aktionen im Preis in den Handel hineinverkauft worden sind, oder ob sie auch an die Konsumenten herausverkauft sind. Die Aussichten fürs 2. Halbjahr sind sicher nicht so gut, wenn der Mehrabsatz noch in den Regalen der Händler lagert.
Anlass für die Verkaufspreissenkung war auch die Senkung der Einkaufspreise. Im Einkaufsressort hat sich eine günstige Abweichung bei den Rohstoffpreisen herausgebildet (die aber auch nur daran liegen kann, dass der Einkauf sich bei seiner Planung warm angezogen und Sicherheitspolster gelegt hat). Setzt sie sich fort? Falls nein, ist die Senkung der Verkaufspreise vielleicht kritisch. Wäre es strategisch besser gewesen, die Abweichung dispositiv in Qualitätsverbesserung oder in mehr Werbung und Handelsförderung umzusetzen statt in eine Preissenkung?

Ferner zeigt sich im Bereich des Betriebes eine günstige Abweichung bei den Materialeinsätzen der Menge nach. Wurde hier gespart? Hat man die Mischungen dispositiv so verschoben, dass der Anteil von Rohstoffen, die billiger sind, in der Rezeptur zunimmt? Dann könnte sich ein fataler Zyklus eröffnet haben: Der Verkauf senkt die Preise; der Betrieb antwortet mit Reduktion von Qualität bei den Materialeinsätzen und bei der Verkürzung von Prozesszeiten. Anschließend der Absatz eventuell wegen reduzierter, für die Kunden spürbar schlechter gewordener Qualität gezwungen, die Preise nochmals herunterzusetzen. Vielleicht verliert man auf diese Weise die alten Kunden, die anständige Schokolade von unserer Firma erwarten, gewinnt aber die neuen nicht hinzu, weil sie die Meinung haben, unsere Marke sei relativ teuer. Die Planung hat, wie im Kapitel Unternehmensplanung erörtert, mehrere Dimensionen. Es ist gefährlich, wenn man sie im Hasten des Alltags miteinander verwechselt.

Materialmengenabweichungen

Ermittelt werden sie nach folgender Formel: Ist-Ausstoß an Fertig- und Halbfabrikaten, multipliziert mit den Rezepturfaktoren (Mischungsverhältnissen) sowie den Verlustfaktoren (Ausbeuten), ergibt Soll-Einsatz an Rohstoffen und Halbfabrikaten; minus der Ist-Einsatz an Rohstoffen und Halberzeugnissen ergibt die Materialmengenabweichung in Gewichtseinheiten; multipliziert mit den Standardeinstandspreisen oder Standardgrenzherstellkosten bei selbst erstellten Vorprodukten führt zur Materialmengenabweichung in Geld.

Damit der Chef, die Chefin des Betriebs diese Abweichung segmentiert erhält, sind Materialbereiche zu bilden, die für die Materialkosten eine ähnliche Funktion haben wie die Kostenstellen für die Fertigungskosten. Um der Materialabweichung nachgehen zu können, muss dargestellt werden, in welchen Materialarten, für welche Produkte und in welcher Fabrikationsstufe sie auftreten. Praktisch sind solche Materialbereiche so zu bilden, dass sie sich dem Gang der Fabrikation einfügen. Vor allem muss es am Eingangs- und am Ausgangstor eines solchen Bezirks fürs Material-Controlling Wiege- oder Zählvorgänge für Ist-Ausstoß und Ist-Einsatz geben.

Materialpreisabweichungen

Sie liefern den Unterschied zwischen den Standardpreisen in der Standardkalkulation und den effektiven Einstandspreisen. Unterstellt man, dass beim Verbrauch auf die Standardpreise umgestellt wird, so erfolgt ihre Ermittlung, getrennt nach den wichtigsten Rohstoffarten(-gruppen) nach dem folgenden Schema in Abbildung 7.7.
Verbraucht worden sind 400 Tonnen. Das ist der Ist-Einsatz, der nach der Formel für die Materialmengenabweichung mit dem Soll-Einsatz gemäß Rezept verglichen wird. Bewertet ist der Verbrauch mit dem Standard-Einstandspreis von 1.050,- je Tonne.

Zugegangen sind zwei Partien. Die eine umfasst 200 t zu 1.100,- Einstandspreis, die zweite einen Posten von 300 t zu 1.200,-. Der gleitende Durchschnittspreis, der bei jedem Zugang neu zu errechnen ist, stellt sich auf 1.133,- (680.000,- Zukäufe und Anfangsbestand, dividiert durch 600 Tonnen). Auf dem Preisdifferenzkonto ergibt sich, auf den Verbrauch bezogen, der Unterschied zum Standardpreis als ungünstige Preisabweichung.

Würde man den Lagerabgang nach LIFO (Last In First Out) bewerten, so würde die zuletzt gekaufte, teuerste Partie zuerst eingesetzt. Der Wareneinsatz wäre höher. Bei FIFO (First In First Out) – ist es umgekehrt. Im Falle von FIFO, aber auch bei den gleitenden Durchschnitten wird bei steigenden Materialpreisen der Wareneinsatz niedriger angesetzt, da er wieder beschafft werden kann. Also ist Substanz zu versteuern.

Für das Controlling im Einkauf wäre es allerdings noch erforderlich, den gleitenden Durchschnittspreisen die durchschnittlichen Weltmarktpreise gegenüberzustellen. Auf diese Weise würde sich noch deutlicher der Einkaufserfolg herausstellen als im Falle der in Abb. 7.2 gezeigten günstigen Materialpreisabweichung. Auch eine günstige Abweichung ist eine Ausnahme. Nicht dass sich der Einkauf Erfolge hinrechnet, indem er beim operativen Jahresbudget die Einkaufspreise kräftig nach oben verhandelt, um danach

Material-Bestandskonto	
AB: 100 t à 1.000,–/t Zugang 1: 200 t à 1.100,–/t Zugang 2: 300 t à 1.200,–/t	Verbrauch: 400 t à 1) gleitender Durchschnittspreis $\quad$ = 1.133,–/t = 453.200,– 2) Lifo: = 470.000,– 3) Fifo: = 440.000,–

Preis-Differenz-Konto	
453.200,–	420.000,– Preis-Differenz: 33.000,– ungünstig

Waren-Aufwand	
400 t zum Standard-Preis von 1.050,–/t = 420.000,–	

Abb. 7.7: Schema zur Ermittlung der Materialpreisabweichung

mit positiven Abweichungen zu prahlen. Ziel ist es zu erreichen, was geplant ist. Wenn mehr als erwartet zu erreichen ist, dann wird dies in Form einer dispositiven Planung im Forecast rechtzeitig ausgedrückt.

Nochmals die Deckungsbeiträge

Die Abbildung 7.2 ist konstruiert nach dem Prinzip der drei Deckungsbeitragsstufen. Vom Deckungsbeitrag III her ergibt sich – wie geschildert – der Einstieg in die Beurteilung der Zielerfüllung des Vertriebs.

Deckungsbeitrag II liefert den Einstieg in die Beurteilung des Erfolgs der Werbemaßnahmen. Das ist besonders bei den Pralinen deutlich. Man darf aus dem Minus in Höhe von 352 bei den Pralinen im Deckungsbeitrag II nicht ableiten, dass dieses Produkt im Sortiment nichts taugt und nur Verluste bringt. Vom Deckungsbeitrag II her ergibt sich ein Fragezeichen zu den Marketing-Maßnahmen, mit denen diese Produktlinie gefördert werden soll.

Deckungsbeitrag I liefert den Einstieg in die Artikelbeurteilung nach Sortimentspriorität, Preisplanung und nach Wertanalyse. Falsch wäre es, wenn gesagt werden würde, die Pralinen seien im Sortiment nicht förderungswürdig, weil sie bloß einen Deckungsbeitrag von 31 % besitzen im Vergleich zu den Riegeln von 49 %. Die Hitparade im Sortiment ist nach dem Deckungsbeitrag je Kilogramm zu beurteilen – oder bei Engpässen im Betrieb nach einem Deckungsbeitrag I je Stunde Maschinen- oder Fertigungszeit. Grundsätzlicher Engpass ist der Markt, ausgedrückt in Gewicht. Wie groß ist der Pro-Kopf-Verbrauch an Schokolade? Lässt er sich steigern? Warum nicht? Weil die Leute nicht mehr essen wollen (können). Also die Kalorien sind der Engpass und das »Nicht-zu-dick-werden-wollen«. Folglich wäre zu sagen, dass die Pralinen am meisten zu fördern sind. Wenn schon Schoko-Ess-Bedürfnis: dann aber auch in der höchsten Genuss-(Deckungsbeitrags-) Qualität.

Dass der Deckungsbeitrag in Prozent vom Erlös bei den Pralinen schlechter ist als bei den anderen Produktlinien, sagt nichts über die Förderungswürdigkeit dieser Erzeugnisse im Sortiment, sondern etwas darüber, dass das Verhältnis von Verkaufspreis und Produktkosten (prop. Kosten) nicht in Ordnung ist. Die Pralinen sind vielleicht zu teuer hergestellt. Hier sind Wertanalyse-Maßnahmen fällig.

Ausgehend vom Deckungsbeitrag I ist das Produkt zu beurteilen nach Sortimentspriorität, Verkaufspreisangemessenheit und nach dem Erfordernis zur Wertanalyse. Vom Deckungsbeitrag II her ergibt sich die Aussage, ob die Maßnahmen, die ein Produkt im Markt fördern sollen, revisionsbedürftig sind. Der Deckungsbeitrag III führt zu den Zielen in Zahlen für die Profit Centers.
Baut man diese Interpretation aus, so müsste man in der Checkliste zum Aufbau einer differenzierten Verkaufsplanung hinzufügen: ausgehend vom Deckungsbeitrag I sind welche Kunden, in welchen Gebieten, über welche Vertriebswege und Anwendungsexperten, gegen welche Wettbewerber mit welchen Produkten zu fördern.

Die praktische Anwendung der Deckungsbeitragsrechnung leitet konsequent hinüber in die Unternehmensplanung – falls man diese Ergebnisrechnung nicht einfach als Ist-Abrechnung machen lässt, sondern sie in Zusammenarbeit zwischen Managern und Controllern zur Interpretation ausgewählter, auch vom Ertragsziel her erfolgversprechender Maßnahmen hernimmt. Deshalb wurde immer wieder betont, dass die Deckungsbeitragsrechnung eine Veranlassungsrechnung zur Planung sei.

8.

Finanzmanagement

Aufgabe der Finanzplanung ist es, die **laufende Liquidität**, also die laufende Zahlungsfähigkeit des Unternehmens zu **gewährleisten**. Es ist zu überprüfen, ob für das geplante operative Geschäft mit all den Maßnahmen, den Projekten, den Investitionen, genügend liquide Mittel zur Verfügung stehen. Gewinn ist nicht gleich Geld. Ein Unternehmen kann trotz einer hohen Rentabilität insolvent sein. Das Geld wird benötigt um die Löhne, die Lieferanten und die Fremdkapitalgeber zu bezahlen. Mit Gewinn kann nicht bezahlt werden, die Umsätze müssen erst zu Geld werden. Die Kunden müssen auch tatsächlich ihre erhaltenen Leistungen und Produkte bezahlen. Des Weiteren kommt es innerhalb des Planjahres zu Geldauszahlungen, die aber in der Managementerfolgsrechnung nicht als Kosten dargestellt sind. Das ist z.B. die Bezahlung einer Maschine, die in der MER nur als Abschreibung, also z.B. nur mit 1/10 der Anschaffungskosten, aufscheint.

Die Gesamtzusammenhänge darzustellen wird auch als **Integration der Ergebnisrechnung mit der Finanzrechnung** bezeichnet. Dies soll im Folgenden anhand eines ausführlichen Beispiels erfolgen; Schritt für Schritt wird von einer Ergebnisplanung übergeleitet in die Gewinn- und Verlustrechnung, danach in die Planbilanz mit zugehöriger Cash Flow Rechnung. So kann bereits in der Planungsphase festgestellt werden, ob die Planung den Anfor-

Finanzmanagement

derungen des Gewinnziels gerecht wird. Das ermöglicht eine Steuerbarkeit des Unternehmens und schafft somit Vertrauen bei den Geldgebern – seien es Analysten oder die Bank.

Fall zur integrierten Finanzplanung – die Coma GmbH

Es handelt sich um ein Unternehmen, das 3 verschiedene Artikel produziert. In der Fertigung arbeiten 150 Lohnempfänger und 10 Gehaltsempfänger. In Marketing und Vertrieb, Forschungs- und Entwicklungsbereich sowie in der Verwaltung sind insgesamt weitere 20 Gehaltsempfänger beschäftigt.
Bereits im Herbst wurden die Absatzplanung, die Fertigungs- bzw. Produktionsplanung und davon ausgehend die Investitions- sowie Personalplanung vorgenommen.

Mit diesen Ausgangsdaten konnte die Kostenstellenplanung der produzierenden Bereiche und der administrativen Kostenstellen vorgenommen werden. Des Weiteren wurden vom Einkauf die Einkaufspreise der Rohstoffe geplant. Mit den ermittelten Kostensätzen der Kostenstellenrechnung in Kombination mit den Arbeitsplänen sowie den Einkaufspreisen der Rohstoffe wurden die Kalkulation der Produktkosten der Artikel, der Herstellungskosten

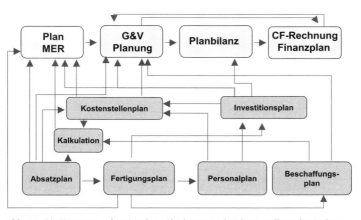

Abb. 8.1: Die Vernetzung der einzelnen Planbausteine bei der Erstellung des Budgets.

Kapitel 8

sowie die Festlegung der Verkaufspreise vorgenommen. Dies alles sind notwendige Input-Daten für die ebenfalls bereits erstellte Plan-Managementerfolgsrechnung. Die das interne Rechnungswesen betreffende Planung ist somit bereits abgeschlossen und für uns die Ausgangsbasis.

Die Aufgabenstellung

Wir befinden uns jetzt im November (Geschäftsjahr ist gleich Kalenderjahr). Im nächsten Schritt soll die externe Sicht geplant werden. Diese soll uns unter anderem Auskunft über die im nächsten Jahr zu erwartende Liquidität und Stabilität der Coma GmbH geben. Die Management Erfolgsrechnung ist eine Verkaufserfolgsrechnung, gibt also Auskunft über die Verkaufserfolge jedoch keine Auskunft darüber, wann wie viel Geld zur Verfügung

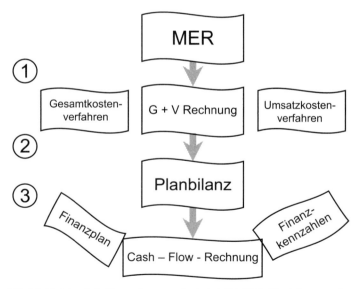

Abb. 8.2: Die integrierte Finanzplanung umfasst als 1. Schritt die Überleitung von der MER in die Gewinn- und Verlustrechnung, im 2. Schritt kann die Planbilanz gebildet werden, daraus leitet sich im 3. Schritt die Cash-Flow-Rechnung ab. Integriert heißt dieser Ablauf deswegen, weil von der Cash-Flow-Rechnung (bzw. Finanzplanung) eine Rückkoppelung zur GuV-Rechnung erfolgt, die FK-Zinsen fließen wieder in die GuV ein.

Finanzmanagement

steht bzw. benötigt wird. Die MER ist die Ausgangsbasis zur Ermittlung der Gewinn- und Verlustrechnung.
Zur Überleitung der MER in die GuV nach dem Gesamt- oder dem Umsatzkostenverfahren (Schritt 1) werden weitere Informationen benötigt, die wir z. T. im Betriebsabrechnungsbogen (BAB) bzw. in der Kalkulation finden. Die GuV ist wiederum die Basis zur Ermittlung der Planbilanz (Schritt 2) sowie der Cash Flow Rechnung (Kapitalflussrechnung) (Schritt 3). Auf der Basis dieser Informationen können Kennzahlen zur weiteren Beurteilung des Planzustands des Unternehmens berechnet bzw. der Finanzplan detailliert erstellt werden.

1. Die Management Erfolgsrechnung – MER

Die Gliederung der MER, die Anzahl an Zwischensummen in Form von Deckungsbeiträgen, wird bestimmt durch die Anzahl an verantwortlichen Personen im Unternehmen. Haben wir eine 3-stufige Hierarchie, so benötigen wir 3 Deckungsbeitragsstufen; einen DB II für z. B. einen Produktmanager als Zielmaßstab. Dessen Vorgesetzter ist vielleicht der Vertriebsverantwortliche, er wird am DB III gemessen. Der Gesamtmanager wird dann am Endergebnis, dem Management Erfolg gemessen. Wird die Organisationsstruktur verändert, so muss auch die Deckungsbeitragsstruktur angepasst werden. Die Struktur der Management Erfolgsrechnung soll so sein, dass die richtigen Entscheidungen (insbes. Sortimentsentscheidungen) abgeleitet und verantwortliche Personen an von Ihnen beeinflussbaren Zwischensummen gemessen werden können. Dies ist in keinem Gesetz geregelt, die beschriebene Darstellung der MER folgt der Regel der Vernunft – der Basis für richtige Entscheidungen und der Anwendung von Führung durch Ziele (Management by Objectives, mbo).

Im Folgenden ist die als Ausgangsbasis zu verwendende Plan Management Erfolgsrechnung (in T€) der Coma GmbH dargestellt. Der DB I dient zur Beurteilung der einzelnen Artikel (hier ist jedoch nur die Gesamtsumme über alle Artikel dargestellt), der DB II zur Beurteilung der Verkaufsverantwortlichen, der Management

Erfolg zur Beurteilung des gesamtverantwortlichen Managers, des Geschäftsführers der Coma GmbH.

	in T€
Umsatzerlöse netto	26.920
− Produktkosten des Absatzes	20.860
= Deckungsbeitrag I	6.060
− Marketing- und Vertriebskosten	730
= Deckungsbeitrag II	5.330
− Struko Fertigung	2.510
− Struko FuE, Verwaltung	1.030
= **Management Erfolg**	**1.790**

2. Die Gewinn- und Verlustrechnung – GuV

Die Gliederung der Gewinn- und Verlustrechnung ist vom Gesetzgeber (siehe Abb. 8.3) vorgeschrieben und darf nicht an irgendwelche internen Bedürfnisse angepasst werden. Die interne Erfolgsrechnung stellt auf den Absatzerfolg ab. Im externen Rechnungswesen wird dagegen auf den Periodenerfolg abgestellt. Der »Gläubigerschutz« und die »Maßgeblichkeit für die Steuerermittlung« stehen im Handelsgesetzbuch (HGB) als wichtige Ziele im Vordergrund. Die **Abstimmbrücke (bzw. Betriebsüberleitungsbogen, kurz BÜB) erklärt die Unterschiede** der Internen und der externen Sichtweise.

Im deutschen Handelsgesetzbuch, § 275 II HGB, ist geregelt, dass sowohl das Gesamt- als auch das Umsatzkostenverfahren zur Veröffentlichung im Jahresabschluss erlaubt sind. Nach IFRS, International Financial and Reporting Standards, besteht ebenfalls das Wahlrecht. Nach US Gaap, United States Generally Accepted Accounting Principles, ist nur die Darstellung nach dem Umsatzkostenverfahren erlaubt. Im Gesamtkostenverfahren sind die Aufwendungen und Erträge nach Kostenarten dargestellt. Im Umsatzkostenverfahren erfolgt die Gliederung nach Bereichen, in denen die Kosten anfallen. Wollen wir von einem Verfahren zum

Finanzmanagement

§ 275 II HGB: Gesamtkostenverfahren

Bei Anwendung des **Gesamtkostenverfahrens** sind auszuweisen:

1. Umsatzerlöse
2. Erhöhung oder Verminderung des Bestands an fertigen und unfertigen Erzeugnissen
3. andere aktivierte Eigenleistungen
4. sonstige betriebliche Erträge
5. Materialaufwand (RHB-Stoffe, bezogene Waren und Leistungen)
6. Personalaufwand (Löhne und Gehälter, soziale Abgaben, Altersversorgung und Unterstützung)
7. Abschreibungen (auf Sachanlagen, immaterielle Vermögensgegenstände, Umlaufvermögen)

§ 275 III HGB: Umsatzkostenverfahren

Bei Anwendungen des **Umsatzkostenverfahrens** sind auszuweisen:

1. Umsatzerlöse
2. Herstellungskosten der zur Erzielung der Umsatzerlöse erbrachten Leistungen
3. Bruttoergebnis vom Umsatz
4. Vertriebskosten
5. allgemeine Verwaltungskosten
6. sonstige betriebliche Erträge

- sonstige betriebliche Aufwendungen
- Erträge aus Beteiligungen, davon aus verbundenen Unternehmen
- Erträge aus anderen Wertpapieren und Ausleihungen des Finanzanlagevermögens, davon aus verbundenen Unternehmen
- sonstige Zinsen und ähnliche Erträge, davon aus verbundenen Unternehmen
- Abschreibungen auf Finanzanlagen und auf Wertpapiere des Umlaufvermögens
- Zinsen und ähnliche Aufwendungen, davon an verbundene Unternehmen
- Ergebnis der gewöhnlichen Geschäftstätigkeit
- außerordentliche Erträge
- außerordentliche Aufwendungen
- außerordentliches Ergebnis
- Steuern vom Einkommen und vom Ertrag
- sonstige Steuern
- **Jahresüberschuss/Jahresfehlbetrag**

Abb. 8.3: Die Gewinn- und Verlustrechnung nach deutschen HGB (vereinfachte Darstellung)

Kapitel 8

anderen wechseln, ist eine Gliederung der Kostenarten nach Bereichen nötig. Eine solche Gliederung finden wir im Betriebsabrechnungsbogen (BAB).

3. Der Betriebsabrechnungsbogen – BAB

Der BAB zeigt die anfallenden Kosten gegliedert in den Spalten nach Kostenstellen und in den Zeilen nach Kostenarten, der BAB ist sozusagen die Zusammenfassung aller Kostenstellen. Unten sehen Sie einen verkürzten Betriebsabrechnungsbogen. Hier wurde zusätzlich in den fertigenden Kostenstellen nach Produktkosten und Strukturkosten unterschieden, in manchen Unternehmen wird diese Darstellung verwendet. Im BAB werden üblicherweise kalkulatorische Größen dargestellt.

Kostenstellen	Fertigung			Marketing u. Vertrieb	Verwaltung	Forschg. u. Entw.	Summe der Kosten aller Kostenstellen
Kostenarten	Proko	Struko	Proko + Struko				
Fertigungslohn (produktive Zeit inkl. anteiliger Soz.kosten)	4.880		4.880				4.880
Hilfslohn (unproduktive Zeit inkl. anteiliger Soz.kosten)		1.220	1.220				1.220
Lohn gesamt	4.880	1.220	6.100				
Gehälter (inkl. Soz.kosten)		400	400	300	480	150	1.330
Personalkosten	4.880	1.620	6.500	300	480	150	7.430
AfA (kalk.)		820	820	80	80	180	1.160
Sonstige Kosten	1.930	70	2.000	350	90	50	2.490
Summe der Kosten über alle Kostenarten	**6.810**	**2.510**	**9.320**	**730**	**650**	**380**	**11.080**

Der BAB enthält Informationen, die zur Ermittlung der GuV ausgehend von der Management Erfolgsrechnung sowie zur Umformung der GuV vom Gesamt- in das Umsatzkostenverfahren (und umgekehrt) notwendig sind.

4. Die Kalkulation

Eine weitere Information, die aus dem internen Rechnungswesen benötigt wird, ist die Kalkulation der Produkte – eine Aufschlüsselung der Kosten in den Produkten bzw. Dienstleistungen nach Kostenarten.

	in T€
Materialkosten	14.200
Fertigungslohn	4.750
Sonstige Proko	1.910
Produktkosten der geplanten Verkäufe	20.860
Die Herstellungskosten der geplanten Verkäufe betragen 23.160 T€.	

5. Die Bilanz

In Deutschland ist die Bilanzgliederung in § 266 Handelsgesetzbuch geregelt (siehe Abb. 8.5 auf der folgenden Seite).

Die voraussichtliche Schlussbilanz der Coma GmbH für das laufende Jahr in T€ stellt sich wie folgt dar:

Aktiva	in 1.000		Passiva
Grundstücke/Gebäude	6.000	Gezeichnetes Kapital	6.000
Maschinen	5.600	Gewinnrücklagen	3.000
Betriebs- und Geschäftsausstattung	1.200	Langfristige Rückstellungen	1.000
Roh-, Hilfs- und Betriebsstoffe	1.400	Langfristige Darlehen	2.800
Fertige Erzeugnisse	2.000	Bankkredite	6.000
Debitoren	2.800	Kreditoren	1.200
Flüssige Mittel	1.000		
	20.000		20.000

Abb. 8.4: Voraussichtliche Schlussbilanz des laufenden Jahres

Kapitel 8

Deutschland: Bilanzgliederung nach § 266 HGB

Aktivseite	Passivseite

A. Anlagevermögen
  I. Immaterielle Vermögensgegenstände
    1. Selbst geschaffene gewerbliche Schutzrechte und ähnliche Rechte und Werte
    2. entgeltlich erworbene Konzessionen, gewerbliche Schutzrechte und ähnliche Rechte und Werte sowie Lizenzen an solchen Rechten und Werten
    3. Geschäfts- oder Firmenwert
    4. geleistete Anzahlungen
  II. Sachanlagen
    1. Grundstucke, grundstucksgleiche Rechte und Bauten einschließlich der Bauten auf fremden Grundstücken;
    2. technische Anlagen und Maschinen;
    3. andere Anlagen, Betriebs - und Geschäftsausstattung;
    4. geleistete Anzahlungen und Anlagen im Bau;
  III. Finanzanlagen:
    1. Anteile an verbundenen Unternehmen;
    2. Ausleihungen an verbundene Unternehmen;
    3. Unternehmensbeteiligungen
    4. Ausleihungen an Unternehmen, mit denen ein Beteiligungsverhältnis besteht;
    5. Wertpapiere des Anlagevermögens;
    6. sonstige Ausleihungen.
B. Umlaufvermögen
  I. Vorräte/Vorratsvermögen
    1. Rohstoffe, Hilfsstoffe und Betriebsstoffe;
    2. unfertige Erzeugnisse, unfertige Leistungen;
    3. fertige Erzeugnisse und Waren;
    4. geleistete Anzahlungen.
  II. Forderungen und sonstige Vermögensgegenstände
    1. Forderungen aus Lieferungen und Leistungen (LuL), (F.a.L.L.), (FLL);
    2. Forderungen gegen verbundene Unternehmen;
    3. Forderungen gegen Unternehmen, mit denen ein Beteiligungsverhältnis besteht;
    4. sonstige Vermögensgegenstände;
  III. Wertpapiere
    1. Anteile an verbundenen Unternehmen;
    2. sonstige Wertpapiere;
  IV. Kassenbestand, Bundesbankguthaben, Guthaben bei Kreditinstituten und Schecks
C. Rechnungsabgrenzungsposten
D. Aktive latente Steuern
E. Aktiver Unterschiedsbetrag aus der Vermögensverrechnung
 	
(Bilanzsumme)
	A. Eigenkapital
	  I. gezeichnetes Kapital
	  II. Kapitalrücklagen
	  III. Gewinnrücklagen
	    1. gesetzliche Rücklagen;
	    2. Rücklage für Anteile an einem herrschenden oder mehrheitlich beteiligten Unternehmen;
	    3. satzungsmäßige Rücklagen;
	    4. andere Gewinnrücklagen;
	  IV. Gewinnvortrag/Verlustvortrag;
	  V. Jahresüberschuss/Jahresfehlbetrag,
	B. Rückstellungen
	    1. Rückstellungen fur Pensionen und ähnliche Verpflichtungen
	    2. Steuerrückstellungen
	    3. sonstige Rückstellungen
	C. Verbindlichkeiten
	    4. Anleihen, davon konvertibel;
	    5. Verbindlichkeiten gegenüber Kreditinstituten;
	    6. erhaltene Anzahlungen auf Bestellungen;
	    7. Verbindlichkeiten aus Lieferungen und Leistungen (LuL), (V.a.L.L.), (VLL);
	    8. Verbindlichkeiten aus der Annahme gezogener Wechsel und der Ausstellung eigener Wechsel.
	    9. Verbindlichkeiten gegenüber verbundenen Unternehmen;
	    10. Verbindlichkeiten gegenüber Unternehmen, mit denen ein Beteiligungsverhältnis besteht;
	    11. sonstige Verbindlichkeiten, davon aus Steuern, davon im Rahmen der sozialen Sicherheit.
	
	D. Rechnungsabgrenzungsposten
	E. Passive latente Steuern
	
	(Bilanzsumme)

Abb. 8.5: Die Bilanzgliederung nach deutschen HGB § 266

Finanzmanagement

6. Planung des Gewinn-Ziels

Wie im Kapitel 5 allgemein gezeigt, wurde folgendes Gewinnziel ermittelt:

	in T€
Dividenden (12 % vom gezeichneten Kapital)	720
Fremdkapitalzinsen	700
Zuführung zu den Gewinnrücklagen zur Verbesserung der finanziellen Stabilität	190
Ertragsteuern	390
Ziel-EBIT	2.000

Anmerkung zur Planung der Fremdkapitalzinsen: Es ist eine große Herausforderung, die Fremdkapitalzinsen des kommenden Jahres abzuschätzen noch bevor eine Planbilanz erstellt worden ist. Denn erst durch die Erstellung der Planbilanz ergibt sich, wie viel Geld zu welchem Zeitpunkt benötigt wird. Daraus wiederum ergibt sich, wie viel Fremdkapital aufzunehmen ist. Weiters muss der FK-Zinssatz geschätzt werden. Leider kann jedoch die Planbilanz nicht vor einer ersten FK-Zinsschätzung erstellt werden, denn diese wird für die Erstellung der GuV benötigt, was wiederum die Grundlage für die Planbilanz ist. In der Praxis wird der Wert mit Hilfe eines iterativen Verfahrens erstellt, das mit Hilfe eines integrierten Planungsmoduls einfach zu realisieren ist.

7. Anzustellende Überlegungen zur Finanz- u. Bilanzplanung

Um in der Planbilanz die Veränderungen über das Jahr hinweg abbilden zu können, müssen zuvor Überlegungen angestellt werden, welche Kontostände (z. B. Rohstofflager, Forderungsbestände, Erhaltene Anzahlungen, etc.) in den einzelnen Bilanzpositionen für das Planjahresende angestrebt werden.

7a. Planung der Lagerbestände bei den fertigen Erzeugnissen

Laut voraussichtlicher Schlussbilanz des laufenden Jahres (die gleichzeitig die Eröffnungsbilanz für das Planjahr ist), befinden sich zu Jahresbeginn des Planjahres Fertigerzeugnisse im Wert von 2 Mio. (zu Herstellungskosten bewertet) im Lager. Dies ergäbe bei einem geplanten Umsatz von 26,92 Mio. Umsatz eine Lagerreichweite von:

$$\text{Lagerreichweite Fertige Erzeugnisse} = \left(\frac{2.000 \text{ Bestand} \times 360 \text{ Tage}}{26.920 \text{ Umsatz}} \right) = 27 \text{ Tage}$$

In Abstimmung mit Vertrieb und Produktion muss geklärt werden, wie viel bzw. wie wenig Lagerbestand ausreichend ist. Ein hoher Lagerbestand bedeutet eine hohe Kapitalbindung und somit hohe Kapitalkosten. Diese will vor allem der Treasurer (der Verantwortliche für die Finanzen) nicht haben. Sind aber zu wenige Fertigerzeugnisse auf Lager, kann das unter Umständen bedeuten, dass Kundenanforderungen nicht sofort erfüllt werden können.

Nach reiflichen Überlegungen planen wir für Artikel 2 aus unserem Sortiment eine Zunahme des Lagerbestandes um 100 t. Der restliche Bestand soll gleichbleiben. Die Herstellungskosten (je kg) für die Bestandsbewertung dieses Artikels setzen sich wie folgt zusammen:

		EUR
	Materialkosten	3,00
+	Fertigungslohn	1,30
+	Sonstige Produktkosten	0,20
+	Anteilige Strukturkosten der Fertigung bzw. Materialgemeinkosten	0,50
=	**Summe Herstellungskosten je kg**	**5,00**

Herstellungskosten des zusätzlichen Lagerbestands für Art. 2 errechnen sich wie folgt:

Lageraufbau Art. 2 zu HK = 100.000 kg × 5 €/kg = 0,5 Mio. €

Daraus ergibt sich, dass der gesamte geplante Lagerbestand für das nächste Jahr von 2,0 Mio. € auf 2,5 Mio €. anwächst. Dies ergibt eine geplante durchschnittliche Lagerreichweite für das Planjahr von:

$$\text{Lagerreichweite Fertige Erzeugnisse} = \left(\frac{2.500 \text{ Bestand} \times 360 \text{ Tage}}{26.920 \text{ Umsatz}}\right) \approx 33 \text{ Tage}$$

7b. Planung der Lagerbestände bei Roh-, Hilfs- und Betriebsstoffen

$$\text{Lagerreichweite der Rohstoffe} = \left(\frac{1.400 \text{ Bestand} \times 360 \text{ Tage}}{14.500 \text{ Materialaufwand}}\right) \approx 33 \text{ Tage}$$

Die Lagerreichweite errechnet sich mit dem aktuellen Lagerbestand zu Jahresbeginn und des geplanten Materialaufwands von 14,5 Mio. (die Menge ergibt sich aus den geplanten Verkäufen und dem Bestandsaufbau, der Einkaufspreis stammt vom Einkauf) 35 Tage. Aufgrund einer angenommenen Unsicherheit bei der Rohstoffversorgung soll der Bestand auf 45 Tage verlängert werden. In Konsequenz muss das Rohstofflager um 400 T€ (1.800 – 1.400) erhöht werden.

$$\text{Lagerreichweite der Rohstoffe} = \left(\frac{14.500 \text{ Materialaufwand} \times 45 \text{ Tage}}{360 \text{ Tage}}\right) \approx 1.812$$

Zur teilweisen Finanzierung der Lagererhöhung können nach Absprache mit den Lieferanten die Verbindlichkeiten aus Lieferungen und Leistungen (Kreditoren) um 150 T€ erhöht werden.

7c. Forderungen (bzw. Debitoren)

Die Forderungsreichweite läge zurzeit bei 37 Tagen. Es wird angestrebt sie auf 30 Tage zu reduzieren.

$$\text{Forderungsreichweite} = \left(\frac{\text{Forderungsbestand } 2.800 \times 360 \text{Tage}}{26.920 \text{ Umsatz}}\right) = 37 \text{ Tage}$$

Kapitel 8

Daraus ergibt sich ein geplanter Forderungsbestand von:

$$\text{Forderungsbestand} = \left(\frac{30 \text{ Tage} \times 26.920 \text{ Umsatz}}{360 \text{ Tage}} \right) = 2.243 \text{ EUR}$$

7d. Investitionen

Das Investitionsvolumen (Maschinen) wird bei 1.200 T € liegen. Es wird angestrebt, davon die Hälfte aus eigenem Cashflow zu finanzieren. Der Rest soll über ein langfristiges (>5 Jahre Laufzeit) Bankdarlehen laufen.

7e. Abschreibungen auf das Anlagevermögen (inkl. Neuinvestitionen) laut Anlagenspiegel

Unter Berücksichtigung der Neuinvestition wird für das Planjahr die Abschreibung auf unsere Anlagen wie folgt sein.

	AfA bilanziell T€	AfA kalkulatorisch T€
Gebäude	100	200
Maschinen	800	800
Betriebs- und Geschäftsausstattung	100	160

Da wir für die interne Sicht (MER) die kalkulatorischen Abschreibungen verwenden und für die externe Sicht (GuV und Bilanz) die bilanzielle AfA vorgeschrieben ist, müssen in der Anlagenbuchhaltung beide Werte mitgeführt werden.

7f. Eine weitere Annahme für unseren Fall ist, dass die Ertragsteuern in der Planperiode zur Zahlung fällig werden.

Überleitung von der internen auf die externe Sicht: MER → GuV

Im ersten Schritt leiten wir die MER in die GuV nach dem Gesamtkostenverfahren (GKV) über.

In der Abbildung 8.6 in der Zeile 1 können die Umsätze netto (also nach Abzug der Erlösschmälerungen) aus der MER-Sicht (Spalte A) direkt in die GKV-Sichtweise (Spalte C) übernommen werden. Ein möglicher Unterschied könnte sein, dass in der internen Sicht Abzüge vorgenommen wurden (Erlösschmälerungen im weiteren Sinne, z.B. Sondereinzelkosten für Fracht und Verpackung), die nach externer Sicht nicht vorgenommen werden dürfen – dies müsste korrigiert werden.

Die Zeile 2 existiert in der MER nicht, Bestandsveränderungen bleiben unberücksichtigt. In der GuV nach dem GKV werden Bestandsveränderungen von Fertigerzeugnissen (FE) oder halbfertigen Erzeugnissen (HFE) werterhöhend (Bestandsaufbau) bzw. wertverringernd (Bestandsabbau) dargestellt. Bestandsveränderungen von Handelsware oder von Rohstoffen bleiben an dieser Stelle unberücksichtigt (da daran keine Leistung aus dem Unternehmen erbracht wurde).

In der Zeile 3 werden Eigenleistungen wie z.B. der Bau einer Fabrikhalle aktiviert. Wenn wertschaffende Leistungen von Mitarbeitern aus dem eigenen Unternehmen erbracht werden, die zu einer Erhöhung des Anlagevermögens führen, sind diese Veränderungen sowohl in der Bilanz als auch in der GuV zu berücksichtigen. Dies gilt auch für die Wertschaffung von immateriellem Vermögen (intangible assets) – z.B. Lizenzen. Nach HGB ist die Aktivierungsmöglichkeit von intangible assets sehr eingeschränkt (Stand 2010), z.B. darf selbst programmierte Software für den Eigengebrauch nicht aktiviert werden. Nach internationalem Recht (IAS 38) muss diese wertschaffende Tätigkeit ebenso wie Neuentwicklungen von Produkten nach Herstellungskosten aktiviert werden. In unserem Beispiel ist eine solche Tätigkeit für das kommende Jahr nicht vorgesehen, die Zeile 3 bleibt in der GuV leer.

Kapitel 8

In der Zeile 4 wird in der GuV die Gesamtleistung dargestellt, manchmal wird diese auch als Betriebsleistung bezeichnet. In der DB-Rechnung werden vom Umsatz die Produktkosten des Absatzes (das was in der betreffenden Periode verkauft wird, egal wann es produziert wurde) abgezogen, für die GuV müssen wir diese in die Kostenarten auftrennen. Aus der Kalkulation wissen wir, welche Kostenarten in den Prokos beinhaltet sind. In der MER sind in der Zeile 9 die Produktkosten des Absatzes dargestellt, diese werden nach primären Kostenarten aufgelöst – es ergeben sich die entsprechenden Werte für das Fertigungsmaterial (Zeile 6), den produktiven Zeiteinsatz der Mitarbeiter aus der Fertigung (Fertigungslohn in der Zeile 7) sowie sonstige Produktkosten (z. B. Energie, Verbrauchsmaterial) in der Zeile 8. In der GuV-Sicht (Spalte C) in den Zeilen 6 bis 8 sind auch die Produktkosten für den Bestandsaufbau mit zu berücksichtigen. Aus der Kalkulation des Artikels 2 wissen wir, dass ein kg vom Artikel 2, Material für 3 €, Fertigungslohn für 1,30 € und sonstige Prokos von 0,20 € beinhaltet. Für die 100 Tonnen ergibt das 450 T€, die in der Spalte B (Notizen zum Umbau), Zeile 9 dargestellt sind. Da in der GuV (Spalte C) zuvor der Bestandsaufbau werterhöhend dargestellt wurde, sind die Aufwendungen für den Bestandsaufbau von Artikel 2 für die GuV zu denen aus der MER zu addieren. Beim Bestandsaufbau muss das, was in der GuV von der Gesamtleistung an Aufwendungen abgezogen wird, mehr sein, als die Kosten, die in der DB-Rechnung dargestellt sind.

Die Summe der Strukturkosten aus der DB-Rechnung (Zeile 20 in Spalte A) bestehen aus den Marketing- und Vertriebskosten (730 T€), den Strukturkosten aus der Fertigung (2.510 T€) sowie den Strukos aus der Verwaltung und Forschung und Entwicklung (1.030 T€). Diese Werte sind sowohl in der MER als auch im BAB zu finden. Aus dem Betriebsabrechnungsbogen wissen wir, welche Kostenarten hinter diesen Strukos stehen. Die Zeile 20 kann somit nach den Kostenarten (Zeile 12, 13 und 14) aufgelöst werden. In der Zeile 12 sind die restlichen Personalkosten (alle Personalkosten abzüglich der Fertigungslöhne aus Zeile 7) dargestellt, diese können direkt in die GuV (Spalte C) übernommen werden. In der Zeile 13 sehen wir in der MER die kalkulatorischen Abschreibungen, in der GuV (Spalte C) sind wir verpflichtet die bilanziellen (die vom Gesetzgeber vorgeschriebenen Werte) Abschreibungen zu verwenden. Die sonstigen Aufwendungen betragen laut BAB 560 T € und können direkt in die Spalte C über-

	Text	A MER lt. IX B2 in T€				B Notizen zum Umbau	C GuV nach dem GKV in T€				D GuV nach dem UKV in T€			
1	Umsatzerlöse netto	2	6	9	2 0		2	6	9	2 0	2	6	9	2 0
2	Bestandsveränderung	-	-	-	-	Aufbau Art. 2 um 100 t zu HK			5	0 0	sales			
3	Aktivierg. v. Eigenlstg.	-	-	-	-			-	-	-				
4	**Gesamtleistung**	-	-	-	-		2	7	4	2 0				
5														
6	Fertigungsmaterial	1	4	2	0 0	Kalk. 300	1	4	5	0 0	2	3	1	6 0
7	Fertigungslohn		4	7	5 0	Auflösung 130 nach		4	8	8 0	COGS			
8	Sonstige Proko		1	9	1 0	prim. 20		1	9	3 0				
9	**Proko des Absatzes**	2	0	8	6 0	KoA Proko der Bestands- 450								
10	**DB I**		6	0	6 0	veränderung für Art. 2					3	7	6	0
11											gross profit			
12	weitere Pers.kosten		2	5	5 0			2	5	5 0				
13	AfA kalk.		1	1	6 0	bil.		1	0	0 0			7	3 0
14	Sonstige Aufwändungen			5	6 0	Auflösung			5	6 0	mark. a. sales			
15						nach Kostenarten								
16	Zuführg. v. Rückstellungen	-	-	-	-	laut BAB		-	-	-			6	5 0
17	Abwertungen	-	-	-	-			-	-	-	admin			
18	Fremdkapitalzinsen	-	-	-	-			7	0	0				
19	Ertragsteuern	-	-	-	-			3	9	0			3	8 0
20	**Struko der Periode**		4	2	7 0						R&D			
21														
22	**Mgmt. Erfolg**		1	7	9 0							2	0	0 0
23											EBIT			
24														
25	**Abstimmbrücke**												7	0 0
26	Struko Bestandsverändrg.	+			5 0						interest			
27	Diff. AfA (AfA kalk. - AfA bil.)	+		1	6 0							1	3	0 0
28	FK-Zinsen	-		7	0 0						EBT			
29	Ertragsteuern	-		3	9 0									
30													3	9 0
31											taxes			
32	**Jahresüberschuss**		9	1	0			9	1	0		9	1	0

Abb. 8.6: Überleitung von der MER in die GuV nach dem Gesamtkostenverfahren (GKV) und dem Umsatzkostenverfahren (UKV)

nommen werden. In den Zeilen 18 und 19 sind in der GuV (Spalte C) Aufwendungen für die Fremdkapitalzinsen und Ertragsteuern dargestellt, die in der MER (Spalte A) üblicherweise unberücksichtigt bleiben. Die Beträge für die FK-Zinsen und Steuern wurden bei der Gewinnzielplanung ermittelt.

In der GuV nach dem GKV sind somit alle Aufwendungen dargestellt, wir erhalten einen Jahresüberschuss von 910 T€. Also deutlich weniger als der ausgewiesene Management Erfolg von 1.790 T€ in der Deckungsbeitragsrechnung. Diese **unterschiedlichen Ergebnisse der internen und externen Sicht** bereiten in der Praxis des Öfteren Probleme, sie sind erklärungsbedürftig. Die Erklärung der Unterschiede erfolgt in der Abstimmbrücke auch Betriebsüberleitungsbogen (BÜB) genannt. In der Abstimmbrücke werden die in der MER nicht berücksichtigten Kosten bzw. Aufwendungen abgezogen (in unserem Beispiel die FK-Zinsen und Ertragsteuern) sowie Korrekturen der unterschiedlichen Sichtweisen (AfA und Bestandsveränderungen) vorgenommen. Die in der MER abgezogene kalkulatorische AfA ist in unserem Beispiel größer als die bilanzielle AfA. Um das MER-Ergebnis (Zeile 22) auf den Jahresüberschuss (Zeile 32) abzustimmen, muss deswegen die Differenz (kalkulatorische AfA – bilanzielle AfA) addiert werden.

Um die unterschiedliche Betrachtungsweise der Bestandsveränderung auszugleichen, müssen die anteiligen Strukturkosten in den Herstellungskosten der Bestandsveränderung zum Management Erfolg addiert werden. Diese Differenz ergibt sich, weil in der DB-Rechnung keine Werterhöhung für einen Bestandsaufbau dargestellt wird, jedoch die vollen Strukturkosten des betrachteten Zeitraums abgezogen werden (dies ist eine ehrlichere Sichtweise). In der GuV werden die Strukturkosten der Bestandsveränderung werterhöhend dargestellt. In der MER werden die Produktkosten der Bestandsveränderung, ebenso wie die Strukturkosten, nicht werterhöhend dargestellt, bleiben aber als Kosten auch unberücksichtigt, insofern gibt es hier nichts abzugleichen. Unter Berücksichtigung der Positionen aus der

Abstimmbrücke erhalten wir somit ebenfalls einen Jahresüberschuss von 910 T €.

Im zweiten Schritt stellen wir die GuV nach dem Umsatzkostenverfahren dar.

Die GuV nach dem UKV erfordert eine komplett andere Sichtweise als das Gesamtkostenverfahren. Im GKV sind die Aufwendungen nach Kostenarten sortiert, diese Darstellung ist für Entscheidungen und Verantwortlichkeiten wenig aussagekräftig. Im UKV sind die Aufwendungen nach den Bereichen (mit jeweiligen Verantwortlichen) gegliedert, was die die Beurteilung der Bereiche ermöglicht. Da für die Darstellung nach IFRS üblicherweise das UKV verwendet wird und in diesem zusätzlich eine Gliederung nach Segmenten (Produkte bzw. Regionen) dargestellt werden muss, wird mit dem UKV auch eine Beurteilung nach den Segmenten möglich. Das UKV ermöglicht also, ähnlich wie bei der DB-Rechnung, Verantwortliche zu messen und Entscheidungen abzuleiten. Die Unterschiede werden wir noch detaillierter betrachten.

Vom Umsatz (engl.: sales oder revenue) werden im UKV die Herstellungskosten jener Produkte (bzw. Dienstleistungen) abgezogen, die in der entsprechenden Periode verkauft werden. Exakt heißt der Wortlaut im deutschen HGB, § 275b: Herstellungskosten der zur Erzielung der Umsatzerlöse erbrachten Leistungen. Die **Herstellungskosten** werden im englischen als die »**cost of goods sold**, kurz: **cogs**« oder auch als die »**cost of sales**, kurz: cos« bezeichnet. Die Zwischensumme wird Bruttoergebnis (engl.: gross profit, oder relativ zum Umsatz: gross margin) genannt. Der gross profit ähnelt dem DB I in der Deckungsbeitragsrechnung. Zur Berechnung des DB I werden vom Umsatz nur die Grenzkosten (also nur die Produktkosten) abgezogen, dieser dient der produktbezogenen Entscheidungsfindung. Zur Berechnung des gross profit werden jedoch die gesamten Herstellungskosten (also auch anteilige Strukturkosten aus der Fertigung und Materialgemeinkosten) der geplanten Verkäufe abgezogen, deswegen ist dieser als Entscheidungsgrundlage nicht ganz sauber, trotzdem wird

Kapitel 8

der gross profit in der Praxis oft als ein »Deckungsbeitrag« bezeichnet und dem DB I gleichgesetzt. Wichtig wäre es sich des Unterschiedes bewusst zu werden. Für Handelsunternehmen ist zwischen gross profit und DB I nahezu kein Unterschied (da es in solchen Unternehmen keine Strukturkosten aus der Fertigung gibt), in produzierenden Unternehmen jedoch schon.

Vom Bruttoergebnis (gross profit) werden in weiterer Folge die Vertriebs- und Marketingkosten (engl.: marketing and sales), die Verwaltungskosten (engl.: administration), die Forschungs- und Entwicklungskosten (engl.: research and development) abgezogen. (Details siehe Abb. 8.3). Als Zwischenergebnis erhalten wir das Betriebsergebnis vor Abzug von Fremdkapitalzinsen und Ertragsteuern (engl.: earnings before interest and taxes, **EBIT**). Nach Berücksichtigung der FK-Zinsen können wir noch eine weitere Zwischensumme, Gewinn vor Steuern (engl.: earnings before taxes, EBT) einziehen, bevor wir dann nach Abzug der Steuern ebenfalls auf den Jahresüberschuss kommen.

Die Erstellung der Planbilanz

Nun folgt der in Abbildung 8.2 dargestellte 2. Schritt, die Ermittlung der Planschlussbilanz. Eine Bilanz ist im Gegensatz zur Gewinn- und Verlustrechnung eine stichtagsbezogene Darstellung. Für das laufende Jahr wird eine Vorschau für die Bilanz zum Stichtag 31.12. um 24 Uhr ermittelt. In unserem Beispielunternehmen endet (und beginnt) das Geschäftsjahr mit dem Kalenderjahr. Bis auf die Verwendung des Gewinns ist die Schlussbilanz des laufenden Jahres gleich die Eröffnungsbilanz des Planjahres zum Stichtag 1. Jan. 00 Uhr. Der Jahresüberschuss des laufenden Jahres

Eröffnungsbilanz PJ		Soll Bewegungsbilanz PJ Haben		Schlussbilanz PJ	
AV	EK	A⁺	A⁻	AV	EK
UV	FK			UV	FK
		P⁻	P⁺		

Abb.8.7: Unter Berücksichtigung der geplanten Bewegungen (Veränderungen) der Konten über das Jahr hinweg, wird aus der Eröffnungsbilanz die Schlussbilanz.

kann als Gewinnrücklage im Unternehmen verbleiben, dann findet eine Umbuchung vom Konto Gewinn auf das Konto Gewinnrücklage statt und/oder der JÜ kann ausgeschüttet werden.

Als Ausgangsbasis verwenden wir die Schlussbilanz des laufenden Jahres aus Abb. 8.4 als Eröffnungsbilanz für das Planjahr. Über das Planjahr hinweg werden sich die einzelnen Konten der Bilanz (siehe Abb. 8.5) verändern. Es kann Aktiva mehrende (A+) (zum Beispiel eine Investition in das Anlagevermögen) und Aktiva mindernde (A–) (z. B. der Wertverlust bestehender Anlagen, die AfA) Buchungen geben. Es wird auch auf der Passivseite die Bilanz erhöhende (P+) und vermindernde (P–) Veränderungen geben. Die Veränderungen werden in der Bewegungsbilanz dargestellt. Die Werte der Konten in der Eröffnungsbilanz (EB) plus/minus die Veränderungen ergeben die Schlussbilanzwerte (SB). Die Aktiva mehrenden Buchungen sind in der Bewegungsbilanz auf der Sollseite, die Aktiva mindernden Buchungen auf der Habenseite. Für Veränderungen der Passivkonten verhält es sich umgekehrt.

Im ersten Schritt wird überlegt, welche Veränderungen der Bilanzkonten es über das Jahr hinweg geben kann. Diese erfordern Buchungen, die wiederum über Buchungssätze beschrieben werden. Die meisten Veränderungen der Konten leiten sich aus der Gewinn- und Verlustrechnung ab und sind ergebniswirksam (wirken also auf das Ergebnis, den Jahresüberschuss). Es gibt aber auch Veränderungen von Konten, ohne dass diese in der GuV abgebildet sein müssen. Wenn beispielsweise eine neue Maschine gekauft wird, erhöht sich das Anlagevermögen, wir benötigen dafür Geld vom Konto flüssige Mittel. In der GuV macht sich die neue Maschine nur in der Abschreibung (z. B. 1/10 vom Anschaffungswert) bemerkbar. Ebenso kann es Veränderungen im Umlaufvermögen geben, die nicht in der GuV als Aufwand oder Ertrag vorkommen. Dies sind zum einen Bestandsveränderungen von Rohstoffen (bestandswirksam jedoch nicht ergebniswirksam) und Forderungsauf- bzw. -abbau. Auf der Mittelherkunftsseite kann es Veränderungen im Eigenkapital

Kapitel 8

geben, z. B. eine Einlage eines Eigenkapitalgebers oder beim Fremdkapital, z. B. eine Kreditaufnahme bzw. -rückzahlung (liquiditätswirksam).

Die Buchungen

Welche Veränderungen, bzw. welche Buchungssätze gibt es für unser Beispiel der Coma GmbH:

1. Eingang Forderungen Vorjahr
  (FlüMi 2.800 / Forderungen 2.800)

Die Schulden der Kunden aus dem Vorjahr werden vermutlich innerhalb der ersten 2 Monate im Planjahr ins Unternehmen fließen. Der Anfangsbestand des Kontos Forderungen in der Zeile 7 (2.800) in Abb. 8.8 wird ausgebucht (Aktiva mindernd), die Gegenbuchung erfolgt auf dem Konto flüssige Mittel in der Zeile 8 (Aktiva mehrend).

2. Buchung Planumsatz (Ford. 2.243 / GuV 26.920)
  (FlüMi 24.677 /

Der Planumsatz von 26.920 bildet eine ergebniswirksame Buchung. Alle ergebniswirksamen Buchungen (aus der GuV kommend) werden in der Bewegungsbilanz auf einem eigenen Konto (Zeilen 18 bis 20 in Abb. 8.8), dem Gewinnkonto (= ein Unterkonto auf der Passivseite, gehört zum Eigenkapital) dargestellt. In der Zeile 18 wird der Umsatz passivamehrend auf der Habenseite im Buchungssatz 2 als Ertrag dargestellt. Der Umsatz fließt nur zum Teil tatsächlich als Geld ins Unternehmen. Da wir uns unter Punkt 7c (in diesem Kapitel) vorgenommen haben, dass die Kunden im nächsten Jahr im Durchschnitt innerhalb von 30 Tagen bezahlen, ergibt sich für das Ende des Planjahres ein Forderungsbestand von 2.243 T€. Diesen stellen wir in der Zeile 7 mit der Buchung 2 Aktiva mehrend dar. Der Rest des Umsatzes (24.677 T€) fließt auf das Konto in Zeile 8, flüssige Mittel, also eine aktivamehrende Buchung.

Finanzmanagement

3. Bestandserhöhung fertige Erzeugnisse (fert. Erz. 500 / GuV 500)

Die Bestandserhöhung des Artikels 2 ist in der GuV zu Herstellungskosten mit 500 T€ werterhöhend berücksichtigt. In der Bewegungsbilanz wird dies am Gewinnkonto (Zeile 19) mit dem Buchungssatz 3 passivamehrend auf der Habenseite dargestellt.

		A			1	B			2	C			3	D			4
									Bewegungsbilanz								
		Eröffnungsbilanz				Soll				Haben				Schlussbilanz			
1	Grundst./Geb.	6	0	0	0					⑥	1	0	0	5	9	0	0
2	Maschinen	5	6	0	0	⑤	1	2	0	⑥	8	0	0	6	0	0	0
3	BGA	1	2	0	0					⑥	1	0	0	1	1	0	0
4	Σ Anlagevermögen	1	2	8	0	0								1	3	0	0	0
5	RHB-Stoffe	1	4	0	0	④	4	0	0					1	8	0	0
6	Fertige Erzeugnisse	2	0	0	0	③	5	0	0					2	5	0	0
7	Forderungen	2	8	0	0	②	2	2	4	3	①	2	8	0	0	2	2	4	3
8	Flüssige Mittel	1	0	0	0	①	2	8	0	0	④	2	5	0	2	1	1	7
9						②	2	4	6	7	7	⑤	6	0	0				
10							2	7	4	7	7	⑦	2	5	5	1	0		
11											2	6	3	6	0			
12											FCF	1	1	1	7			
13	Σ Umlaufvermögen	7	2	0	0									8	6	6	0
14	ΣΣ Aktiva	2	0	0	0	0								2	1	6	6	0
15																		
16	Gezeichnetes Kapital	6	0	0	0									6	0	0	0
17	Gewinnrücklagen	3	0	0	0									3	0	0	0
18	GuV				0	⑥	1	0	0	0	②	2	6	9	2	0	9	1	0
19						⑦	2	5	5	1	0	③	5	0	0				
20						JÜ	9	1	0									
21							2	7	4	2	0	2	7	4	2	0		
22																		
23	Σ Eigenkapital	9	0	0	0									9	9	1	0
24	Langfr. Rückstellungen	1	0	0	0									1	0	0	0
25	Langfr. Darlehen	2	8	0	0					⑤	6	0	0	3	4	0	0
26																		
27	Σ langfr. Fremdkapital	3	8	0	0									4	4	0	0
28																		
29	KK-Kredite	6	0	0	0									6	0	0	0
30	Verbindl. LuL	1	2	0	0					④	1	5	0	1	3	5	0
31	Σ kurzfr. Fremdkapital	7	2	0	0									7	3	5	0
32	ΣΣ Passiva	2	0	0	0	0								2	1	6	6	0

Abb. 8.8: Die Erarbeitung der Planbilanz

Kapitel 8

Die Gegenbuchung findet am Bestandskonto in der Zeile 6 aktivamehrend auf der Sollseite statt.

4. Erhöhung Lager Rohstoffe (RHB-Stoffe 400 / FlüMi 250)
/ Kreditoren 150)

Die Bestandserhöhung des Rohstoffs wird aktivamehrend in der Zeile 5 auf der Sollseite abgebildet. Die Gegenbuchungen sind zum einen die Bezahlung von 250 T€, aktivamindernd am Konto flüssige Mittel in der Zeile 8 und zum anderen erhöhen sich die Verbindlichkeiten (oder Kreditoren) um 150 T€ in der Zeile 30 (Passivamehrend).

5. Investitionen und   (Maschinen 1.200 / FlüMi   600)
   Darlehenserhöhung   / Darlehen   600)

Die Investition in die neue Maschine wird auf dem Anlagenkonto in der Zeile 2 aktivamehrend dargestellt. Im Planjahr soll nur die Hälfte bezahlt werden, dies ist eine aktivamindernde Buchung am Konto flüssige Mittel in der Zeile 9. Die restlichen 600 T€ sollen durch einen Kredit abgedeckt werden, dieser wird in der Zeile 25 passivamehrend dargestellt.

6. Abschreibung Anlagevermögen (GuV 1.000 / Geb.   100)
                                          / Masch. 800)
                                          / BGA   100)

Die 1.000 T€ Abschreibungen sind ein Aufwand aus der GuV, dieser ist als passivamindernde Buchung in der Zeile 18 eingetragen. Die Gegenbuchungen sind im Anlagevermögen auf die entsprechenden Anlagen wie Gebäude (100), Maschinen (800) und Betriebs- und Geschäftsausstattung (100) aktivamindernd gebucht.

7. Buchungen des bisher noch nicht gebuchten zahlungswirksamen Aufwandes (GuV 25.510 / FlüMi 25.510)

Alle weiteren Buchungen sind jeweils Aufwendungen aus der GuV die gegen flüssige Mittel verbucht werden müssen. Im IST müssen diese jeweils einzeln verbucht werden. In unserem Beispiel

Finanzmanagement

erlauben wir uns, dafür eine einzige Sammelbuchung vorzunehmen. Die 25.510 T€ ist die Summe folgender Aufwendungen: Fertigungsmaterial (14.500), Fertigungslohn (4.880), sonstige Proko (1.930), weitere Personalkosten (2.550), sonstige Aufwendungen (560), Fremdkapitalzinsen (700), Ertragsteuern (390). (Siehe Abbildung 8.8.)

Wenn wir am Gewinnkonto alle Buchungen saldieren, muss sich als Differenz der Jahresüberschuss (bzw. Jahresfehlbetrag) ergeben. Damit können wir überprüfen, ob alle Aufwendungen und Erträge aus der GuV korrekt verbucht worden sind.

GuV																			
						⑥	1	0	0	0	②	2	6	9	2	0		9	1	0
						⑦	2	5	5	1	0			③	5	0	0			
							JÜ	**9**	**1**	**0**										
							2	7	4	2	0		2	7	4	2	0			

Die Finanzplanung

Brauchen wir einen Kredit? Um diese Frage beantworten zu können, müssen wir am Konto flüssige Mittel jeweils die Sollseite (auf dieser Seite sind alle Einzahlungen abgebildet) und die Habenseite (auf dieser Seite sind alle Auszahlungen abgebildet) saldieren. Dies ist der spannende Moment bei der Planung – ist der saldierte Wert auf der Sollseite größer als auf der Habenseite? Haben wir am Ende des Jahres Geld übrig?

	Eröffnungs-bilanz	Bewegungsbilanz		Schluss-bilanz
		Soll	Haben	
Flüssige Mittel	1 0 0 0	① 2 8 0 0	④ 2 5 0	2 1 1 7
		② 2 4 6 7 7	⑤ 6 0 0	
	Einzahlungen	2 7 4 7 7	⑦ 2 5 5 1 0	
			2 6 3 6 0	Auszahlungen
			FCF 1 1 1 7	

Bei unserem Beispiel der Coma GmbH haben wir 27.477 T€ an Einzahlungen und 26.360 T€ Auszahlungen. Das bedeutet, wir haben um 1.117 T€ mehr Einzahlungen und somit frei zur Verfügung, diesen Wert nennt man **Free Cash Flow**. Nun kann überlegt werden, was mit diesem zusätzlichen Geld gemacht werden soll. Es könnte eventuell ein teurer Kredit zurückgezahlt werden oder der Free Cash Flow erhöht den Kontostand flüssige Mittel, dafür entscheiden wir uns in unserem Beispiel. Wenn die Planung ergäbe, dass wir einen negativen Free Cash Flow zu erwarten haben, müsste die Aufnahme eines zusätzlichen Kredits eingeplant werden. Bei unserer Planung ist dies nicht nötig.

Die hier angestellten Überlegungen sind die auf das Gesamtjahr bezogene Finanzplanung. Unterjährig könnte es durchaus sein, dass ein Zwischenkredit aufzunehmen ist. Ob dies nötig ist, zeigt sich, wenn die Finanzplanung auf den Monat bzw. auf die Woche runtergebrochen wird. In großen Unternehmen und/oder bei enger Liquidität wird die Finanzplanung teilweise bis auf den Tag runtergebrochen.

Bestimmung der Schlussbilanzwerte

So wie in Abb. 8.7 gezeigt, können nun die geplanten Veränderungen während des Jahres zu den Eröffnungswerten des Planjahres addiert bzw. subtrahiert werden, und wir erhalten die Schlussbilanzwerte. Beispielhaft betrachten wir die Zeile 1 der Abb. 8.8. Am Konto in der Eröffnungsbilanz befinden sich Grundstücke und Gebäude im Wert von 6.000 T€. Es gibt keine aktivamehrende Buchung, jedoch eine aktivamindernde Buchung – die Afa von 100 T€. Der Schlussbilanzwert errechnet sich zu:

Zeile 1:   6.000 T€ + 0 T€ – 100 T€ = 5.900 T€

Auf der Passivseite der Bilanz (ab der Zeile 16 in Abb. 8.8) gibt es auf der Sollseite passivamindernde und auf der Habenseite passivamehrende Buchungen zu berücksichtigen, die Vorzeichen sind also umgekehrt im Vergleich zu den Aktivaänderungen. Betrachten wir hier als Beispiel die Veränderung des Kontos langfristiges Darlehen in der Zeile 25. Es gibt keine passivamindernde, dafür aber eine passivamehrende Buchung, es wird ein Kredit von 600 T€ aufgenommen:

Finanzmanagement

Zeile 25: 2.800 T€ − 0 T€ + 600 T€ = 3.400 T€

Die Kapitalflussrechnung oder Cash Flow Rechnung

Die Buchungen am Konto flüssige Mittel stellen alle zahlungswirksamen Veränderungen während des Jahres dar. Die Veränderungen werden gegliedert (analysiert) nach

- Cashflow aus laufender Geschäftstätigkeit
  z. B. bezahlte Umsätze, Veränderung von Lager/Forderungen bzw. Verbindlichkeiten aus Lieferungen und Leistungen
- Cashflow aus Investitionstätigkeit
  z. B. Kauf eines Gebäudes, Akquisitionen, Verkauf von Sachanlagevermögen
- Cashflow aus Finanzierungstätigkeit
  z. B. Veränderung von Bankschulden, Kapitalerhöhungen, Dividendenzahlungen

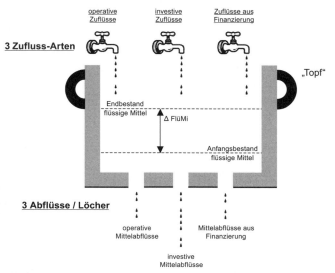

Abb. 8.9: Merkbild zur Kapitalflussrechnung (nach G. Radinger aus dem CA-Fachseminar »Finanzcontrolling«) Δ FlüMi (»Zahlungswirksame Veränderung des Finanzmittelstands«) entspricht der Veränderung des Füllstands des Topfs.

Bildlich können Sie sich das Konto flüssige Mittel als einen großen Topf vorstellen, in dem über das Jahr hinweg verschiedene Zu- und Abflüsse stattfinden.

Die Kapitalflussrechnung bzw. Bewegungsbilanz ist eine reine Veränderungsdarstellung (= Zeitraumbetrachtung). Sie zeigt die Struktur der Zahlungsströme (Geldzuflüsse und -abflüsse) während einer Periode auf. Ihre Bedeutung liegt sowohl im externen Rechnungswesen (Pflichtbestandteil des Jahresabschlusses nach IAS/IFRS und US-GAAP!) als auch in der internen Steuerung der flüssigen Mittel (Liquiditätsplanung). Bei der Herleitung unterscheidet man die direkte und die indirekte Methode. Während die direkte Methode unmittelbar auf die zahlungswirksamen Geschäftsfälle abstellt, beginnt die indirekte Methode mit dem Jahresüberschuss der GuV, aus dem die nicht zahlungswirksamen Positionen (Abschreibungen, Rückstellungsveränderungen) eliminiert werden. Dann folgen die Veränderungen der kurzfristigen operativen Bilanzpositionen (Vorräte, Debitoren, Kreditoren in Summe auch Net Working Capital genannt). Dieser Cash Flow aus der laufenden Geschäftstätigkeit dient dazu, die Investitionen zu

Kapitalflussrechnung der Coma GmbH für das Planjahr

1		Jahresüberschuss	910
2	+	Abschreibungen	1.000
3	+	Zuführung langfristiger Rückstellungen	--
4	=	**Brutto Cashflow**	**1.910**
5	–	Erhöhung RHB-Stoffe	400
6	–	Erhöhung Fertigerzeugnisse	500
7	+	Verminderung Forderungen	557
8	+	Erhöhung Verbindlichkeiten LuL	150
9	=	**Cashflow aus lfd. Geschäftstätigkeit (Zeile 4 ± Veränderung)**	**1.717**
10	–	Investitionen	1.200
11	=	**Cashflow aus Investitionstätigkeit**	**1.200**
12	+	Aufnahme Darlehen	600
13	=	**Cashflow aus Finanzierungstätigkeit**	**600**
14	=>	Veränderung flüssige Mittel (Zeile 9 + Zeile 11 + Zeile 13)	+1.117

Finanzmanagement

finanzieren. Der Cash Flow aus Finanzierungstätigkeit hat den Zweck, die Beziehungen zu Kapitalgebern (Banken, Aktionäre) darzustellen. Für die Coma GmbH ergibt sich die Cash Flow Rechnung für das Planjahr wie in der Tabelle auf der Vorderseite dargestellt.

Kennzahlen zur Unternehmensanalyse

Geht es einem Unternehmen gut oder nicht so gut, wie kann man das bestimmen? Um ein Unternehmen beurteilen zu können, sind mehrere Sichtweisen einzunehmen. Das Unternehmen soll rentabel sein, d. h. Produkte bzw. Dienstleistungen im Sortiment haben, die Gewinne abwerfen. Da, wie zuvor schon ausführlich erläutert wurde, Gewinn nicht gleich Geld ist, ist die Liquidität separat zu betrachten. Sind die Liquidität und auch die Rentabilität nicht ausreichend, ist Stabilität gefragt, um die schlechten Zeiten überstehen zu können, um die Zeit zu haben, wieder rentabel zu werden. Hat das Unternehmen Rentabilität erreicht, wird daraus über kurz oder lang auch wieder Liquidität hervorgehen. Diese drei Sichtweisen können zu einem Dreieck zusammengefügt werden. Da über diese drei Ecken ein Gesamturteil abgegeben werden kann – die Aussagekraft schon fast magisch ist – bezeichnen wir es als **magisches Kennzahlendreieck**.

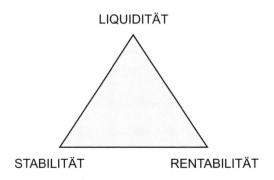

Abb. 8.10: Das magische Kennzahlendreieck zur Beurteilung des Zustands eines Unternehmens

Unter dem Ziel der Liquidität versteht man die Sicherung der jederzeitigen Zahlungsfähigkeit. Die Stabilität dient der Sicherung einer ausgewogenen Kapitalstruktur und die Rentabilität hat das Ziel, eine ausreichende hohe Ertragskraft sicher zu stellen. Anders ausgedrückt dient die Rentabilität dazu, einen hinreichend großen Gewinn zu erzielen. Hinreichend groß bedeutet, dass alle finanziellen Anforderungen erfüllt werden können, ohne dass es zu einer deutlichen Veränderung in der Kapitalstruktur kommen muss. Ein ausreichend hoher Ertrag ist auf mittlere Frist Voraussetzung für die Fähigkeit, den finanziellen Verpflichtungen nachkommen zu können.

Die drei Ecken können, zumindest kurzfristig gesehen, in einem Zielkonflikt zueinander stehen. Die Aktionäre haben häufig das Interesse, hohe Ausschüttungen, also eine hohe Dividende, zu erhalten. Dies kann konträr zu den Interessen der Gläubiger sein, die vor allem an der Zahlungsfähigkeit des Unternehmens interessiert sind. Auch auf der inhaltlichen Ebene lassen sich Interessenkonflikte zeigen: So führt die Investition heute zwar zum Mittelabfluss aber morgen erhöht sie die Rentabilität. Auch sachlich ist es nicht möglich, allen Zielen gleichzeitig zu dienen. Je größer die Kasse vorgehalten wird, desto geringer ist das Risiko einer Insolvenz auf Grund von Zahlungsunfähigkeit. Andererseits ist ein hoher Kassenbestand auch der Verzicht auf eine Investition in rentable Projekte. Liquidität (gleich Sicherheit) kostet Rentabilität.

Weil kurzfristig nicht alle Ziele gleichzeitig erreicht werden können, muss eine Rangfolge benannt werden. Wenn es hart auf hart geht, dann hat die Liquidität oberste Priorität. Eine Firma kann hoch rentabel sein und trotzdem insolvent werden. Zweite Priorität hat die Stabilität. Die Rentabiliät steht damit erst an dritter Stelle. Das Überleben der Firma hat Vorrang.

Im Sinne einer ganzheitlichen Betrachtung sind sowohl Bestandsgrößen als auch Stromgrößen zu analysieren. Ersteres betrifft vor allem die Bilanzstruktur in ihrer vertikalen und horizontalen Ausprägung. Letzteres bezieht sich vor allem auf den Cash flow und die Bewegungsbilanz.

Finanzmanagement

Auf den folgenden Seiten finden Sie einen Überblick über wichtige Kennzahlen und vor allem auch eine kritische Beleuchtung des Umgangs mit diesen Kennzahlen.

Liquidität

Liquiditätsgrade

Bei der Ermittlung der Liquiditätsgrade werden die Vermögenswerte, gegliedert nach ihrer Realisierbarkeit, dem kurzfristigen Fremdkapital gegenübergestellt.

$$\text{Bar-Liquidität oder Liquiditätsgrad I} = \frac{\text{Flüssige Mittel}}{\text{Kurzfristiges Fremdkapital}}$$

$$\text{Liquidität auf kurze Sicht oder Liqiditätsgrad II} = \frac{\text{Flüssige Mittel} + \text{kurzfristig verfügbare Mittel}}{\text{Kurzfristiges Fremdkapital}}$$

Flüssige Mittel sind Kassenbestand, Schecks, Guthaben bei Kreditinstituten, Postscheckguthaben und bundesbankfähige Wechsel. Kurzfristig verfügbare Mittel sind Forderungen aus Lieferungen und Leistungen, Wertpapiere des Umlaufvermögens, Wechsel (außer den bundesbankfähigen) und sonstige kurzfristig liquidierbare Teile des Umlaufvermögens. Diese Summe ist um die Pauschal-Wertberichtigung zu den Forderungen und um Wertberichtigungen zu den Wertpapieren zu kürzen.

$$\text{Working Capital} = \text{Umlaufvermögen} - \text{Kurzfristiges Fremdkapital}$$

Als Zielkennzahl für den Treasurer ist das Working Capital in einem Prozentsatz vom Umlaufvermögen auszudrücken, z. B. W.C. = 0,2 UV. Das Ziel ist erreicht, wenn 20 % des Umlaufvermögens langfristig finanziert sind. Festzulegen ist dann noch, ob diese Finanzierung zu bestimmten Stichtagen oder jederzeit sichergestellt werden soll.

$$\text{Liquiditätsgrad III} = \frac{\text{Umlaufvermögen}}{\text{Kurzfristiges Fremdkapital}}$$

Kapitel 8

Die Liquiditätsgrade geben in konzentrierter Form Auskunft über die zu einem bestimmten Zeitpunkt vorhandene Liquidität eines Unternehmens. Sie sagen aber nichts über die Ursachen für die Veränderungen zwischen zwei verschiedenen Zeitpunkten.

Liquiditätsgrad III und Working Capital (WC) sind natürlich nur verschiedene Namen für dieselbe inhaltliche Aussage. Die Mindestanforderung an das Working Capital lautet: größer gleich Null. Entsprechend gilt für den Liquiditätsgrad III die Anforderung größer gleich 100 %. Neben dieser statischen Betrachtung ist auch von Interesse, in wie weit die Liquidität, die erwirtschaftet wird, ausreicht, die künftigen Zahlungsverpflichtungen zu decken. Die Kumulierung aller Zahlungsströme deckt Finanzierungsprobleme frühzeitig auf:

Vorausschauende Liquiditätsplanung

Eine weitere wesentliche Frage ist die Fähigkeit, Schulden zu tilgen. Eine wichtige Kennzahl ist dazu der Verschuldungsgrad, auch dynamischer Verschuldungsgrad genannt.

$$\text{Dynamischer Verschuldungsgrad} = \frac{\text{Nettoschulden}}{\varnothing \text{ Cash Flow I (3 Jahre)}}$$

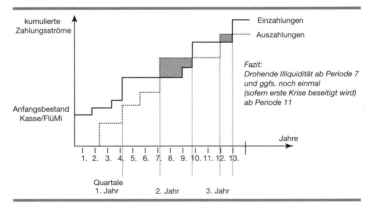

Abb. 8.11: Liquiditätsengpässe werden bei einer kumulierten Darstellung der Zahlungsströme schnell sichtbar

Die Nettoschulden sind die Differenz aus den Gesamtschulden und den zur Zeit verfügbaren flüssigen Mitteln und der Cash Flow I bezieht sich auf den Durchschnitt der letzten 3 Jahre, um von Sondereffekten unbeeinflusst zu bleiben. Diese Größe gibt in Summe an, wie viele Jahre es dauern würde, um mit dem durchschnittlich dauerhaft erwarteten Cash Flow I die zur Zeit bestehenden Schulden abzuzahlen. Üblicherweise wird ein Wert kleiner 3 Jahre erwartet. Das hängt damit zusammen, dass der Cash Flow I nicht nur für die Schuldentilgung zur Verfügung stehen muss, sondern auch für Investitionen in das Anlagevermögen oder das Umlaufvermögen.

Bei jungen Wachstumsunternehmen steht eher das Problem im Vordergrund, dass Insolvenz befürchtet wird. Zur Insolvenzprognose wird bei diesen Unternehmen die so genannte Cash-Burn-Rate verwendet. Sie ist definiert als

$$\text{Cash-Burnrate} = \frac{\text{Flüssige Mittel}}{\text{negativer Gesamt-Cash Flow}}$$

Als Ergebnis ergibt sich die Anzahl der Jahre, die das Unternehmen bei gegebener Situation überleben würde. Wobei darauf hingewiesen werden muss, dass gerade bei jungen Unternehmen die Vergangenheitsdaten nicht repräsentativ für die Zukunft sind. Außerdem besteht oft die Möglichkeit, weitere finanzielle Mittel aufzunehmen und damit die Liquiditätssituation zu verbessern.

Stabilität

Kennzahlen zur Kapitalstruktur

$$\text{Eigenkapitalausstattung} = \frac{\text{Eigenkapital}}{\text{Gesamtkapital}}$$

$$\text{Verschuldungsgrad (statisch)} = \frac{\text{Eigenkapital}}{\text{Gesamtkapital}}$$

$$\text{Verschuldungsfaktor (dynamisch)} = \frac{\text{Gesamtverschuldung}}{\text{Cash Flow I}}$$

Für die Ermittlung des Gesamtkapitals sind auf der Passivseite ausgewiesene Wertberichtigungen und ausstehende Einlagen auf das gezeichnete Kapital von der Bilanzsumme abzuziehen. Das Eigenkapital ist die Summe aus gezeichnetem Kapital, Kapital- und Gewinnrücklagen, Sonderposten mit Rücklagenanteil (die geschätzte Steuer für unversteuerte Rücklagen ist abzuziehen), Bilanzgewinn abzüglich ausstehende Einlagen auf das gezeichnete Kapital und Bilanzverlust. Das effektive Eigenkapital ist höher als der so ermittelte Wert, wenn in Bilanzpositionen stille Reserven enthalten sind. Dies spielt bei einem Zeitvergleich dann keine Rolle, wenn eine Kontinuität in den Bewertungsprinzipien vorhanden ist. Ein Betriebsvergleich wird an dieser Stelle in der Regel hinken.

Weitere Beziehungen können zwischen dem Gesamtkapital und den Kapitalanteilen mit unterschiedlicher Fristigkeit hergestellt werden. Auch der Zusammenhang bei den Schulden ließe sich noch im Detail darstellen, indem man einzelne Schuldenpositionen, z. B. nach ihrer Fristigkeit, zu den Gesamtschulden in Beziehung setzt.

Kennzahlen über Beziehungen zwischen Vermögen und Kapital

$$\text{Anlagendeckungsgrad I} = \frac{\text{Eigenkapital}}{\text{Anlagevermögen}}$$

$$\text{Anlagendeckungsgrad II} = \frac{\text{Eigenkapital} + \text{langfristiges Fremdkapital}}{\text{Anlagevermögen}}$$

Bei der Ermittlung der Schuldendeckung werden die nach ihrer Realisierbarkeit gegliederten Vermögenswerte den nach ihrer Fristigkeit gegliederten Schulden gegenübergestellt.

$$\text{Schuldendeckungsgrad I} = \frac{\text{Sofort verfügbares Vermögen}}{\text{Sofort fällige Schulden}}$$

$$\text{Schuldendeckungsgrad II} = \frac{\text{Kurzfristig verwertbares Vermögen}}{\text{Kurzfristig fällige Schulden}}$$

$$\text{Schuldendeckungsgrad III} = \frac{\text{Kurz- u. langfristig verwertbares Vermögen}}{\text{Kurz- u. langfristig fällige Schulden}}$$

Finanzmanagement

In diesen Kennzahlen für den Grad der Schuldendeckung sind die Vermögens- und Schuldenpositionen stufenweise kumuliert.

Die stufenweise Kumulierung der Vermögensgegenstände hat natürlich den Sinn, auf die Liquidierbarkeit zu achten. Je schneller ein Gegenstand liquidierbar ist, um so eher kann er dazu beitragen, bei Fälligkeit der Forderung diese zu bedienen. Die Frage hier lautet: wie schnell lässt sich eine Vermögensposition in liquide Mittel umwandeln und welcher Preisabschlag muss bei sofortiger Umwandlung hingenommen werden.

Aus dieser prinzipiellen Darstellung ergibt sich die so genannte »Goldene Bilanzregel«: Das, was langfristig der Firma dienen soll (d.h. in ihr verbleiben soll), soll auch langfristig finanziert sein. Deshalb macht es Sinn, die Vermögensstruktur weitergehend zu analysieren:

$$\text{Anlageintensität} = \frac{\text{Anlagevermögen}}{\text{Gesamtvermögen}}$$

Für die Ermittlung des Gesamtvermögens sind auf der Passivseite ausgewiesene Wertberichtigungen und ausstehende Einlagen auf das gezeichnete Kapital von der Bilanzsumme abzuziehen.

$$\text{Maschinenintensität} = \frac{\text{Maschinen und maschinelle Anlagen}}{\text{Anlagevermögen}}$$

$$\text{Maschinendominante} = \frac{\text{Maschinen und maschinelle Anlagen}}{\text{Gesamtvermögen}}$$

Anlagenintensität, Maschinendominante und Maschinenintensität können für ein Produktionsunternehmen aufschlussreich sein und vor allem Fragen auslösen wie: Wie flexibel sind wir bei Auslastungsschwankungen? Können wir finanziell mithalten, wenn technische Neuerungen hohen Investitionsbedarf auslösen? Welche Chancen und Gefahren liegen in einer hohen Fertigungstiefe?

Während es sich bei Anlagegütern um eine strukturelle Frage handelt, ist es bei Gütern des Umlaufvermögens eine Frage der Effizienz.

Kapitel 8

Zur Messung der Kapitalbindung sind die Umschlagshäufigkeit von Beständen und die Durchlaufzeit der Produkte wichtige Kennzahlen. Die Umschlagshäufigkeit gibt an, wie oft ein Bestand in einer Rechnungsperiode umgeschlagen wird; die Durchlaufzeit, wie lange eine Bestandsgröße zum Umschlag (daher auch Umschlagsdauer genannt) in einer Periode braucht. Zwischen Umschlagshäufigkeit und Durchlaufzeit besteht ein Zusammenhang: eine Verkürzung der Durchlaufzeit, z. B. durch eine verbesserte und schnellere Fertigungssteuerung führt auch zu einer Erhöhung der Umschlagshäufigkeit der in der Fertigung befindlichen Bestände und der Rohstofflager. Die Bestandsgrößen in den folgenden Kennzahlen können je nach Bedarf als einfache oder gleitende Durchschnitte angesetzt werden.

$$\frac{\text{Kapitalumschlag}}{\text{(Komponente der ROI-Formel)}} = \frac{\text{Umsatz}}{\text{Investiertes Kapital}}$$

$$\text{Abschreibungsquote} = \frac{\text{Abschreibungen auf AV + Desinvestitionen}}{\text{Anlagevermögen}}$$

Das Anlagevermögen wird in der Regel um die Finanzanlagen und die nicht abnutzbaren Teile des Anlagevermögens gekürzt.

$$\frac{\text{Lagerdauer (RHB, fertige}}{\text{und unfertige Erzeugnisse)}} \text{(DIV)} = \frac{\text{Lagerbestand alle Vorräte (Marktwert oder AHK) x 360}}{\text{Herstellungskosten}}$$

$$\frac{\text{Lagerdauer der fertigen}}{\text{Erzeugnisse in Kalendertagen}} = \frac{\text{Lagerbestand fertige Erzeugnisse x 360}}{\text{Herstellungskosten}}$$

Diese Kennzahlen zeigen den Einfluss der Lagerhaltung auf die Rentabilität und Liquidität eines Unternehmens. Eine Erhöhung der Umschlagshäufigkeit des Lagers bedeutet z. B., dass ein bestimmtes Produktionsvolumen mit einem geringeren Kapitaleinsatz im Lager hergestellt werden kann und die Lagerzinsen demnach sinken. Hintergründe für hohe Bestände – die dann bemängelt werden – liegen oft in sogenannten »Grundsatzentscheidungen«. Jederzeitige Lieferfähigkeit und Sicherstellung der Materialversor-

Finanzmanagement

gung für die Produktion führen oft zu hohen Sicherheitsbeständen im Fertigerzeugnis- und Materiallager, »koste es, was es wolle«.

$$\frac{\text{Kundenkreditdauer}}{\text{in Kalendertagen (DSO)}} = \frac{\text{Forderungsbestand (FLL) x 360}}{\text{Umsatz}}$$

$$\frac{\text{Lieferantenkreditdauer}}{\text{in Kalendertagen (DPO)}} = \frac{\text{Verbindlichkeiten (VLL) x 360}}{\text{Wert der Zugänge RHB und Fremdleistungsaufwand}}$$

Für die Ermittlung von Kennzahlen zur detaillierten Analyse des Bestandes an Forderungen und Verbindlichkeiten ist eine Gliederung nach ihrer Art, Höhe, Fristigkeit und nach Kunden bzw. Lieferanten sinnvoll.

Die operative Effizienz wird auch im **Cash-to-Cash-Cycle** abgebildet. Die Cash-to-Cash-Cycle-Time gibt an, wie lange die Firma braucht, um das Geld, das sie an den Lieferanten für Vorräte (bzw. an ihre eigenen Mitarbeiter) gezahlt hat, zurück erhält aus der Zahlung des Kunden. Die Cash-to-cash-cycle-time wird in der Regel wie folgt (vereinfacht) berechnet:

$$\boxed{\text{Cash-to-Cash-Cycle-Time} = \text{DSO} + \text{DIV} - \text{DPO}}$$

Die Vereinfachung der Rechnung liegt in den DPO. Für ein Handelsunternehmen entsprechen die durchschnittlichen Verbindlichkeiten exakt dem eingekauften Warenwert. Bei einem produzierenden Unternehmen ergibt sich eine Ungenauigkeit auf Grund der Wertschöpfung des Unternehmens. Je größer die Wertschöpfung, desto größer der Fehler. Bei höherer Wertschöpfung werden die DPO zu gering berechnet, da die anfallenden Herstellungskosten zu den Anschaffungskosten der eingesetzten Rohmaterialien hinzu addiert werden.

Um die Cash-to-Cash-Cycle-Time möglichst gering zu halten, im Idealfalle sogar einen negativen Wert zu erzielen, gilt es, ein möglichst langes Zahlungsziel gegenüber dem Lieferanten und

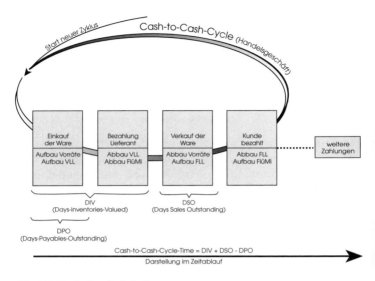

Abb. 8.12: Der Cash-to-Cash-Cycle

möglichst kurze Zahlungsziele bei eigenen Kunden zu verhandeln, sowie einen schnellen Lagerumschlag zu erzielen. Die obenstehende Grafik 8.12 verdeutlicht den Zusammenhang.

Je schneller dieser Zyklus durchlaufen wird, umso eher erhält die Firma das Geld zurück, das sie in das operative Geschäft hineingesteckt hat. Je geringer die Zeit im Cash-to-Cash-Cycle ist, desto geringer ist auch das Net Working Capital (NWC). Ein negativer Cash-to-Cash-Cycle entspricht einem negativen NWC. Das NWC wird auch als Managerial Working Capital bezeichnet und ist definiert als

	Vorräte
+	Forderungen aus Lieferungen und Leistungen (FLL)
−	Verbindlichkeiten aus Lieferungen und Leistungen (VLL)
=	**NWC**

Das **Net Working Capital** ist eine Kennzahl des Wertmanagements Working Capital. Insbesondere amerikanische Unternehmen unterscheiden begrifflich zwischen NWC und WC oft nicht, sondern nennen beide Working Capital. Das NWC ist eine zentrale Größe bei der Berechnung des Shareholder Values gemäß dem Modell von Alfred Rappaport.

Rentabilität

Damit ist die letzte Ecke des magischen Dreiecks erreicht. Die älteste und allgemeinste Form zur Berechnung der Rentabilität ist nach wie vor der ROI-Baum.

Der ROI ist eine Gesamtkapital-Rentabilität. Der englische Begriff für Gesamtkapital-Rentabilität lautet auch Return On Total Assets (ROTA). Er geht davon aus, dass jeder Teil des eingesetzten Kapitals auch verzinst werden soll. In letzter Zeit sind an den Kapitalmärkten aber zusehends Tendenzen zu bemerken, sich bei den Analysten in ein gutes Licht zu setzen. Diese Tendenz zeigt sich darin, dass verstärkt einzelne Komponenten aus der Rentabilitätsbetrachtung herausgerechnet werden. Zum einen werden vorläufige Zahlen oder Pro-Forma-Zahlen genannt und zum anderen werden bestehende Kennzahlen schlichtweg umdefiniert. Dieses bei den großen Konzernen nicht seltene Vorgehen hat zu einer Inflation von Kennziffern geführt. Auf der folgenden Seite finden Sie eine Aufstellung der wichtigsten Abkürzungen zur Kennztal EBIT.

Die Darstellung bereinigter Ergebnisgrößen ist grundsätzlich legitim. Wichtig ist aber, dass sie nachvollziehbar sind. Da viele Firmen eigene Definitionen verwenden, bleibt die Vergleichbarkeit der Ergebnisse eingeschränkt. Dies gilt im besonderen Maße dann, wenn die Konkurrenzanalyse auf Basis von externen Daten, d.h. dem Jahresabschluss erstellt werden muss. Hier ist z.B. zu beachten, dass der ROI von der Struktur her eine interne Kennzahl darstellt. Zur Berechnung wird das operative Ergebnis benötigt. Also das EBIT. Wenn nur der Jahresabschluss zur Verfügung steht, so ist er zumindest um die Komponenten Kapitalzinsen und Steuern

Kapitel 8

EBA	Earnings Before Amortization	Ergebnis vor Abschreibungen auf immaterielle Vermögenswerte
EBDA	Earnings Before Depreciation and Amortization	Ergebnis vor Abschreibungen auf Sachanlagen und Abschreibungen auf immaterielle Vermögenswerte
EBT	Earnings Before Taxes	Ergebnis vor Steuern
EBDDT	Earnings Before Depreciation and Deferred Taxes	Ergebnis vor Abschreibungen auf Sachanlagen und latenten Steuern
EBTSO	Earnings Before Taxes and Stock Options	Ergebnis vor Steuern und Aktienoptionen
EBTA	Earnings Before Taxes and Amortization	Ergebnis vor Steuern und Abschreibungen auf Sachanlagen
EBTDA	Earnings Before Taxes, Depreciation and Amortization	Ergebnis vor Steuern, Abschreibungen auf Sachanlagen und Abschreibungen auf immaterielle Vermögensgegenstände
EBIT	Earnings Before Interest and Taxes	Ergebnis vor Zinsen und Steuern
EBIAT	Earnings Before Interest, Amortization and Taxes	Ergebnis vor Zinsen, Abschreibungen auf immaterielle Vermögensgegenstände und Steuern
EBITSO	Earnings Before Interest, Taxes and Stock Options	Ergebnis vor Zinsen, Steuern und Aktienoptionen
EBITA	Earnings Before Interest, Taxes and Amortization	Ergebnis vor Zinsen, Steuern und Abschreibungen auf immaterielle Vermögensgegenstände
EBDIT	Earnings Before Depreciation, Interest and Taxes	Abschreibungen auf Sachanlagen, Zinsen uns Steuern
EBITDA	Earnings Before Interest, Taxes, Depreciation and Amortization	Ergebnis vor Zinsen, Steuern, Abschreibungen auf Sachanlagen und Abschreibungen auf immaterielle Vermögenswerte
EBITDAR	Earnings Before Interest, Taxes, Depreciation, Amortization and Rents	Ergebnis vor Zinsen, Steuern, Abschreibungen auf Sachanlagen, Abschreibungen auf immaterielle Vermögenswerte und Mieten
EBITDASO	Earnings Before Interest, Taxes, Depreciation, Amortization and Stock Options	Ergebnis vor Zinsen, Steuern, Abschreibungen auf Sachanlagen, Abschreibungen auf immaterielle Vermögenswerte und Aktienoptionen
EBET	Earnings Before Earnings-linked Taxes	Ergebnis vor ergebnisbezogenen Steuern

[1] Zitiert nach Süddeutsche Zeitung, 21. März 2006, „Irritation statt Information".

zu bereinigen. Außerdem ist beim ROI darauf zu achten, dass er vor allen Dingen als Steuerungskennzahl innerhalb eines Jahres zu verwenden ist. Der Vergleich verschiedener Jahreszahlen kann aufgrund von Inflation, veränderter Abschreibungspolitik oder fehlender Reinvestition verfälscht sein.

So fern nicht nur die Gesamtkapital-Rentabilität im Focus steht, sondern die Rendite des operativen Geschäftes, wird häufig der Return On Capital Employed (ROCE) verwendet:

$$\text{ROCE} = \frac{\text{EBIT}}{\text{CE}}$$

Der Capital Employed (CE) kann auf zwei Wegen definiert werden,

aktivisch:
CE = (Netto-)Anlagevermögen + Net Working Capital

oder passivisch:
CE = Eigenkapital + PensionsRSt + Nettofinanzverbindlichkeiten

Der Vorteil des ROCE besteht darin, dass er deutlicher ausdrückt, wie es um den operativen Erfolg steht, weil im Zähler nur der operative Gewinn und im Nenner nur das betriebsnotwendige Vermögen vorhanden ist. Allerdings ist der ROCE ebenfalls anfällig gegenüber der so genannten »Cash Out-Strategie«, d.h. mangelnder Reinvestition. In der Definition des CE zeigt sich dies im Begriff des (Netto-)Anlagevermögens, d.h. es handelt sich um die abgeschriebenen Buchwerte.

Kennzahlen, die zugleich in den Bereich Wertmanagement hineingehen, sind der CFROI und der RONA. Der CFROI (Cash Flow Return On Investment) berücksichtigt das Problem mangelnder Investitionen. Er ist nicht mehr anfällig gegen eine Cash Out-Strategie. Der CFROI berechnet sich wie folgt:

$$\text{CFROI} = \frac{\text{Brutto-Cash Flow}}{\text{Brutto Investitionsbasis}}$$

$$\text{CFROI} = \frac{\text{Jahresüberschuss} + \text{Zinsaufwand} + \text{Abschreibungen}}{\substack{\text{Sachanlagevermögen} + \text{kumulierte Abschreibg.} \\ (\text{ggf.}+\text{Inflationsausgl.}) + \text{sonstiges Anlagevermögen} \\ + \text{Umlaufvermögen}}}$$

Der CFROI berücksichtigt das eingesetzte Kapital und er basiert auf einem nicht manipulierten Cash Flow. Außerdem ist er weniger manipulierbar als eine Gewinngröße. Der CFROI kann außerdem projektbezogen für Investitionen berechnet werden.

Eine weitere gebräuchliche Kennzahl für die Rendite im Rahmen des Wertmanagement ist der Return On Net Assets (RONA) oder auf deutsch die Nettokapitalrendite. Sie ist eine zentrale Größe im Konzept des EVA-Modells™ von STERN/STEWART und berechnet sich als

$$\text{RONA} = \frac{\text{NOPAT}_{BI}}{\text{Net Assets}}$$

Der **NOPAT$_{BI}$** ist eine künstliche Größe. Er wird auch als Betriebsergebnis vor Zinsen aber nach Steuern definiert. Das nettoinvestierte Vermögen (Net Assets) entspricht der Bilanzsumme abzüglich dem nicht zinstragenden Fremdkapital. Das sind in der einfachsten Variante Lieferantenverbindlichkeiten, Steuerrückstellungen und Anzahlungen von Kunden.

Fazit zum Umgang mit Kennzahlen

Für die Analyse und Steuerung ergeben sich zwei Hauptproblemfelder. Für den Benchmark mit Konkurrenzunternehmen ist man auf externe Informationen angewiesen. Diese unterliegen erheblichen Wahlrechten (insbes. gem. HGB) bei der Bilanzierung. Ihre Aussagekraft ist somit für Analysezwecke eingeschränkt. Da der operative Erfolg oft nicht exakt ermittelt werden kann, ist es wichtig, die Entwicklung des Konkurrenten im Zeitablauf zu beobachten. Da eine exakte Zahl nicht zur Verfügung steht, kommt es mehr darauf an, den Messfehler immer gleich zu halten, d.h. immer dieselbe Definition der Messgröße zu verwenden. Außerdem sollte darauf geachtet werden, nicht Daten aus Pressemitteilungen oder Zeitungsmeldungen zu verwenden, da diese nicht den strengeren Regeln der Bilanzierung unterliegen. Hier benutzen die Firmen häufig Freiheitsgrade und benennen Kenngrößen um, so dass sie nicht mehr vergleichbar sind.

Bei der Konzeption und Neugestaltung eines Kennzahlensystems ist darauf zu achten, Redundanzen zu vermeiden. Die Größen Working Capital, Liquiditätsgrad III oder Anlagendeckungsgrad II heißen zwar alle völlig verschieden, sie sagen jedoch exakt dasselbe aus. Ein Anlagendeckungsgrad II größer 100 % entspricht einem Liquiditätsgrad III > 1 und einem Working Capital > 0. Eine solche Zusammenstellung von Kennzahlen dient nicht der Transparenz, sondern der Verwirrung.

Zusammengefasst gelten bei der Ermittlung von Kennzahlen drei Grundregeln:

1. Kennzahlen brauchen einen Mehrperiodenbezug, d.h. sie sollen über einen Zeitverlauf analysiert werden; am besten natürlich in die Zukunft hinein.

Finanzmanagement

2. Kennzahlen müssen auf ihre Aussagekraft sowie auf ihre Qualität hin untersucht werden: Z. B. ROI = 10 %: Wie ist der Return berechnet, sind außerordentliche Komponenten enthalten? Wie ist das Investment berechnet (z. B. mit oder ohne Beteiligungen)?

3. Eine Kennzahlenanalyse muss ganzheitlich erfolgen, d. h. ein Unternehmen ist nie aufgrund nur einer Kennzahl zu beurteilen. Es eignet sich hier das »magische« Kennzahlendreieck (Abb. 8.10).

Kennzahlen gerechnet am konkreten Beispiel der Coma GmbH
Werte in () sind jeweils Zielwerte als Richtwert:

- Gesamtkapitalrentabilität / ROI (>15):

$$\frac{\text{EBIT}}{\text{durchschnittliche Bilanzzumme}} = 9{,}6\,\%$$

- Cash-Flow-Marge (>8 %):

$$\frac{\text{Cash Flow}}{\text{Umsatz}} = 7{,}1\,\%$$

- Zinsdeckungsquote (>14 %):

$$\frac{\text{EBIT}}{\text{Zinsaufwand}} = 2{,}9\,\%$$

- Umsatzrentabilität (abh. von Branche):

$$\frac{\text{EBIT}}{\text{Umsatz}} = 2{,}9\,\%$$

- Eigenkapital-Quote (>25 %):

$$\frac{\text{Eigenkapital}}{\text{Gesamtkapital}} = 45\,\% \text{ (EB) bzw. } 45{,}8\,\% \text{ (SB)}$$

- Anlagedeckungsgrad II (>150 %):

$$\frac{\text{Eigenkapital} + \text{langfr. Fremdkapital}}{\text{Anlagevermögen}} = 100\,\% \text{ (EB) bzw. } 110{,}1\,\% \text{ (SB)}$$

- Entschuldungsdauer (<3,5 Jahre):

$$\frac{\text{Schulden} - \text{flüssige Mittel}}{\text{Cash Flow}} = 5,0 \text{ Jahre}$$

- Liquiditätsgrad II (>110 %):

$$\frac{\text{Flüssige Mittel} + \text{Forderungen}}{\text{kurzfr. Fremdkapital}} = 52,8\ \% \text{ (EB) bzw. } 59,3\ \% \text{ (SB)}$$

9.

Vom Cost-Controlling zum Value-Controlling

Eine wahre Geschichte

Unser Staubsauger war kaputt, so fuhr ich zum nächsten großen Elektromarkt. Am Vormittag waren noch wenig Kunden im Geschäft, so standen drei Verkäufer zusammen und unterhielten sich blendend. So blendend, dass es für mich als Kunden fast peinlich war, diese zu unterbrechen. »Entschuldigung, ich bräuchte einen Staubsauger!?«. »Die finden Sie dort drüben!«, war die knappe Antwort. Hartnäckig fragte ich weiter: »Was gilt es dabei zu beachten?« »Sie finden neben jedem Gerät einen Aufsteller mit Infos und Spezifikationen«, antwortete einer der drei Verkäufer schon etwas genervt. »Können Sie mir da einen empfehlen?«, ließ ich nicht locker. »Ja, den billigsten den wir da haben, finden Sie links vorne auf dem Kartonstapel«, war die prompte Antwort, begleitet von einer in die Richtung zeigenden Handbewegung. Nun wollte ich mir das Ding auch ansehen. Ich stellte fest: Dieser Staubsauger ist wirklich saubillig, aber nicht viel mehr! So verließ ich den Laden und versuchte es beim nächsten Elektrofachgeschäft. Da standen die gleichen Produkte. Bevor ich noch »Entschuldigung…« sagen konnte, sprach mich ein freundlicher Verkäufer an: »Kann ich Ihnen helfen?«. »Ja bitte, ich suche einen Staubsauger?« Ohne mir ein bestimmtes Modell zu zeigen fragte er mich: »Wie viele Quadratmeter saugen Sie am Stück?

Haben Sie eine hohe oder geringe Staubbelastung?« »150 m²« entgegnete ich, »aber ob die Staubbelastung hoch ist, kann ich nicht so genau sagen«. »Auf welcher Seite von München sind Sie zu Hause?«. »Im Südwesten, warum?« »Im Osten ist die Staubbelastung wegen der Westwinde am höchsten, die bekommen den Hausbrand von München ab«, erklärte der Verkäufer und fuhr fort: »Sind die 150 m² auf einer Ebene, oder haben Sie mehr Etagen?«. »Wir mieten ein Haus, also haben wir einen Keller, ein Erdgeschoß und ein Dachgeschoß«, informierte ich bereitwillig. Nun führte mich der Verkäufer zu einigen Modellen mit den Worten: »Dann kommen für Sie eigentlich nur mehr diese Modelle in Frage. Die haben eine ordentliche Leistung für die Quadratmeter die Sie haben und sind dabei noch leicht und handlich, damit Sie diese einfach von einem Stockwerk zum anderen bekommen. Haben Sie Personen mit Allergien im Haushalt? Ja? Dann bleiben eigentlich nur mehr diese drei Modelle übrig. Darf ich fragen, wer bei Ihnen zu Hause staubsaugt?«. »Ist das wichtig«, entgegnete ich vorsichtig. »Staubsaugen soll ja Spaß machen. D. h., wenn Sie daheim staubsaugen, dann suchen Sie sich jetzt ein Modell aus, dass Ihnen gefällt, an dem Sie Spaß haben!« Von der Seite hatte ich das noch gar nicht betrachtet! So habe ich mich für den Ferrari roten Staubsauger entschieden und der war nicht mehr billig.

Worin bestand nun der Unterschied zwischen dem einem und dem anderen Geschäft. Beide hatten die gleichen Modelle im Laden. Während der eine über den Preis verkauft, verkaufte der andere über die Leistung und hatte dabei das mögliche Potenzial seines Kunden voll ausgeschöpft. Ich glaube nicht, dass es für den Staubsauger einen Unterschied macht, ob er 100 m² oder 150 m² mit schwacher oder starker Staubbelastung zu saugen hat. Bewusst oder unbewusst hat der Verkäufer mit wenigen Fragen das Kundenpotenzial ermittelt – fünfköpfige Familie mietet im Münchner Westen ein Einfamilienhaus mit 150 m² – und ging dann auf die besonderen Bedürfnisse des Kunden ein. Da sind wir schon beim Value Controlling!

Können wir den drei ersten Verkäufern einen Vorwurf machen?

Vielleicht fehlende Motivation – da gehört aber auch immer ein Chef dazu. Ich denke viel mehr, dass uns so ein Verhalten nicht wundern darf, wenn wir jeden Tag nur hören und lesen, dass die Kosten runter müssen, weil alles noch billiger werden soll. So wird suggeriert: billig ist gut!

Kosten runter, Kosten runter – wie lange noch?

In den letzten Jahren schien sich die Kreativität vieler Manager auf das Thema Kostensenkung, effizientes Kostenmanagement zu reduzieren. Das Machtgefüge der Finanzmärkte und Konzerne ist im globalen Wettbewerb bestrebt, Lohnkosten zu senken und Lohnnebenkosten gänzlich abzubauen. Bevorzugt scheinen billige Arbeitskräfte, atypische Beschäftigungen und Auslagerungen in Billiglohnländer. Kaum ein Tag, an dem nicht eine neue Meldung über Kostensenkungs- bzw. Personalabbauprogramme durch die Presse gehen. Effizientes Kostenmanagement, allen voran effiziente Controlling Tools zur Kostensenkung, Budgets, die jedes Jahr gekürzt werden müssen, Wertanalyse für Produkte und Organisation sind gefragt, weil die Kosten runter müssen. »Kosten runter« scheint die einzige Waffe gegen billigen Wettbewerb aus Fernost zu sein!? Aber wie lange noch? Vergleichen wir die Lohnkosten pro Arbeitsstunde mit Billiglohnländern, so erhält ein Arbeiter z. B. in China gerade einmal 5 % von dem, was sein deutscher Kollege bekommt. Trotzdem reicht hier zu Lande heute schon in manchen Branchen die geringfügige Entlohnung kaum mehr für den Lebensunterhalt. Angesichts der niedrigen Kostenstruktur der Billiglohnländer, ist es schwer zu glauben, dass wir im globalen Wettbewerb eine Kostenführerschaft ohne Verlust an Lebensqualität anstreben können bzw. wollen. Kurzfristig retten uns natürlich groß angelegte Kostensenkungsprogramme über die nächsten Jahre. Langfristig besteht die Gefahr, dass wir immer mehr Qualität aus unseren Produkten »herausquetschen« und die Innovationskraft verlieren, zumindest stark bremsen. In Folge verringern sich der Qualitätsabstand unserer Produkte und Dienstleistungen sowie der heute (hoffent-

Kapitel 9

lich) noch vorhandene Wettbewerbsvorteil unserer Leistungen. Und damit liefern wir uns noch mehr der Preisspirale und damit der Kostenspirale nach unten aus.

Customer Value versus Shareholder Value?

Daher müssen wir uns stärker als bisher auf die nachhaltig verteidigbaren Werte, die unseren Wettbewerbsvorteil erhalten bzw. noch steigern, konzentrieren. Dabei kommt es auf eine starke Vision an, die den WEG in die Zukunft positiv beschreibt. Ganz nach dem Motto: »Den WEG finden, oder weg sein vom Fenster«. Um auch bei unserer Kostenstruktur in Zukunft noch Gewinne bzw. eine Wertsteigerung erzielen zu können, müssen wir in Wachstum unserer Märkte und Kunden sowie in Entwicklung unserer Produkte, Services, Organisationen, Prozesse und Mitarbeiter investieren.

Abb. 9.1: Wegsymbol

Vom Cost-Controlling zum Value-Controlling

Ziel muss es sein, den Kundennutzen (Customer Value) so zu erhöhen, dass der Kunde bereit ist für unsere Produkte und Dienstleistungen den Preis (Customer Equity) zu bezahlen, den sie kosten und den wir für weitere Investitionen in den Customer Value, aber auch für einen positiven Shareholder Value benötigen. Damit das gelingt, müssen wir Kernkompetenzen bewerten, Kundennutzen und Marktwerte ermitteln sowie unseren Wettbewerbsvorteil messen und kontinuierlich weiterentwickeln. Wir müssen heute wohl genauso viel, wenn nicht sogar einen größeren Augenmerk auf das Value Controlling legen, wie wir es heute schon beim Cost Controlling tun. Immerhin mehr als 14 % aller Unternehmen gelang es, in den letzten Jahren ein höheres Qualitätsniveau zu erreichen und dabei deutliche Preissteigerungen am Markt durchzusetzen. Zu den Schlüsselfaktoren der erfolgreichen Unternehmen zählen die hohe Kundenorientierung – Ausrichtung am Customer Value (Kundennutzen), hohe Innovationsraten, die (volle) Nutzung der Mitarbeiterpotenziale verbunden mit einer starken Vision und Konzentration auf die Kernkompetenzen. »Marktanteil koste es was es wolle« gehört für diese Unternehmen genauso der Vergangenheit an, wie das Verkaufen über Rabatte. An dessen Stelle rückte profitables Wachsen und

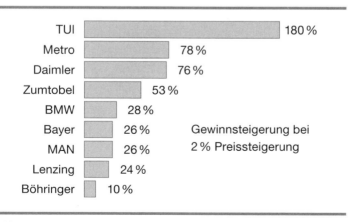

Abb. 9.2: Preissensitivität

Verkaufen über Leistung. Selbst eine kleine Verbesserung der Preise um 2 % (bzw. Verringerung der Rabatte) lässt die Gewinne mitunter explodieren wie die Grafik aus dem Congressvortrag von Herrn Pascher zeigt (Abb. 9.2).

Am Beispiel Daimler brächte eine Preiserhöhung um 2 % eine Gewinnsteigerung um 76 %. Wie in diesem Beispiel liegt viel Potenzial in der Rabattpolitik der Unternehmen. Geld wird immer wieder durch leichtfertige Rabatte verschenkt. Kostenrechner, drei Hierarchien unter der Unternehmensleitung, »verwalten« die Preislisten, anstatt den Wert für den Kunden zu ermitteln. Hoch innovative Unternehmen legen ihre Preise per Aufschlagskalkulation auf die Herstellkosten fest trotz deutlich höheren Kundennutzens.

Controlling der Kernkompetenzen

Die Value Controller kennen die Kompetenzen des Unternehmens, messen regelmäßig die Wettbewerbsvorteile und ermittelt den Wert für den Kunden. Zunächst aber schaffen sie Transparenz für das Management mit dem Kompetenzportfolio.

Die Produkte und Dienstleistungen werden in das Portfolio nach ihrer Marktfähigkeit und Innovationsfähigkeit sortiert. Dabei beschreibt die Innovationsfähigkeit den »tatsächlichen« Vorteil gegenüber dem Wettbewerber in punkto Technik (z. B. Haltbarkeit, Funktionalität), Organisation (z. B. bessere Erreichbarkeit), Prozesse (z. B. Liefertreue, Pünktlichkeit) etc. Die Marktfähigkeit beschreibt den Nutzen bzw. Vorteil für den Kunden. Letztlich kommt es nur darauf an, was der Kunde wahrnimmt und ob es für ihn wichtig ist (Marktfähigkeit). Wollen wir aber nachhaltig den Kunden überzeugen, müssen wir unseren Vorsprung auch beweisen (Innovationsfähigkeit). D. h. einen hohen Wettbewerbsvorteil haben wir, wenn der Vorteil vom Kunden wahrgenommen wird, dieser für ihn auch wichtig ist und wir ihn nachhaltig verteidigen bzw. ausbauen können. Nur dann können wir auch höhere Preise am Markt durchsetzen, ohne gleichzeitig einen Verlust des

Vom Cost-Controlling zum Value-Controlling

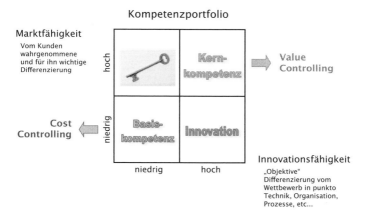

Abb. 9.3: Kompetenzportfolio nach Produkten

Marktanteils hinnehmen zu müssen. In diesem Fall sprechen wir von unseren Kernkompetenzen. Hohe Innovationsfähigkeit bei gleichzeitig geringer Marktfähigkeit wird schnell zur Kostenfalle, wenn es nicht gelingt, die Marktfähigkeit zu steigern. Hohe Marktfähigkeit bei niedriger Innovationsfähigkeit zählt zu den »cash cows« der Kompetenzen und ist gleichzeitig der Schlüssel für rasche Marktfähigkeit zukünftiger Innovationen. Produkte im Bereich der Basiskompetenz sind beliebig austauschbar; unterscheiden sich nicht vom Wettbewerb. Für diese Produkte bleibt oft nur mehr die Differenzierung durch den Preis. Das ist der Bereich, wo Cost Controlling seinen Schwerpunkt hat. Betrachten wir einen Produktlebenszyklus, so stellen wir fest, das Produkte von rechts unten, gegen den Uhrzeiger durch das Portfolio wandern. Eine Innovation startet in den Markt, wird vom Kunden wahrgenommen und genießt zunächst ein Alleinstellungsmerkmal. Nun ziehen die Wettbewerber nach und damit nimmt die Differenzierung durch den Kunden Zug um Zug ab. Sortieren Sie Ihre Produkte in das Portfolio und halten fest, wie schnell die Produkte durch das Portfolio wandern, d. h. von Wettbewerbern kopiert werden und in Folge ihr Imagevorsprung abnimmt. Value

Controlling setzt u. a. genau bei diesem Kompetenzzyklus an. Value Controller beobachten in enger Zusammenarbeit mit Vertrieb, Marketing, Produktion und Entwicklung den Markt und den Wettbewerb, formulieren Zielpositionen im Portfolio, planen und steuern den Weg dorthin. Durch aktives Value Controlling verlängern wir die Marktfähigkeit unserer Produkte und verhelfen unseren Innovationen schneller zum Markterfolg. Value Controlling bedeutet auch Anwendung unterschiedlicher Preisfindungsstrategien je nach Portfoliopositionen meiner Leistungen. Reine Aufschlagskalkulation auf die Herstellkosten greift für Produkte mit Kernkompetenz zu kurz. Für diese Produkte wollen wir nicht nur ermitteln, welcher Preis nötig ist, um unsere Kosten plus Gewinnziel zu decken, sondern welcher Preis für den Wert, den unser Produkt im Vergleich zum Wettbewerb bietet, möglich ist. Für diese Quantifizierung eines Wettbewerbsvorteils empfehlen wir das Potenzialprofil.

Strategische Preisfindung mit dem Potenzialprofil

Das Potenzialprofil (Abb. 9.4) ermittelt unseren Wettbewerbsvorteil (oder auch Nachteil) durch Beurteilung unserer Leistung im Vergleich zur Leistung unseres Wettbewerbers aus Kundensicht.

Die Kriterien beschreiben die Art des Bedarfs bzw. den vom Kunden wahrgenommenen Nutzen, das Gewicht spiegelt den Wert, die Wichtigkeit für den Kunden wider. Die Beurteilung durch den Kunden erfolgt im Vergleich mit dem Wettbewerb. Ist unsere Leistung in Bezug auf das Kriterium gleich gut (=), eher besser (+), klar besser (+ +) oder eher schlechter (–) bis deutlich schlechter (– –)? Durch multiplizieren der Beurteilung mit dem Gewicht erhält man die Potenzialpunkte des entsprechenden Kriteriums. Z.B. Haltbarkeit hat ein Gewicht von 15 multipliziert mit 5 (+ +), entspricht 75 Potenzialpunkten. Nach Addition der Potenzialpunkte über alle Kriterien erhalten wir das Gesamtpotenzial unserer Leistung. Die Referenz, unser Wettbewerber liegt bei 300 Punkten. Die Differenz der beiden Werte, in unserem Beispiel

Vom Cost-Controlling zum Value-Controlling

95 Punkte, drückt unseren Wettbewerbsvorteil, den Abstand zum Wettbewerber in Bezug auf unsere Leistung aus. Ein Abstand von 95 Punkten oder knapp 32 % lässt darauf schließen, dass wir bei gleichem Preis (des Wettbewerbers) den Marktanteil deutlich steigern können bzw. dass wir bei gleichbleibendem Marktanteil einen höheren Preis erzielen können. Mit Hilfe dieses »Leistungsabstandes« wird nun der mögliche Preisabstand abhängig von einer möglichen Wachstumsstrategie eingeschätzt. Wenn Sie das Potenzialprofil nicht aus Kundensicht, sondern im Team durch Selbsteinschätzung ermitteln und trotz positivem Abstand zum Wettbewerber der Meinung sind, dass kein höherer Preis erzielt werden kann, dann liegt das an mehreren Ursachen. Die Beurteilung, ob wir besser oder deutlich besser als der Wettbewerber sind, erfolgt im Team oft nach technischen, messbaren Kriterien. Bitte hinterfragen Sie, ob diese auch so vom Kunden wahrgenommen werden. Vielleicht haben Sie nicht alle Kriterien, die für die Kaufentscheidung relevant sind, erkannt. Prüfen Sie, ob das Konkurrenzprodukt einen Bedarf deckt, den wir ggf. noch gar nicht entdeckt haben. Der häufigste Fehler in der Praxis wird aber bei der Selbsteinschätzung des Gewichts gemacht. Gerne überschätzen wir die Wichtigkeit bei Kriterien, wo wir beson-

Kriterien	Gewicht	5 4 3 2 1	Punkte
		+ + + = − −−	
Haltbarkeit	15		75
Bedienbarkeit	30	Wir	90
Pünktlichkeit	20		80
...	..		..
...	..	Wett-	..
...	..	bewerb	..
	100 %	300	395

95
**Abstand zum Wettbewerb
in Bezug auf die Leistung**

Abb. 9.4: Potentialprofil

ders gut sind. Trotz bzw. gerade wegen dieser möglichen Fehler bei der Selbsteinschätzung ist der Erarbeitungsprozess im Team besonders wichtig. Fünfzig Prozent des Mehrwertes liegt im Austausch der Einschätzungen aus unterschiedlichen Blickwinkeln (Verkauf, F&E, Marketing du Produktion). So macht z.B. die Entwicklung auf einen Vorteil aufmerksam, den das Marketing, der Vertrieb noch gar nicht wahrgenommen hat. Umgekehrt spricht der Verkauf von noch nicht erfüllten Kundenbedürfnissen, die F&E eventuell einfach realisieren könnte. Es gilt herauszufinden, auf welche Produkteigenschaften es wirklich ankommt.

Kompetenzportfolio anhand von Produkteigenschaften

Alle Produkteigenschaften verursachen Kosten, aber nicht alle Produkteigenschaften stiften Nutzen. Hier finden wir Einsparungspotenzial. Nicht alle Produkteigenschaften werden vom Kunden wahrgenommen. Hier kommt es auf die Sensibilisierung des Vertriebs und das richtige Marketing an. Leistungsgerechte Beratung bedeutet, anstelle eines kalkulierten Komponentenpreises, der dann noch verhandelt wird, dem Kunden den Mehrwert der Nutzen stiftenden Produkteigenschaften zu zeigen und den Preis entsprechend der Leistung festzulegen. Auch darüber verschafft das Kompetenzportfolio Transparenz. Anders als bei der ersten Anwendung werden nun im zweiten Schritt die Produkteigenschaften eines Produktes bzw. einer Dienstleistung in das Portfolio sortiert (Abb. 9.5). Dementsprechend lassen sich nun Handlungsempfehlungen ableiten. Produkteigenschaften, die als Basiskompetenz eingestuft werden, gilt es besonders kostengünstig herzustellen, während Investitionen in Eigenschaften, die zu unserer Kernkompetenz zählen, überproportionalen Nutzen bringen. Eigenschaften in Schlüsselposition sind Einstieg für weitere Innovationen oder selektives »Ernten« bevor sie in die Basiskompetenz »abrutschen«. Produkteigenschaften mit Innovationskompetenz müssen »verkauft« werden. Hier liegt der Schwerpunkt im Marketing, sofern die geringe Kundenwahrnehmung die Ursa-

Vom Cost-Controlling zum Value-Controlling

Abb. 9.5: Kompetenzportfolio mit Produkteigenschaften

che für die niedrige Marktfähigkeit ist. Ist die Eigenschaft für den Kunden nicht wichtig, dann sprechen wir von »over engineering«. Hier greift z. B. die Methode der Wertanalyse mit der Frage, braucht es diese Produkteigenschaft noch oder kann die gleiche Funktion kostengünstiger erfüllt werden?

Für eine abschließende Betrachtung, vor allem welche Stoßrichtung verfolgt werden soll, braucht es noch eine weitere Dimension, nämlich die Qualität der Produkteigenschaften, der Kundenkriterien.Dazu fügen wir zum Potenzialprofil die KANO-Auswertung (Abb. 9.6).

Jetzt stellen wir fest, dass z. B die Pünktlichkeit ein Basiskriterium darstellt. Im Gegensatz zum Leistungskriterium Haltbarkeit steigert das Basiskriterium Pünktlichkeit die Kundenzufriedenheit bei Übererfüllung nicht mehr. Noch pünktlicher bringt dann keinen zusätzlichen Kundennutzen. Eigenschaften, die den Kunden überraschen und begeistern, zeichnen sich dadurch aus, dass die Kundenzufriedenheit überproportional steigt. In unserem Beispiel ist das die Bedienbarkeit. Auf diese Begeisterungskriterien kommt es an. Investitionen in Produkteigenschaften, die diese Kriterien erfüllen, bringen einen guten »return on investment«.

Kapitel 9

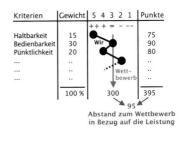

Abb. 9.6: KANO-Auswertung

D. h. nun für das Kompetenzportfolio, dass wir die Pünktlichkeit nicht weiter ausbauen, die Bedienbarkeit aber durch Kommunikations- und Marketingmaßnahmen für den Kunden wahrnehmbar machen müssen. Letztlich geht es darum, die Ressourcen gezielt für nutzenbringende Eigenschaften einzusetzen.

Customer Process Mapping

Value Controlling beginnt schon ganz vorne in der Prozesskette bei der Entwicklung neuer Produkte. Dort wo eine neue Idee geboren wird, wo auch noch kein Vergleich mit dem Wettbewerb möglich ist, bietet Customer Process Mapping eine direkte Ermittlung des Kundennutzens und damit eines Zielverkaufspreises. Im folgenden Beispiel aus der Investitionsgüterbranche beschreibt der Lieferant den Prozess seines Kunden, den sein neues Produkt beeinflussen wird, um mittels der Prozesskostenrechnung die Prozesseinsparungen, den Nutzen aus Kundensicht zu ermitteln. Im Beispiel aus dem Fachseminar F&E-Controlling der Controller Akademie beschreibt ein Flugzeughersteller die Prozesse seines Kunden. Daneben stellt er die Ressourcen, die für die Vermarktung und Flugdurchführung eines Interkontinentalfluges notwendig sind (Abb. 9.7).

Vom Cost-Controlling zum Value-Controlling

Prozesse	Auszug
P1	Flug vermarkten
P1.1	Flug bewerben
P1.2	Flug verkaufen
P1.2.1	Sitze reservieren
P1.2.2	Tickets verkaufen
etc.	
P3	Flug durchführen
P3.1	Startvorbereitung
P3.1.1	Checkliste abarbeiten
P3.1.2	Taxi out
P3.2	Fliegen
P3.2.1	Steigflug
P3.2.2	Reiseflug
etc.	

Ressourcen (Ein Flug) Auszug	
Piloten	4,5
Kabinen Crew	5,3
Flugzeug	18,3
Kraftstoff	8,8
...	
IT System (Airline)	4,2
Reisebüro	15,1
...	
Baggage claim	0,5
Speisen, Getränke	4,5
Catering Service	1,8
Kabinenreinigung	0,1
etc.	

Abb. 9.7: Prozesse und Ressourcen (Customer Process Mapping)

Gleich wie bei der Methode der klassischen Prozesskostenrechnung werden nun im nächsten Schritt die Ressourcen den Prozessen zugeordnet, um Prozesstarife für die einzelnen Teilprozesse ermitteln zu können.

Die folgende Grafik der Abb. 9.8 visualisiert die kumulierten Prozesskosten der Vermarktung und Flugdurchführung. Die Grafik darunter zeigt kumuliert, wo die neue Produktidee des Flugzeugherstellers eine (kosteneinsparende bzw. kostenerhöhende) Auswirkung auf die Prozesskosten seines Kunden hat und in welcher Höhe.

In unserem Beispiel kann sich der Kunde mit der neuen Produktlösung etwa 1.400,- pro Interkontinentalflug (pro Prozess) ersparen. Bei geschätzten 200 Flügen pro Jahr ergibt das eine Einsparung von 280.000,- pro Jahr. Gehen wir davon aus, dass unser Kunde seine Investitionen innerhalb von zwei Jahren zurückverdienen möchte, dann »darf« unsere Produktidee einen Preis von EUR 560.000,- haben. Dieser Zielpreis ist nun Start für die Produktentwicklung nach dem Target Costing Prinzip.

Kapitel 9

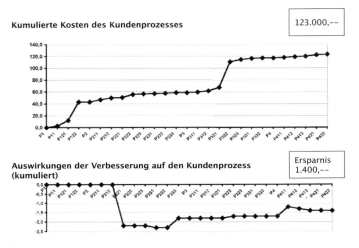

Abb. 9.8: Prozesskosten kumuliert, Auswirkung kumuliert

Sicherung der nachhaltigen Wettbewerbsfähigkeit

Zur Sicherung der Wettbewerbsfähigkeit muss der Innovationsprozess gezielt gefördert werden. Dabei gilt es vor allem in Produkteigenschaften, die einen nachhaltig verteidigbaren Wettbewerbsvorteil darstellen, zu investieren. Dazu braucht es im besonderen Maße kundenorientierte und kreative sowie kompetente und engagierte Mitarbeiter. Wettbewerbsvorteile, die auf Mitarbeiterverhalten beruhen sind deutlich schwerer zu kopieren als das Produkt bzw. die Dienstleistung. Ein neues Produkt ist heute vom Wettbewerb schnell kopiert. Ein durch Mitarbeiterverhalten aufgebauter Kundennutzen wirkt nachhaltiger. Daher müssen wir in den Unternehmen für mehr MOVE, für mehr Bewegung hin zum Value Controlling sorgen. Für eine solche Veränderung sind ausgewogene Maßnahmen in Bezug auf Methoden und Organisation sowie in Bezug auf Verhalten und Einstellung der Mitarbeiter notwendig (Abb. 9.9). Für die Wirksamkeit kommt es darauf an, dass alle vier Bereiche mit gleicher Kraft angepackt werden.

Vom Cost-Controlling zum Value-Controlling

Sache	Mensch
Methode Organisation	**Verhalten Einstellung**

Innovationsprozess Design Build Team installieren	Orientierung am Kunden und deren Bedürfnisse	Jede Leistung hat auch Ihren Preis
Ressourcen für Value Controller schaffen	Orientierung am Deckungsbeitrag nicht am Umsatz	Value Controlling ist ebenso wichtig wie Cost C'ing
Kostenrechner für Preiskalkulation zur „Chefsache" machen	Customer Value gegen Customer Equity	Mehr Power statt „JAM"
„Antirabatt-Provision" für den Verkauf	Verkaufen über Leistung	Erfolg = $\frac{\text{Power}}{\text{JAM}}$

Abb. 9.9: MOVE

Hohe Wettbewerbsfähigkeit entsteht zuerst in den Köpfen der Führungskräfte und Mitarbeiter. Der Erfolg hängt dabei vom Verhältnis zwischen Power und »JAM« ab. Je mehr Power (Einsatz) und je weniger JAM (Einheit für Jammern) desto besser!

In diesem Sinne wünschen wir happy value controlling!

Abbildungsverzeichnis

		Seite
Kapitel 1	Manager und Controller im Team	
Abb. 1.1:	Controlling ist wie Urlaub	18
Abb. 1.2:	Rolle der Manager	23
Abb. 1.3:	Schnittmengenbild	35
Abb. 1.4:	Drei Dimensionen der Unternehmenssteuerung	36
Kapitel 2	Cockpit zur Ergebnis-Navigation	
Abb. 2.1:	Deckungsbeitragsrechnung für die Sparte Puppenverkauf	49
Abb. 2.2:	Matrix bei der Kostenbeeinflussung im Team	53
Abb. 2.3:	Auszug aus der DB-Rechnung	55
Abb. 2.4:	Test selektive Verkaufsarbeit Standard- und Superpuppen	57
Abb. 2.5:	Sprechblasenschema (vgl. Checkliste auf Seite 174 f.)	65
Abb. 2.6:	ISO-DB Funktion als Tabelle	67
Abb. 2.7:	ISO-DB Funktion als Grafik	68
Abb. 2.8:	Break-even Grafik	71

Kapitel 3: Zum System des internen Rechnungswesens – eine Darstellung für »Nicht-Controller«

Abb. 3.1:	Modellbeispiel für einen Betriebsabrechnungsbogen (BAB)	75
Abb. 3.2:	Beispiel für das Kostenstellenbudget in einer Fertigungsstelle	77
Abb. 3.3:	Soll-Ist-Vergleich der Dreherei	80
Abb. 3.4:	Schema der Erfolgsrechnung mit Deckungsbeiträgen und Plan-Produktkosten.	81
Abb. 3.5:	Schema der Produkt-Kalkulation mit Produktkosten.	82
Abb. 3.6:	Kostenträger Kunststoffmaschinen	83
Abb. 3.7:	Grenzkostenbild nach herkömmlicher Definition	86
Abb. 3.8:	Struko-Schnecke	87
Abb. 3.9:	Strukturbild zum »Röntgen« der Kosten-Definition	88
Abb. 3.10:	Deyhle's Kostenwürfel	94

Kapitel 4 Fallstudie zum Soll-Ist-Vergleich mit Erwartungsrechnung (Forecast)

Abb. 4.1:	Fallbeispiel Ski-Langlauf	100
Abb. 4.2:	Psychologisch-logischer Quadrilog	106
Abb. 4.3:	Fallbeispiel Ski-Langlauf: Erwartungsrechnung	110
Abb. 4.4:	Dispositive Maßnahmen-Liste zur Erwartungsrechnung im Ski-Langlauf-Beispiel	112
Abb. 4.5:	4-Fenster-Formular	114
Abb. 4.6:	Protokoll zur Erwartungsrechnung	115

Kapitel 5   Ganzheitliches Denken und Handeln im Unternehmen

Abb. 5.1:	Leitbild, Mission, Philosophie	122
Abb. 5.2:	Leitbild, Leitziel, strategische Ziele	124
Abb. 5.3:	Ganzheitliches Denken und Handeln im Unternehmen	125
Abb. 5.4:	Das Herunterbrechen der Ziele mit zugehörigen Kennzahlen und Teilstrategien von der Gesamtunternehmenssicht auf die verschiedenen Teilbereiche des Unternehmens	130
Abb. 5.5:	Aufbau einer Bilanz	134
Abb. 5.6:	Eine beispielhafte Bilanz	136
Abb. 5.7:	Gewinnzielberechnung	139
Abb. 5.8:	Ausgefüllter ROI Baum mit Planversion 1: erster Bottom up Entwurf	142
Abb. 5.9:	Ausgefüllter ROI Baum mit Planversion 2: Die Erlösschmälerungen wurden von 5 % auf 3 % verringert.	143
Abb. 5.10:	Ausgefüllter ROI Baum mit Planversion 3: die Produktkosten wurden um 5% verringert.	144
Abb. 5.11:	Ausgefüllter ROI Baum mit Planversion 4: Die Strukturkosten wurden um 11 % verringert	145
Abb. 5.12:	Ausgefüllter ROI Baum mit Planversion 5: Die Vorräte wurden um 10 % verringert, die Wirkung auf den ROI ist nur gering.	146

Kapitel 6   Das System der Unternehmensplanung

Abb. 6.1:	Strategisches Formular	155
Abb. 6.2:	Operative Teilpläne	161
Abb. 6.3:	Budget-Ablauf-Schema	166
Abb. 6.4:	Das Ordnungsmodell zur Unternehmensplanung	169
Abb. 6.5:	»Quo-vadis-Matrix« (Ansoff-Matrix)	171
Abb. 6.6:	Mittelverwendung-Bewegungsbilanz-Mittelaufbringung	178

Kapitel 7	Fallsstudie zum System der Management-Erfolgsrechnung als Controlling Workplace für den Manager	
Abb. 7.1:	Gegenüberstellung 1. Hj. und Ist Vertrieb	183
Abb. 7.2:	Management-Erfolgsrechnung per 30.06. des laufenden Jahres	184/185
Abb. 7.3:	Kalkulationszahlen (Stückrechnung)	186
Abb. 7.4:	Abweichungsanalyse	188
Abb. 7.5:	DB III Abweichung Absatzchef	189
Abb. 7.6:	Flexibles Kostenbudget mit »Rückwärtsgang« in der Pralinenfabrik	195
Abb. 7.7:	Schema zur Ermittlung der Materialpreisabweichung	201

Kapitel 8	Finanzmanagement	
Abb. 8.1:	Die Vernetzung der einzelnen Planbausteine bei der Erstellung des Budgets.	205
Abb. 8.2:	Die integrierte Finanzplanung	206
Abb. 8.3:	Die Gewinn- und Verlustrechnung nach deutschen HGB (vereinfachte Darstellung)	209
Abb. 8.4:	Voraussichtliche Schlussbilanz des laufenden Jahres	211
Abb. 8.5:	Die Bilanzgliederung nach deutschen HGB § 266	212
Abb. 8.6:	Überleitung von der MER in die GuV nach dem Gesamtkostenverfahren (GKV) und dem Umsatzkostenverfahren (UKV)	219
Abb.8.7:	Unter Berücksichtigung der geplanten Bewegungen (Veränderungen) der Konten über das Jahr hinweg, wird aus der Eröffnungsbilanz die Schlussbilanz.	222
Abb. 8.8:	Die Erarbeitung der Planbilanz	225
Abb. 8.9:	Merkbild zur Kapitalflussrechnung (nach G. Radinger aus dem CA-Fachseminar »Finanzcontrolling«) Δ FlüMi (»Zahlungswirksame Veränderung des Finanzmittelstands«) entspricht der Veränderung des Füllstands des Topfs.	229

Abb. 8.10:	Das magische Kennzahlendreieck zur Beurteilung des Zustands eines Unternehmens	231
Abb. 8.11:	Liquiditätsengpässe werden bei einer kumulierten Darstellung der Zahlungsströme schnell sichtbar	234
Abb. 8.12:	Der Cash-to-Cash-Cycle	240

Kapitel 9 Vom Cost-Controlling zum Value-Controlling

Abb. 9.1:	Wegsymbol	250
Abb. 9.2:	Preissensitivität	251
Abb. 9.3:	Kompetenzportfolio nach Produkten	253
Abb. 9.4:	Potentialprofil	255
Abb. 9.5:	Kompetenzportfolio mit Produkteigenschaften	257
Abb. 9.6:	KANO-Auswertung	258
Abb. 9.7:	Prozesse und Ressourcen (Customer Process Mapping)	259
Abb. 9.8:	Prozesskosten kumuliert, Auswirkung kumuliert	260
Abb. 9.9:	MOVE	261

Stichwortverzeichnis

Seite

4-Fenster Formular	113-114, 154, 173

A

Abgrenzungen	190
Abstimmbrücke	191, 208, 220
Aktiva	42, 134
Aktiva mehrend	223
Aktiva mindernd	223
Aktivierungsmöglichkeit von intangible assets	217
Analysen, konjunkturell	160
Analysen, strukturell	159
Anforderungen an Strategische Ziele	128
Anlagendeckungsgrad II	136-138
Anlagevermögen	134-137
Ansoff'sche Matrix	170-171
Arbeitsfähige Einzelziele	140
Art des Bedarfs	158

B

BAB (Beispiel)	74-75, 77
Balanced Scorecard	39, 131
Basiskompetenz	253, 256
Basiskriterium	257
Begeisterungskriterium	257
Beschaffungsbudget	163
Betriebsabrechnungsbogen	74-75
Betriebsergebnis	191
Betriebsüberleitungsbogen BÜB	220
Bilanz	134-136, 138, 140, 211
Bilanzergebnis	191
Bilanzgliederung	211

Break-Even-Punkt	71
Bruttoergebnis gross profit	221
Budgetablauf	165

C

Cash Flow	43
Cashflow aus Finanzierungstätigkeit	229
Cashflow aus Investitionstätigkeit	229
Cashflow aus laufender Geschäftstätigkeit	229
Cash Flow Rechnung	229
Controller	17, 18
Controller Service	34
Controller's Triptychon	36
Controllerfunktion	33
Controller-Leitbild	33
Controlling	17-19, 21, 26-30, 34-37, 41,43
Controllingphilosophie	28
cost of goods sold COGS	221
cost of sales COS	221
Customer Equity	251
Customer Process Mapping	258-259
Customer Value	250-251

D

Decision accouting	41, 45-46
Deckungsbeitrag	47-50, 52-53, 55, 57, 74, 78, 81, 83, 85, 193-194, 202-203
Deckungsbeitrag I	48, 58-59, 64-65
Deckungsbeitrag II	49, 64-65
Deckungsbeiträge	59, 62, 63
Deckungsbeitrag III	52, 65
Deckungsbeitragsrechnung	41, 42
Drei Dimensionen im Controlling	36
Differenz zwischen JÜ und Mgmt. Erfolg	220
Differenzierungsphase	30
Dispositive Planung	28, 173-174
Diversifikation	171
Dividende	138-139
Dr. Deyhle	32,39

E

Earnings before interest and taxes EBIT	139, 222
Economic Value Added™	192
Eigenkapital	135
Eigenkapitalanteil EK-Quote	136, 138
Eigenkapitalquote EK-Quote	136
Eigenkapitalverzinsung EK-Zins	138
Einhaltungsziele	20
Ergebnisrechnung	45-47, 50, 52, 55, 62, 71
Erlösschmälerungen im weiteren Sinne	217
Erreichungsziel	20
Erwartungsrechnung	99, 108-109, 111-112, 114-116

F

FIFO	201
Finanzplanung	227
Fixe Kosten	54-55, 62
Fixkosten	78, 81, 87-93, 95, 97-98
Flüssigen Mittel FlüMi	137
Forderungsreichweite	215
Forecast	99, 109
Free Cash Flow FCF	227
Fremdkapitalzinsen FK-Zinsen	138
Fremdkapitalzinsplanung	213
Forderungen	42
Frühindikator	132

G

Ganzheitlich denken	119
Gewinnziel	213
Gewinn- und Verlustrechnung	43
Gewinnziel; nötiger Gewinn	134
Gewinnrücklage	43
Gezeichnetes Kapital	43, 135-136
Gleitende Durchschnittspreise	200
Goldene Bilanzregel	138
Grenzkosten	58, 78, 86-88, 92
Grenzplankostenrechnung	76-77, 79, 81, 84

H

Hard facts	126, 128
Harte Fakten; hard facts	132
Herstellungskosten	221
HEUREKA; Zielanforderungen	128
Hochrechnung	109, 113, 116
Hockey Stick Effekt	150, 181
Höhe des Bedarfs	158, 160, 179

I

Immaterielle Werte	128
Integrationsphase	31
International Group of Controlling	33
Innovationsfähigkeit	252-253
Internes Rechnungswesen	72
ISO-Deckungsbeitragskurve	67

J

Jahresfehlbetrag	138
Jahresüberschuss	135, 139-140

K

Kalkulation	76, 82-84, 97
KANO-Auswertung	258
Kapitalkosten	139
Kapitalflussrechnung	229, 230
Kennzahlen zur Unternehmensanalyse	231
Kernkompetenzen	251-254, 256
Kontrolleur	34
Kostenarten	72-74, 77-79, 90
Kostendefinition	88, 90, 97
Kostenremanenz	102
Kostenstellen	73-75, 77, 80, 84-85
Kostenträger-Erfolgsrechnung	50
Kostenträger-Rechnung	73-74, 83
Kostenwürfel	93-95
Kostenwürfel Anwendung	95
Kundennutzen	251-252, 257-258, 260
Kundenorientierung	251
Kurzfristigen Fremdkapital	43, 137

L

Lagerbestandsplanung	213
Lagerreichweite	214
Langfristigen Fremdkapital	43, 138
Leitbild	119-124, 126, 154-157, 170
Leitziel	120-124
Leistungsabstandes	255
Leistungskriterium	257
LIFO	201
Liquiditätsgrad I; cash ratio	137
Liquiditätsgrad II; quick ratio	137
Liquiditätsgrad III; current ratio	137

M

Magisches Kennzahlendreieck	231
Managementerfolg	191-192
Managementerfolgsrechnung	191
Management fee	50
Management-Kreislauf	26
Managementprozess	17
Manager	22, 24-25, 29-31, 33-34, 41
Managerfunktion	21, 23, 24
Marktbedarf	158-159
Marktfähigkeit	252-254, 257
Materialmengenabweichung	101, 199-200
Materialpreisabweichung	101, 200-201
Maßnahmenkatalog	154
Mittelherkunft	42
Mittelverwendung	42
Motivationsfaktoren	127
MOVE Prinzip	260-261

N

Nachkalkulation	84

O

Operative Planung	160, 167

P

Passiva	42, 135
Pionierphase	30
Planung	32
Planung, dispositive	173-174, 198
Planung, kurzfristige	149
Planung, langfristige	149-151
Planung, operative	151-154, 160, 167, 170, 173, 180, 198
Planung, realistisch	179, 181
Planung, strategische	151-153, 155, 158, 167, 170, 180, 198
Planungskommode	168
Prämissen	154-155, 159
Preis-Absatz-Funktion	69
Preis-Absatz-Planung	67
Preisabstand	255
Preisfindungsstrategien	254
Preissenkung	66, 68-70
Potenzialprofil	254-255, 257
Produktionsbudget	163
Produktionsplan	163
Produktkosten	58-59, 86, 93, 95, 97-98
Profit Center Rechnung	192-193, 203
Prognose	148-149, 158-159, 160, 168-169, 179
Proportionale Kosten	49, 54, 57-58, 65, 78, 86-88, 91-93, 98
Psycho-Logik	118

Q

Quadrilog	106-107
Quo vadis Matrix	170

R

Rabattpolitik	252
Responsibility accounting	41, 45-46
Resterwartung	109, 111
Return on Investment; Werttreiberbaum	141
Rohertrag	48-49
ROI-Baum, Werttreiberbaum	126, 141
Rolle der Controller	33
Rolle der Manager	23
Rollierende Planung	111
Rolling forecast	111

Runterbrechen der Ziele	129
Rückkopplungsprozesse	164

S

Sales Mix	187
Schlussbilanz	228
Schnittmenge	34, 35
Sensitivitätsanalyse	147
Shareholder Value	250-251
softskills	127
Soll und Haben	135
Soll-Ist-Vergleich	73, 79-80, 84, 111, 117-118, 183, 190-193, 195
Sollkosten	79-80
Sortimentspriorität	63
Spätindikator	132-133
Sprechblasenschema	62, 65
Stammkapital	43
Stakeholder	121
Standardherstellkosten	101
Standardkosten	81
Steuerung	25, 27-28, 33, 36
Strategie	154-157, 159, 162, 180
Strategische Preisfindung	254
Strategische Planung	152-153, 158, 167-168, 170, 180
Strategische Ziele	123-124, 128-129
Strategisches Formular	155
Strukturkosten	49, 54-55, 57, 73-84, 87, 83, 95, 97-98
Stufenweise Deckungsbeitragsrechnung	62

T

Top down Ziel; Zielvorgabe	138
Top-down-Vorgabe	140
Tragfähigkeitsprinzip	141
Triptychon	36, 39

U

Überleitung von der internen auf die externe Sicht	217
Überleitung von der MER in die GuV	219, 266
Übergewinn	192
Umlaufvermögen	134-135, 140, 147

Unternehmensplanung	148, 169
Unternehmenssteuerung	36, 43
Unternehmensziele	131, 139
Ursache-Wirkungszusammenhänge	131-133

V

Value Controlling	248, 251-252, 254, 258, 260-261
Variable Kosten	58, 77, 87, 94
Verbrauchsabweichung	101-102
Verbindlichkeiten	43
Verkaufsbudget	162-164
Verkaufsplan	162
Verkaufsplanung	174-175
Vertriebsorganisation	182-183
Verzinsungsanspruch	138
Vision	121-124, 133
Vollkosten	56, 59, 61-62
Vorkalkulation	84

W

WEG Symbol	37, 39, 124, 126, 250
Weiche Kennzahlen; soft facts	132
Wertbeitrag	192
Wettbewerbsfähigkeit	40, 260-261
Wettbewerbsvorteil	37-40, 43, 127, 250-252, 254-255, 260
Work life balance	39
Working capital; WC	137-138

Z

Ziele	154-155, 166, 179
Ziele, erreichbar, herausfordernd, motivierend	129
Ziele, konkret, messbar	129
Zielsetzung	25, 27